A Concise History of
GREECE

CAMBRIDGE CONCISE HISTORIES
《……ケンブリッジ版世界各国史……》

# ギリシャの歴史

Richard Clogg
リチャード・クロッグ
著

高久 暁
訳

創土社

# ギリシャの歴史

リチャード・クロッグ著
高久　暁訳

40°E
48°E
ヴォルガ川
ドン川
ロストフ
マリウポリ
アゾフ海
カスピ海
クリミア半島
ノヴォロシスク
スフミ
黒海
トビリシ
バトゥミ
アゼルバイジャン
スィノプ
バフラ
トラブゾン(トレビゾンド)
カルス
40°N
アラス川
クズル川
アンカラ
ワン湖
カイセリ
ディヤルバクル
カッパドキア
コニヤ
ティグリス川
ルヤ
アレッポ
ユーフラテス川
ニコシア
ファマグスタ
キプロス島
バグダード
ダマスカス
32°N
エルサレム
0
100
200
300
400
500km
ポート・サイド
カイロ
32°E
40°E

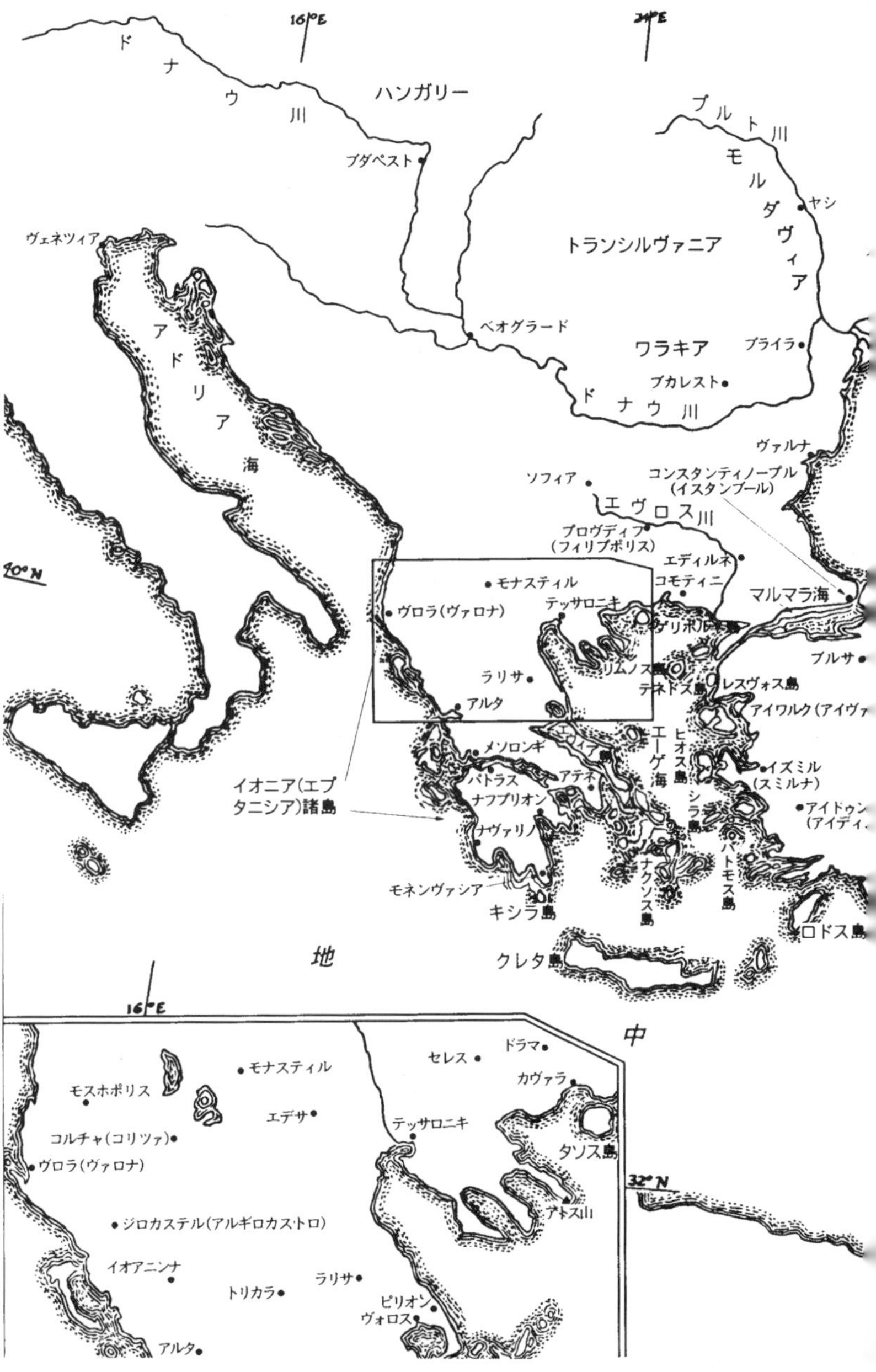
16°E
24°E
ドナウ川
ハンガリー
プルト川
モルダヴィア
ブダペスト
ヤシ
ヴェネツィア
トランシルヴァニア
アドリア海
ベオグラード
ワラキア
ブライラ
ブカレスト
ドナウ川
ヴァルナ
ソフィア
コンスタンティノープル
（イスタンブール）
エヴロス川
プロヴディフ
（フィリプポリス）
エディルネ
40°N
モナスティル
コモティニ
マルマラ海
ヴロラ（ヴァロナ）
テッサロニキ
ゲリボル
ブルサ
リムノス島
ラリサ
テネドス島
レスヴォス島
アルタ
エーゲ海
ヒオス島
メソロンギ
エヴィア島
イズミル
（スミルナ）
パトラス
アテネ
イオニア（エプタニシア）諸島
ナフプリオン
シラ島
ナヴァリノ
パトモス島
ナクソス島
モネンヴァシア
キシラ島
ロドス島
地中海
クレタ島
16°E
ドラマ
セレス
モナスティル
カヴァラ
モスホポリス
エデサ
テッサロニキ
コルチャ（コリツァ）
タソス島
ヴロラ（ヴァロナ）
32°N
アトス山
ジロカステル（アルギロカストロ）
イオアニンナ
ラリサ
トリカラ
ピリオン
ヴォロス
アルタ

# 目次

# 第一章　はじめに

どの国も歴史という厄介な荷物を背負わなければならない運命にある。だが、ギリシャのそれは飛び抜けて重い。現代のギリシャについて語るとき、いかんながら「現代ギリシャ」とか「現代ギリシャ語」などと断りをつけるのが普通だ。あたかも、単に「ギリシャ」といえば古代ギリシャを意味するかのように。ギリシャにとって古代という荷物は恩恵をもたらしてくれることもあれば、破滅のもとにもなった。十九世紀初め、ギリシャが国家として復興しようとしていた決定的な時期に、古代ギリシャの言語・文化に対する崇拝熱がヨーロッパ中に高まった（建国間もないアメリカ合衆国で、公用語として古典ギリシャ語が採用されそうになったのはその一例だ）。この状況に触発されて、ギリシャ人、とくに民族主義者の知識階級は、自分たちこそ普遍的に尊敬されている遺産の継承者であるという自覚をもつようになった。ギリシャ民族運動の大きな要因となったこの「過去に対する自覚」はオスマン帝国時代にはほとんど見られず、いわば西欧から輸入されたものだったが、そのおかげでギリシャは他のバルカン諸国にさきがけて民族運動を起こすことができた。過去の遺産は、決起したギリシャ人の命運についてリベラル派はもちろん保守派の間にも関心を呼び起こすのに重要な役割を果たした。一八二〇年代、イギリス外相カステレリ子爵のような頑固な保守主義者でさえ、「われわれはギリシャ人を尊敬するように教えられてきた。状況のしからしめることとはいえ、そのギリシャ人が今陥っている悲惨な事態は永遠に続くのであろうか」と嘆いたものだった。実はこのような態度は今も続いている。一九八〇年にイギリス議会でギリシャのEC加盟をめぐる議論が行われた際、当時の外相は、「今日のヨーロッパの政治・文化があるのはすべて三千年前のギリシャの遺産のおかげだ。ギリシャの加盟はそのギリシャへの恩返しになる」とギリシャ加盟を擁護した。

このような状況を考えれば、栄えある過去へのこだわりが生まれたのも驚くにはあたらない。ギリシャ文化につきもの「祖先への固執《プロゴノプロクシア》」から起こったのが「言語問題」だった。これは、国民の話す言語はどこまで「純正化」されて架空の古典ギリシャ語という理想像へ近付けるべきかという、果てしなく時には激烈に繰り広げられた論争だった。小学生たちは何世代にもわたって、複雑極まりないカサレヴサ(純正語、「純正化」された言語)との格闘を強いられた。一九七六年にようやくディモティキ(民衆語、口語)が国家と教育の公用語に定められた。この結果、新世代のギリシャ人は、カサレヴサで書かれた本を読むのが困難になっている。独立後の小説・詩・戯曲以外の本の約九割はカサレヴサで書かれているからだ。

初期のギリシャの民族主義者はもっぱら古典古代に感化されることを求めた。一八三〇年代オーストリアの歴史家J・P・ファルメライアーは、今日のギリシャ人が古代ギリシャ人直系の子孫であるとする、ギリシャ民族主義の認識基盤の一つに疑問を投げかけた。ファルメライアーは誕生まもない国家の知識階級から猛烈な反感を買った。アメリカの初代ギリシャ公使で十九世紀半ばのギリシャ社会を鋭く観察したチャールズ・タッカーマンは、アテネの大学教授に卒中を起こさせるには、ファルメライヤーの名前を口にするのが一番の早道であると述べた。このような態度の裏返しとして、ギリシャの中世であるビザンティン時代は蔑視された。例えば、独立前夜の知的復興に最も影響力のあった人物アダマンディオス・コライスは、ギリシャの中世をビザンティンの僧侶たちが支配したいかがわしい代物として毛嫌いした。コライスはあるとき、ビザンティン時代の著者の本を一ページも読むと通風が出る、と語った。

十九世紀半ばになると、アテネ大学の歴史学教授コンスタンディノス・パパリゴプロスが、古代、中世、現代のギリシャを一つの連続体とみなすギリシャ史の解釈を打ち出した。そのためギリシャの歴史学で主流となった方法論では、この連続性が重視されるようになった。知識階級は「メガリ・イデア」(大いなる理想、大ギリシャ主義)という領土拡張策を正当化するにあたって、次第に古典古代よりもビザンティン帝国の栄光に目を向けるようになり、十九世紀末にはビザンティンの過去は完全に再発見され、その名誉は回復された。「メガリ・イデア」とは、近東のギリシャ人居住地域をすべて統一し、首都をコンスタンティノープルに置く一大国家を打ち立てようとする理念であり、このヴィジョンは国家独立から一世紀の間ギリシャを支配した。

独立初期の知識階級は古代ギリシャをうやうやしく賛美したが、そのぶんビザンティンを軽んじた。四世紀にわたるオスマン支配の遺産は無いに等しく、自叙伝のなかでコライスは、私の辞書では「トルコ人」と「野獣」は同義語である、と書いたほどだった。しかしトゥルコクラティア(オスマン=トルコの支配)は、ギリシャ社会の形成に深い影響を及ぼした。オスマン=トルコの支配を受けたギリシャ世界は、ルネサンス、宗教改革、十七世紀の科学革命、啓蒙運動、フランス革命、産業革命など、西欧の歴史の進展に大きな影響をもたらした大変革から隔絶された。この時期のヨーロッパにおけるオスマン帝国の境界は、おおむね東方正教会とカトリックの境界と一致していた。保守的な正教の聖職位階《ヒエラルキー》制がこの孤立をますます深めた。一七九〇年代になっても、ギリシャの聖職者たちはコペルニクスの地動説をとらず、天動説を説いていた。この極めて保守的な反西欧主義の根源には、かつてビザンティン帝国がオスマン＝トルコの脅威にさらされたとき、ヨーロッパのカトリック勢力が軍事支援を行う見返りとして、教皇の優越を強要したことへの強い反感があった。

　オスマンの支配は気まぐれで、法によって統治するという考え方は弱かった。この時代にギリシャ社会の基礎をなす価値観や、現在もあてはまる国家や権威への態度が形作られた。いい加減さに対処するやり方の一つは、権力や特権をもつ者の間を仲介する地位の高いパトロンの庇護を取り付けることであり、そのぶん係累の輪から外れた者は信用されなかった。パトロンは新国家でも必要とされ、立憲国家の成立後も議会の代表が顧客の注文をさばく中心人物となり、このような関係は社会全体に広められた。投票した見返りとして、選挙民は議員に自分や家族の就職斡旋や融通のきかない官僚との折衝を期待した。就職先としては、国営部門がもっとも好まれた。発展途上国のギリシャにあっては国営部門が唯一確かな雇用源だったからだ。ルスフェリ（社会の歯車の潤滑油だった相互分配の習慣）とメサ（日常生活の多方面で欠かせないコネ）が大きな力をもつようになったのは、トルコ支配の時期だった。

　ギリシャ人は離散の民だ。移民はオスマン支配の時期に始まり、現代も続いている。十八世紀末、ギリシャがまだ国家の体裁をとらない前から、ギリシャ人商人は東地中海やバルカン半島、果てはインドにまで商業帝国を築きあげた。十九世紀に入ると、移民はエジプトや南ロシアへ流れ、世紀末になるとアメリカ合衆国に渡った。はじめアメリカ移民のほとんどは男性だった。母国の経済が将来性に乏しいために国を出た彼らであるが、大部分は国外で数年出稼ぎをしたあと、また故国へ帰るつもりだった。しかし、実際には、ほとんどが移民先にとどまった。両大戦間には、アメリカの厳しい移民法によって移民の流れは制限されたが、ギリシャ自身は小アジア、ブルガリア、ロシアから来た百万人以上の難民を喜んで迎え入れた。第二次世界大戦が終わると再び大がかりな移民が行われた。一九六〇年代半ばにアメリカの移民割り当てが限度いっぱいに達する前に、移民の波は新たにオーストラリアに向かった。メルボルンは二十万人以上ものギリシャ人コミュニティを擁し、一九八〇年代に世界のギリシャ人都市の一大中心地となった。西欧でも大規模なギリシャ人の移動は続き、とりわけ西ドイツでは「ガストアルバイター」(出稼ぎ労働者)として迎えられた。やがて彼らの多くは国に帰り、苦労して稼いだ資本をサービス業の小企業を起こすために投じた。しかし、そのままガストアルバイターとしてとどまった者もかなりの数に達した。

このように、クセニティア(一時的であれ定住であれ異国で暮らすこと)は、近現代におけるギリシャ人の歴史的経験の核となっている。その結果、海外のギリシャ人コミュニティと本国との関係は、国家の成立以来どのような時期にも大いに重視された。一九八八年にはギリシャ系アメリカ人の第二世代マイケル・デュカキスがアメリカ大統領選に出馬した。もちろんギリシャは大きな興奮に包まれ、当選の見込みについて現実離れした期待が高まったのも恐らく仕方がなかった。デュカキスが民主党の大統領候補として出馬したため、国外のギリシャ人コミュニティが受け入れ国の基準に合わせて急速な文化変容を遂げているのが注目された。現代国家で効率よく対応力のあるインフラストラクチャーを整備するにあたって、国外のギリシャ人の有能さと本国で経験された問題との差がはっきりと現れたのだ。国境の外にここまで多くのギリシャ人がいれば、「ギリシャらしさ」を形づくるものは何か、という疑問が生じる――それは恐らく言語ではない。移民の第二世代や第三世代には、ギリシャ語をほとんど知らないか、まったく知らない者も多いのだから。宗教は明らかに一つの要素だ。しかしギリシャ人移民の中では、ギリシャ正教と関わらずに結婚する人が多い。オレゴン州ポートランドにあるギリシャ正教教会では、一九六五年から七七年までに百六十三組の結婚式が行われたが、そのうち百十九組は新郎新婦のどちらかがギリシャ系ではなかった。「ギリシャらしさ」とは、非ギリシャ系の者が求めて得られる特質ではなく、生まれながらに備えている者には容易に消しがたいものであるようだ。

アメリカには、教育水準が高く発言力のある裕福なギリシャ系アメリカ人のコミュニティが相当数あり、その存在はギリシャ本国の政治家にますます重視されている。もっとも「ギリシャ・ロビー」が行使できる政治的影響力は、敵対勢力から過大に見られがちだ。成功例もあるものの、ギリシャ系アメリカ人は、圧力をかけてトルコの北キプロス撤退を促したり、今も続くギリシャ―トルコ間の紛争で何かとトルコびいきに「偏向」しがちなアメリカ歴代首脳部の態度を変えさせることにかけては、ほとんど成果を挙げていない。

部外者は、トルコの領土拡張主義を恐れるギリシャの態度を過剰反応であるとみなしがちだ。しかし、地理的に接しているという事実だけで二つの国（一九七〇年代や一九八〇年代に一度ならず戦争寸前の状態に追い込まれた）に友好関係を勧めるのは、現在の対立を招いた歴史的な要因を知らない者の発想であり、つい最近ようやく国境の定まった国においては、国家の統治に対する脅威にいかに過敏にならざるを得ないかが分かっていない。「古い」ギリシャの国土は、一八三〇年代から少なくともギリシャ人の地図の上では独立を遂げていたが、現在のギリシャには、統一の記憶がいまだに生々しい地域も多い。ドデカニサ諸島がギリシャ領となったのは一九四七年であり、その他のエーゲ海の島々がマケドニア、イピルス、テッサリア地方とともにギリシャに併合されたのは、第一次世界大戦が始まって間もないころだった。一九〇七年生まれのコンスタンディノス・カラマンリスは一九九〇年に大統領に再選されたが、生まれたときにはオスマン帝国の住人だった。

地理的には、ギリシャはバルカン半島の国でもあり、地中海の国でもある。海に面していたため、陸に閉ざされた他のバルカン諸国よりも西洋世界に触れあう機会は多かった。海運業の基盤は十八世紀に築かれ、二十世紀後半に世界一の規模に達した（安い税金目当ての便宜置籍船もかなりの割合に達したが）。しかし、ギリシャ正教とオスマンの遺産が、数世紀にわたってヨーロッパの歴史の流れからギリシャを切り離した。ヨーロッパ国家としてのギリシャのアイデンティティははっきりしなかった。独立初期から、ギリシャ人は自分の国が本当はヨーロッパに属していないかのように、「ヨーロッパへ旅行する」と話していた。このどっちつかずのアイデンティティは、一九八一年にギリシャが十番目のメンバーとしてＥＣに加盟するにあたって格別な意味を持った。加盟から期待された政治経済面の利益は措くとしても、ＥＣ加盟によって、ギリシャが「ヨーロッパであること」について明らかなお墨付きを与えられたようにみえたからだ。ギリシャの民族運動は、オスマン帝国という非キリスト教の環境下で生まれた初めての運動である点で際立っていた。独立から一世紀半を経て、ギリシャは正式にＥＣに加盟した。これはオスマンの支配を経た東方正教会の国、つまりそれまでのＥＣ諸国とはまったく異なる歴史的経緯を経た国が初めて加盟した点で意義深いものだった。ギリシャが「ヨーロッパ共通の家」に再び迎え入れられてゆくプロセス——これが本書の主題だ。

# 第二章　オスマン＝トルコの支配とギリシャ国家の出現　一七七〇～一八三一

一四五三年五月二十九日、ギリシャ世界の都《ポリ》コンスタンティノープルは、長い戦いの果てにオスマン＝トルコの手に落ちた。この日は火曜日であったため、ギリシャ人には今も火曜は縁起の悪い日とされている。キリスト教文明の要衝がイスラムに占領されたため、キリスト教徒すべてに衝撃が走ったが、かつて力を誇った帝国に残った哀れな住人たちの反応はあいまいだった。東地中海沿岸に住む正教教徒は、そのほとんどがオスマンの支配下に置かれて久しかった。さらにビザンティン帝国が滅亡の危機に瀕していたときでさえ、ルカス・ノタラス大公のように、都にはカトリックの大司教の冠《ミトラ》よりも、トルコ人のターバンがはびこる方がましであると述べた者がいた。ノタラスの言葉は多くの正教信徒の気持ちを代弁していた。彼らはトルコの脅威に直面したときに、西方のキリスト教が軍事支援を行う代償として、正教に教皇の優越を無理強いしたのを怨んでいたからだ。一二〇四年には、第四次十字軍の陽動作戦が裏目に出て、コンスタンティノープルが略取された忌まわしい記憶もあった。しかし今回は、少なくとも正教の宗徒《プリロマ》は憎いラテン人に頭を下げる必要もなく、「聖書の民」としてオスマン＝トルコの下で不自由なく信仰が保証された。実はビザンティン帝国の滅亡は、神の贖い、つまり正教が犯したあれこれの罪悪に対する神罰であると広く考えられていた。いずれにせよ、オスマンの支配は長続きするはずがない。なぜなら天地創造から七千年目の年、すなわち一四九二年の終りには世界は終末を迎えるのだから――と多くの人びとは信じていた。

一四五三年以後、オスマンはそれまで掌握していなかったギリシャ世界の地域にも支配を固めていった。第四次十字軍の結果、黒海南東沿岸に建てられた小国トレビゾンド帝国は一四六一年に壊滅した。ロドス島は一五五二年に占領され、ヒオス島とナクソス島は一五六六年、キプロス島は一五七一年、「大いなる島」の名で知られたクレタ島も、二十年の戦いを経て一六六九年にオスマンの軍門に下った。イオニア諸島（エプタニシア諸島）はおおむねオスマンの支配を逃れ（レフカス島を除く）、最大の島ケルキラ島（コルフ島）はトルコ人の手に渡らなかった。イオニア諸島は一七九七年までヴェネツィア共和国の独立領として統治され、その後フランス、ロシア、イギリスの支配を経て、一八一五年から一八六四年にはイギリスの保護領となった。

遊牧民の戦士を起源とするオスマン＝トルコは、バルカン半島、北アフリカ、中東のかなりの地域に及ぶ、諸民族と信仰の一大混合体を統治しなければならなかった。これをトルコ人はミッレト制（文字通りには「民族」の意味）という分割統治で解決したが、実際はミッレトは民族によってではなく、信仰する宗教によって組織された。統治者であるイスラムのミッレトのほかに、ユダヤ人のミッレト、グルジアのアルメニア人のミッレト、カトリックのミッレト（十九世紀にはプロテスタントのミッレトさえ存在した）、そしてイスラムに次ぐ規模の正教のミッレトがあった。このようなミッレトの行政はかなり自治に近く、各宗教の当局の手で統治が行われていた。オスマン＝トルコは正教をミッレティ・ルム（ギリシャのミッレト）と称したが、この名称は正しいとはいえなかった。このミッレトには、ギリシャ人ばかりでなく、ブルガリア人、ルーマニア人、セルビア人、ヴラフ人（バルカン半島全域に散らばる遊牧民族でルーマニア語の一方言を話す）、アルバニア人、アラビア人など、帝国内の正教キリスト教徒がすべて含まれていたからだ。しかし正教会の総主教の長でミッレト・バシ（ミッレトの長）だったコンスタンティノープルの世界総主教や、キリスト教聖職位階制度の高位の者（この組織を介して総主教はミッレトを治めた）はすべてギリシャ人だった。十九世紀に民族主義が高まるにつれて、正教のミッレトにおけるギリシャ人支配は、非ギリシャ系の構成員から疎まれるようになり、それまで一枚岩の組織だった正教会は、民族ごとの複数の教会に分けられた。

ミッレト制が制度として定められたのはかなり後のことであり、占領直後に征服者スルタン・メフメトが正教会に与えた特権の正確な中身ははっきりしていない。フィルマン（下賜状）のオリジナルが失われてしまったため、メフメトの正教会に対する許可状は、占領からほぼ七十年後の一五二〇年に、メフメトがギリシャ人に教会の維持を許可した席に居あわせたスルタン付きの、老いたイェニチェリ護衛官三人の証言に基づいて復元されたからだ。メフメトはオスマン統治下の最初の大主教としてゲオルギオス・ゲナディオス・スコラリオスを選んだ。これは多くの者から喜ばれた。ゲナディオスは正教とカトリック教会の団結に真っ向から反対していたからであり、この伝統的な敵対感情を存続させることは明らかにメフメトの利益になったからだ。ビザンティン帝国の皇帝統治時代よりもスルタン支配のオスマン帝国時代の方が、正教会の権力や特権は大きかった。さらに、正教の信者に対する総主教の権威は、単なる宗教の問題を超え、日常生活のこまごまとした規則にまで及んだ。正教の教徒はオスマンの官僚よりも正教の宗教的当局者を相手にするほうが実はずっと多かったと言えるのかもしれない。

このように共同体として高度の自立を保証するかわりに、総主教と高位の聖職者は正教徒がオスマン国家に忠誠であることを請け負わなければならなかった。スルタンの権威が危うくされたときに真っ先に報復の矢面に立たされたのは、宗教でも社会秩序の面でもリーダー役を務めていた高位の聖職者たちだった。そのため一八二一年に独立戦争が起こると、教区総主教のグレゴリウス五世は他の宗教兼民間の指導者たちとともに酷たらしく処刑された。グレゴリウス五世の処刑にヨーロッパのキリスト教徒は激怒し、蜂起したギリシャ人への共感は高まった。しかしオスマンの立場から見れば、グレゴリウスはその第一の義務である、スルタンに対する信者の忠誠を請け負う義務が守れなかった。この処刑にロシア大使が抗議すると、レイス・エフェンディ（オスマン帝国の外相）は、ピョートル大帝も自分の国の総主教座を潰したではないか、と手厳しく言い返した。

教会には社会・宗教双方の権力が集中したため、地位の高い職をめぐる激しい競争が起きた。これはオスマン当局によって助長された。総主教職が変わるたびに、グランド・ヴェジール（スルタンの首相）が巨額のペッシュケッシュ（賄賂）を受け取るようになったからである。この支払いを埋め合わせるために、総主教もまた賄賂を受けざるを得なくなり、教会はオスマンの政治機構につきものの制度化された強欲と腐敗に巻き込まれた。総主教は原則として一生に一度しか務められなかったが、同一人物が何回も務めた例も知られている。十七世紀終りにディオニシオス四世ムセリミスは五回も総主教に選ばれ、「民族の殉教者」グレゴリウス五世は三度目の総主教を務めていたときに処刑された。十八世紀にアルメニアのある銀行家は「ギリシャ人は下着を取り替えるよりも多く総主教を変える」と皮肉ったが、これが痛いところを突いていたとしても不思議ではなかった。また、教会の搾取や官僚の貪欲さに促され、民間では何世紀もの間反官僚主義の大きな流れが生じたのも驚くにはあたらない。この流れは、一八二一年以前の数十年間に初期の民族主義者の知識階級の憤りと合流した。彼らはオスマン国家と利害が一致していた聖職位階制度の高位者に不満の矛先を向けていた。一七九八年にエルサレムのアンシモス総主教が述べた意見によれば、オスマン帝国は神が正教を西洋のカトリックという異教徒の害悪から守るために建てた国であり、キリスト教徒はすでに確立された秩序に挑むべきではなかった。これは聖位階職制における一般的見解だった。

> 主は……このオスマン人の強力な帝国を無から我らがローマ（ビザンティン）帝国の地に起こされたのであるが、それはいくつかの点で正教の教義の逸脱が始まっていたからであった。そして主はオスマン人の帝国の地位を他のいかなる王国よりも高い位置に作られ、それが疑いなく神意によって生まれたことを示されたのである……
>
> エルサレム総主教アンシモス『教父の訓戒』（一七九八）

ギリシャのラヤ（文字通りの意味は、家畜の群れ、転じて臣民）は、イスラムの習慣に歩調を合わせ、オスマンの支配下では宗教の自由をかなりの程度享受したが、オスマンの秩序のもとでは劣った立場であることを強調する多くの不自由に甘んじなければならなかった。法廷ではイスラム教徒に対するキリスト教徒の反論は認めれず、キリスト教徒とイスラム教徒の結婚もできなかった。キリスト教徒は武器の所持を禁じられ、徴兵の代わりにハラージという特別税を払うように求められた（これは実は予期せぬ特権となった）。最も恐れられた義務は、新兵《イエニチェリ》を徴募するペドマゾマ（文字通りの意味は、子供集め）であり、この制度は十七世紀の終りごろまで続いた。オスマン政府にエリート兵士や官僚として仕えるために、バルカン半島のキリスト教徒の家庭から最も見栄えの良い利発な子供が不定期に徴発された。集められた者はイスラム教に改宗しなければならず、イスラム教の棄教は例外なく死を意味したため、とりわけ恐れられた。しかしこの徴兵は貧しい素姓の子供がオスマンの政府組織の最高階層に出世できる絶好の機会だったため、イスラム教徒の親が子供をキリスト教徒と偽って募集に応じるケースもあった。また、出世したイエニチェリが親族や出身の村の者を引き立てることもあった。

キリスト教徒はさまざまな形で差別されていたが、これにさらに地方のオスマン当局による過酷な扱いが重なると、個人であれ集団であれイスラム教に改宗する者が相次いで現われた。そのような例は、十七世紀の帝国の遠隔地ではごく普通に見られた。キリスト教徒が表向きはイスラムの教義に従い、隠れて正教キリスト教徒の教えと実践を守る場合もあった。十九世紀半ばに、キリスト教権力の圧力でオスマン帝国の中央政府《ポルテ》が、イスラム教とキリスト教は平等であるという考えを公的に擁護すると、このバルカン版

「隠れキリシタン」は本来の信仰を明るみに出し、かつてのイスラム教信者の仲間を驚かせた。

遠方の山岳地帯ではオスマンの中央政府の統制が不十分だったため、このようなさまざまな形の差別は実際には和らげられた。例えば、ピンドス地方の山地にあったアグラファ（未記入の意味）という村落は、村の名前が帝国の税金帳簿に「未記入」だったために名前が付けられた。他にギリシャ人が住んだ地域でも、マスティカ（天然ゴム）の生産で潤ったヒオス島のように、それなりの特権や免責を与えられた場所もあった。

十六世紀と十七世紀は、ギリシャ人の歴史にとって「暗黒時代」だった。アルメニア人（トルコ人から「忠実な」ミッレトと見られていた）とユダヤ人は、オスマンの征服に抵抗して立場を危うくすることもなく、当時はギリシャ人よりも優遇されていた。ときには際だったギリシャ人も現われた。その一人がビザンティンの大家系の一つ、カンタクゼニ家の子孫シェイタノグル（悪魔の息子の意味）だ。毛皮取引と帝国内の塩の専売で巨万の富を築いたシェイタノグルは、スルタンの海軍に対抗してガレー船六十隻を装備したほどだった。しかしこの臣民は勢力が強大になりすぎたため、一五七八年に処刑された。

ギリシャ人の運命のなかで最も暗い時代だったこの時期にも、オスマンの支配に対する反発が散発的に見られた。一五七一年のレパントの海戦でオーストリア公ドン・ホアン率いる艦隊が、オスマンの海軍に壊滅的な打撃を与えた。これに促され、本土とエーゲ海の島々で反乱が起こった。一六一一年にはイピルス地方で短期間ながらディオニシオス・スキロソフォスが反乱を起こした。ヴェネツィアとオスマン帝国の戦争は一六四五年から六九年まで続き、オスマン帝国がクレタ島を奪取して終わったが、ヴェネツィアは一六八四年から一七一五年までペロポネソス地方を占領し、オスマンの支配力も無敵とはいえなかった。

さらに、「トゥルコクラティア」の期間を通じて、クレフテスが民族運動以前の対トルコ武装抵抗を示唆的に体現する実例となった。本質的にはクレフテスは山賊であり、ギリシャ人にもトルコ人にも同じように略奪行為を行った。しかし、徴税官のようなオスマン権力を体現するシンボルを攻撃したため、クレフテスは民衆の想像力のなかでイスラムの過大な要求に虐げられていたギリシャ人を防御するシンボルとなり、超人的ともいえる勇敢さと抵抗力の持ち主とされた。山賊行為を統制し、交易や帝国のコミュニケーションの維持に不可欠な山道の通行安全を確保しようとしたオスマンは、アルマトリ（山岳警備隊）というキリスト教徒の在郷軍隊を組織した。一方は非合法、もう一方は合法（ただし両者が厳密に区別されたことはなかった）のギリシャ人武装部隊が存在したおかげで、一八二〇年代に独立闘争が起こるまで長い年月の間に、時には波はあったが、ギリシャ人の間ではゲリラ戦争の伝統が培われることになった。

十六世紀から十七世紀にかけては、オスマンのくびきから逃れる見込みはほとんどないように見られた。ギリシャ人が心に秘めていた「コンスタンティノープルの玉座を自分たちの王孫の一族」に取り戻すという熱意は、予言や黙示録への信仰に流れ込んだ。そのような信仰には、解放は人間の働きによってではなく、神の介入を通じて成就されるという願望があった。ここには人間的な努力をすべて神の定めの一部として理解するビザンティン的な思考法が執拗に反映されていた。なかでも広く信じられたのが、北方から金色の髪をもつ民族が解放者としてやって来るという「金髪の民《クサンソン・ゲノス》」の伝説だった。この民族はオスマンに唯一囚われていない正教の民であるロシア人とされていた。しかし、ギリシャ人が自らの手で解放を望むような感情はほとんどなかった。

私たちは乞い願う、金髪の民が私たちを解放することを、
モスクワから来たりて私たちを救うことを。
私たちは神託を、当てにならぬ予言を信じ、
かくも空疎な物ごとに時間を費やす。
私たちは希望を北風に置く、
私たちからトルコの罠を取り去るために。

ミラ府主教マッセオス（十七世紀）

しかしながら、十八世紀のギリシャ社会にはいくつかの非常に重要な変化が生まれ、その変化に乗じてトルコから解放を勝ち取る戦争を計画する大胆なギリシャ人が現れた。しかしその計画が絵空事でないことを同胞に説くのは極めて難しかった。説得される側は、運命と観念しきっているか、現状に甘んじるだけで、抵抗など夢にも思わなかったからだ。最初の民族運動が現れたのは十八世紀末だった。結局はこの運動から、一八三〇年代の独立国家（ひどく切りつめられた形ではあったが）が現れた。この運動の展開は実に興味深い。それはこの民族運動が東ヨーロッパで生まれた最初のものであり、オスマン帝国という

非キリスト教の背景のなかで起こった最初の運動とも言えるからだ。いわばこのかなり早咲きの運動が起こった原因はいくつかあげることができる。

十八世紀の間にオスマン帝国が軍事、領土保全、経済の側面で弱体化しなかったなら、反乱がうまく続く見込みはなかった。帝国の軍事力の衰えは、エリート軍隊から世襲の階級に変質したイェニチェリ軍団に端的に現われている。軍団の関心は権力と特権の確保だけに向けられ、一八二六年にスルタン・マフムト二世が激しく弾圧するまで、絶えず中央政府当局の頭痛の種になった。軍隊は衰え、軍事技術の変化にも対応できなかったため、オスマン国家はオーストリア、ペルシャ、ロシアなどの外敵から攻撃を受けるようになった。十七世紀の後半から帝国の領土基盤は、経済基盤ともども揺るぎはじめた。

予言に謳われた「金髪の民」にして世界唯一の正教権力であるロシア人からの外圧は、ギリシャの住民に特別な反響をもたらした。一七六八年から一八七四年にかけてロシアとオスマン帝国の間で露土戦争が起こり、興奮はとりわけ高まった。ビザンティン皇帝レオ賢帝の予言によれば、コンスタンティノープルの征服から三百二十年のち（一七七三年）に都《ポリ》からトルコ人が一掃されるからだった。その後ロシア人は帝国の正教全教徒の保護権を求めたが、実際には戦争によってギリシャ人の運命はほとんど変わらなかった。とはいえ、やがてはトルコのくびきから解放されるという予言を重視しつづけた者は多かった。

周辺地域から退却したため、統一国家としての帝国の保全は深刻な脅威にさらされた。イェニチェリの規律の乱れから無政府状態になった地方都市もあり、軍指揮官が権力を握るという事態も現れた。これらの軍指揮官は法的にはスルタンの臣下だったが、さまざまな点で独り立ちした支配者のように振る舞い、かなりの帝国領土を支配下に置いた。このような軍指揮官の一人だったイスラム教徒のアルバニア人アリ・パシャは、広大な領地に多数のギリシャ人を擁し、イピルス地方のイオアンニナに首府を置いて統治した。これら地方の総督たちによる事実上の独立も、十八世紀にいかにオスマンの中央政府の権力が衰えていたかをギリシャ人に示して勇気づけるものだった。

逆説的にみえるかもしれないが、オスマンの権力が衰えるにつれて、強い影響力をもつ少数のギリシャ人の集団が、オスマン政府最高の立場で急速に権力を握るようになった。それがファナリオティス（この名は総主教座があるコンスタンティノープルのファナール広場にちなむ。ファナールは灯台の意味）であり、ギリシャあるいはギリシャ化されたルーマニア人とアルバニア人の一握りの家系が携わった。帝国の外圧は高まる一方で、オスマン人は権力の頂点に立っていながら、打ち負かした敵と平和的な関係を結べなかった。今や彼らを敗北から救う腕ききの外交官が必要だった。その役割を演じたのがファナリオティスであり、ヨーロッパ内で初めてオスマンの権力が大きな撤退を強いられた一六九九年のカルロヴィッツの和平から、一八二一年に独立戦争が始まるまで、オスマン朝廷の主要通訳官の職を独占した。この地位はオスマンの外交政策の実施にかけては、見かけよりも大きな影響力を持っていた。さらにファナリオティスはオスマン艦隊の司令長官《カプタン・パシャ》の通訳官も務め、この資格をもってエーゲ海の島々で事実上の知事を務めるようになった。この地域出身のギリシャ人がオスマン艦隊の船員の大半を占めていたからだ。

十八世紀から十九世紀初めにファナリオティスが手にした最も重要な官職は、ワラキアやモルダヴィアなどのドナウ川沿いの属国のホスポダル（君主）だった。ホスポダルはブカレストやヤシにぜいたくな宮殿を建てて住み、オスマンのスルタンの代理人として属国を支配した。教会の高級職と同じように、このなんとしても手に入れたい地位をめぐってもひどく腐敗した競争があり、ファナリオティスの任期は平均して三年に満たなかった。ファナリオティスの支配は属国のルーマニア系住民の激しい抵抗にあったが、略奪を欲しいままにしたと決め付けるのも疑問が残る。少数のホスポダルはギリシャ文化の啓蒙君主となり、その宮殿は、オスマンの支配下でもいくらかは花開いていた西洋思想が広く正教連合体へと染み渡ってゆく水路となった。ホスポダルの宮殿はコンスタンティノープルに建つスルタンの宮殿を小さくしたようなものであり、オスマン帝国内部で行われていた類の混乱した代物とはいえ、政治の技術に有益な基礎を提供した。しかし、ギリシャの貴族階級に酷似していたファナリオティスの利害は帝国の保全と一致していたため、独立を求めた闘争に積極的な役割を演じた者はほとんどいなかった。

民族運動の発展でさらに大切なのは、十八世紀の間に企業家精神に富む裕福な商業階級があちこちに現れたことだ。その活動の基礎はオスマン帝国内にも外国にもあった。ギリシャ系あるいはギリシャ文化を身に付けた商人が帝国の貿易を支配するようになり、原材料を輸出しては西洋から加工品や植民地の製品を輸入した。ギリシャ語はバルカン商業の補助言語となり、ギリシャの商業コミュニティ（パリキエス）は、地中海沿岸はもちろん、バルカン半島、中央ヨーロッパ、南ロシア、はるかインドにまで作られた。それと同時にギリシャ人船長が、三つの「海運」島であるヒドラ島、スペツェス島、プサラ島を主要な拠点として活躍し、二十世紀に世界最大の商業船団となる土台作りに勤しんでいた。フランス革命からナポレオン戦争の間にイギリスが陸地を封鎖したため、現場でリスクを冒して携わった者は大きな利益を上げた。マニュファクチュアはほとんど存在しなかった。テッサリア地方の高台の町アンベラキアでは、十八世紀後半から十九世紀初めにかけて赤綿紡績がかなり栄え、生産物の多くは中央ヨーロッパに輸出された。とはいえ、これは一時的な例外だった。

商人のうち豊かな財を築いた者は、資産の保全や資本の蓄積の妨げとなる、独断的で不確実なオスマン帝国の生活に苛立った。西欧では政府が商業を積極的に奨励していたが、その秩序正しい商行為を経験したこれらの商人のなかから、初期の民族運動を支持した者が現れた。しかしこの大きな危険を伴うかに見えた大事業に、新たに得た利益を賭ける気のなかった者もいた。商人の大多数は民族主義の運動に大きな熱意を見せたわけではないが、重要なのは彼らが間接的であれ運動の展開に貢献したことだ。

商人たちは一七七〇年代から一八一〇年代にかけて起こった知的復興を物質面で支え、これが民族意識の発達に極めて決定的な要因となった。この意識は、正教会の教徒としてのアイデンティティではなく、ギリシャ人としてのアイデンティティだった。商人たちは学校や図書館を寄進し、もっぱら帝国の外で盛んに行われるようになったギリシャ人読者向けの出版事業に出資した。世俗の文献の出版も増えていった。十八世紀最後の四半世紀に出版された書籍の数は、初めの四半世紀の七倍に達し、十九世紀初めの二十年間には、およそ千三百点の書籍が出版された。恐らく最も重要なのは、商人が奨学金を出し、ギリシャの若者が西欧の大学とりわけドイツの大学で学べるようにしたことだ。そこで留学生たちは啓蒙思想やフランス革命やロマン主義的なナショナリズムなどの急進的な思想に接し、ヨーロッパの教育ある同時代人の精神に古代ギリシャの言語や文化が驚くほど浸透しているのを知った。

トゥルコクラティアの時代、古代ギリシャ世界についての知識は絶えかけていたが、芽吹いたばかりの知識階級は西欧の古典研究から刺激を受け、自分たちが文明世界では普遍的に崇められている遺産の継承者であるという自覚を持つようになった。独立戦争の直前には、このプロゴノプレクシア（祖先へのこだわり）とアルへオラトリア（古代崇拝）はほとんど妄想に近いところにまで高まった。十九世紀のはじめの十年に、民族主義者は子供の洗礼名（または持ち船の名前）にキリスト教の聖人ではなく、古代ギリシャの偉人の名前を使いはじめ、教会当局をひどく狼狽させた。熱心な者はついでに自分の名前まで変えてしまった。この時期に、再生ギリシャにふさわしい言語は何かという今なお続いている激しい議論（しばしば紛糾した）も始まった。純正であるとされた紀元前五世紀のアッティカ方言に戻るように主張する者もいれば、当時の会話体（時間の経過の長さを考えれば、古典時代の言語から驚くほどわずかしか変化していない）を教育ある言語の基礎に置くように提唱する者もいた。口語から外来語や外来用法の追放を唱える中道派もいた。結局、カサレヴサ（文字通りには「純正化された」の意味）を擁護する者が増え、これはその後のギリシャ文化と教育の発展に有害な影響を及ぼした。

親愛なる友人たちよ、われわれは何度も言っているのだ。起こり得る最悪の不幸とは、かつて栄光を極めた民族がその祖先の美徳を忘れ、その悲惨を忘れ去り、教育を無視し軽視することであると。あの嘆かわしいギリシャの没落の後でこれらの現象が蔓延したからこそ、ギリシャは奴隷状態に陥ったのであろう。しかし神の摂理を通じて、ギリシャ人はすでに極めて深い無知の昏睡状態から覚醒して啓蒙とその復興に尽くし、われわれの先祖の美徳と宗教の獲得に向けた道を大きく歩み始めている。

グリゴリオス・パリウリティス『ギリシャの考古学（アルヘオロギア・エリニキ）』（一八一五）

言語問題で中道を説いたアダマンディオス・コライスは、同国人に「過去に対する意識」を植え付けるのに中心的な役割を果たした。一七四八年にスミルナ（現在はトルコのイズミル）で生まれたコライスは、生涯の大半をパリで過ごして一八三三年に没した。パリでコライスは古典学者として名声を博し、とりわけギリシャ人に向けて古代ギリシャの著作の校訂を行った。その前書きで、コライスは同国人たちの受け継いでいるものが比類のない知的遺産であることを自覚するように求め、今まで覆いかぶさっていたビザンティンの無知を取りのけるようにうながした。コライスは、教育にこそオスマン（私の考えによれば、「トルコ人と野獣は同義語である」）と正教会の聖職位階制度の僧たちが振り回す反啓蒙主義という二重の支配から解放される鍵がある、と熱心に信じた。

十九世紀の最初の数十年に、ギリシャ社会はますます分化が進み、急速に変化した。少数ながら民族意識にはっきりと目覚めたギリシャ人は増え、オスマン支配の継続をますます拒むようになった。しかし彼らの努力は大きな障害に直面した。ファナリオティス、高級官僚、富裕な商人、地方の士豪《コジャバシ》など、独立以前のギリシャ社会のエリートたちは、オスマンの現状に甘んじるも同然で、民族運動に加わらなかった。また、民族主義に熱を上げた知識階級は、その中心を離散コミュニティに置いていたため、読み書きのできない民衆にはその熱意が届かなかった。オスマン支配への高まる不満を組織して一つの流れにするには、何らかの触媒が必要とされた。

組織的な反乱計画を企てた最初の人物として、テッサリア出身のギリシャ化されたヴラフ人、リガス・ヴェレスティンリスがいた。ドナウ地方の属国のファナリオティス（ホスポダル）を勤め、若いころから政治経験を積んだヴェレスティンリスは、一七九〇年代にウィーンに滞在、フランス革命から強い影響を受けた。政治パンフレット、とりわけウィーンで印刷された『人間の諸権利の宣言』ではバルカン地域の革命を訴え、フランスの範例を思わせた。恐らく最も重要なのは『ルメリア、小アジア、エーゲ海諸島、モラヴィア属国ならびにワラキア属国住民の新たな政治機構』だった。この冊子ではビザンティン帝国の復興が論じられているが、再興されるべきビザンティン帝国は独裁制ではなく、フランスのモデルによる共和制が採用される。この国家はオスマン帝国の住民をすべて迎え入れるとされたが、生まれ育ちを問わずギリシャ人が優位を占めるようになっていた。リガスが注意深く述べた計画は徒労に終わった。ハプスブルク家の領土を離れ、革命の福音を伝導するためにバルカン半島に赴こうとしたそのとき、リガスは（仲間のギリシャ人によって）トリエステで裏切られたからだ。一七九八年五月、ベオグラードでヴェレスティンリスは共謀した仲間数人とともにオスマン人の手で処刑された。

おお、勇敢な若者たちよ、
いつまでわれわれは要塞で暮らそうか、

山なす尾根で、人を遠ざけ、獅子のように。
洞窟の中で暮らそうではないか。枝を集め、
農奴の身分の堪えがたさに世間から逃れ、
兄弟、姉妹、両親、故郷、
友人、子供たち、親族すべてを捨てて。

一時間の自由な暮らしがいい、
四十年の奴隷と牢獄よりは！

リガス・ヴェレスティンリス『戦争賛歌《スリオス》』（一七九七）

リガスの努力は実際的な成果は何も生まなかったかもしれないが、オスマン当局と正教会の聖職位階制度には大きな警戒感を与えた。一七九七年にフランスがイオニア諸島を「革命による解放」の下に占領したからだ。これに翌一七九八年のナポレオン・ボナパルトのエジプト（法的にはオスマン帝国の一部）侵略が続き、フランス革命の邪悪で煽動的な教えが帝国に入りこんだ。一八〇四年のセルビアの暴動は、はじめイェニチェリの堪えがたい圧政に対する反抗だったが、次第に民族蜂起の性格を帯びはじめ、オスマンの打たれ弱さがまざまざと示された。このことを見抜いたのは、独立の時期の最も優れた政治刊行物『ギリシャの県知事政治（ノマルヒア）』を書いた氏名不詳の作者だった。ウィーン会議で定められた措置の

一環として、一八一五年にイオニア諸島はイギリスの保護のもとで法的な独立国として認められ、いよいよオスマンの支配下にないギリシャ地域が出現した。


おお、わが親愛なるギリシャ人よ、今に至ってもわれわれが暴君の足枷に繋がれている二つの原因は、第一に無知な司祭ども、第二に同胞のなかで最もすぐれた人材がどこにも見当たらないこと、である。

作者不詳『ギリシャの県知事政治』(一八〇六)

リガス・ヴェレスティンリスの受難に刺激されて、三人の若いギリシャ人が立ち上がった。三人はいみじくも後に戦艦ポチョムキン号の反乱の舞台となる南ロシアのオデッサの離散コミュニティで出会い、民族のすべての資源を動員してオスマンの圧政に対する武装蜂起を起こすという野心的な計画を練った。エマヌイル・クサンソス、ニコラオス・スクファス、アサナシオス・ツァカロフは、商業離散民のなかでもどちらかといえば主流から外れている者だった。彼らの策略の手段となったのが一八一四年に結成された友愛協会《フィリキ・エテリア》だった。この協会は組織的な武装蜂起によってオスマンの支配から「母なる土地」を解放することを唯一の目標としていた。

友愛協会はフリーメーソン団の制度から大きな影響を受け、基本となる四つの会員に対して手の込んだイニシエーションの儀式を行った。秘密を漏洩した者には死をもって報いた。初めのうちはほとんど会員が集まらなかったが、一八一八年からとりわけ離散コミュニティで会員数は目立って増加した。しかしその数は蜂起の数カ月前の時点でも千人ほどにすぎなかった。会員のなかで最大多数を占めていたのは商人だったが、そのなかに豪商はほとんどいなかった。

協会首脳部は、発足当時からこの策謀はロシアの支援を受けていると触れこんでいた。これは本当であるとは言えなかったが、ロシアは多くのギリシャ人から最もあてになる救い主として敬意が払われていた。協会が二度にわたって会長にイオアニス・カポディストリアス伯爵を迎えようとしたのは確かだ。コルフ島出身のギリシャ人であるカポディストリアスは、一八一六年からアレクサンドル一世の下で外務大臣を務め、国際外交に精通していた。招聘の試みは失敗した。カポディストリアスによれば、この野心的な企ては見当外れもはなはだしく、ギリシャはロシアとオスマン帝国の間のいつ終わるとも知れない戦争が続いている間は他日を期して待ち、その後ですでに当時のセルビア人が得ていた自立的な立場を望むべきだ、と愛国者たちに説いた。カポディストリアスにとって友愛協会の計画は愚かしいものであり、その失敗を信じきっていたが、その企みを漏らすことはなかった。結局協会長には、カポディストリアスほど重要とはいえなかったアレクサンドロス・イプシランディス将軍が就任した。イプシランディスはアレクサンドル一世の副官を務めたファナリオティスだった。セルビア人やブルガリア人の支持を取り付ける楽天的な計画は盛り上がらなかった。彼らはギリシャ正教文化の覇権にますます反感を募らせ、自前の民族運動を整えていたからだ。

自然は人間の野心に限度を設けた。ただしギリシャ人を除いて。ギリシャ人は昔も今も自然の法則に従わない。

レスヴォス島のベニアミン『形而上学の原理』（一八二〇）

バルカン共同戦線の企ては失敗に終わったが、友愛協会は一八二〇年から翌年の冬に絶好の機会を迎えた。スルタン・マフムト二世がオスマンの中央政府の衰え著しい権威を保つために、ギリシャ本土の多くを支配していたムスリムの将軍アリ・パシャを滅ぼそうとしたのだ。このような軍事行動では相当数の帝国軍を動員しなければならなかったため、この機会を見逃してはならなかった。一八二一年三月、イプシランディスは少数の混成部隊を率い、ロシアのベッサラビアとモルダヴィアの国境プルト川を渡った。川を渡りながらイプシランディスは、「古代ギリシャの土地を解放」する戦いにあたって、エパミノンダス、タラシブロス、ミルティアデス、テミストクレス、レオニダスなど古代ギリシャの武将たちの英霊に加護を祈った。

イプシランディスは同じ時期にトゥードア・ヴラディミレスク率いるルーマニア居住民のボヤール（名士）が起こした反乱を利用しようと企てた。しかし、ルーマニア人はセルビア人やブルガリア人と同様、ギリシャ人と共通の運動を展開する気はなかった。ルーマニア人にとってギリシャ人はファナリオティスの君主《ホスポダル》の圧政そのものといえたからだ。疲れ切ったイプシランディス軍は一八二一年六月のドラガツァニの戦いでオスマン軍によって撃破された。イプシランディスはハプスブルク家の領土に逃げ、この侵攻は竜頭蛇尾に終わった。

イプシランディスがプルト川を渡って間もない三月末、ペロポネソス地方で散発的に暴動が起こり、やがて全面的な反乱に発展した。これら二つの蜂起がどの程度までつながりがあったのかは、今日もはっきりしていない。戦闘に配備されたトルコ人の数はギリシャ側よりもずっと多かったが、双方で残虐行為が行われたむごたらしい戦争の結果、トルコ軍は海辺の城塞に撤退した。クレフテスによるゲリラ戦伝統は計り知れない助けとなり、海事に長けていたギリシャ人によってエーゲ海はすみやかに支配された。ギリシャ人がイニシアティヴを取ると、戦闘は膠着状態に陥った。蜂起の知らせが西欧に届くと、自由主義者たちは熱狂し、ほどなく親ギリシャ《フィレリネス》の義勇軍（最も著名なのは詩人バイロン）が解放運動に加わった。事態を古代ギリシャという理想像から眺めた者のなかには、当時のギリシャ人がペリクレス時代のアテネ市民のような尊敬すべき人物たちとは共通点がほとんどないのを知り、いち早く幻滅した者もいた。ギリシャ人の反乱を自分が気に入っている思想の実験場とみなした者もいれば、純然たる理想主義者もいた。もちろん軍事面で貴重な貢献をする者もいた。フィレリネス委員会は、ヨーロッパ全域で戦争継続と戦没者慰霊のための募金運動を行った。とくに一八二二年四月にヒオス島で多数のキリスト教徒が虐殺されたときには、大規模な募金運動が行われた。このような行動は実際には限られた成果しか上げられなかったとしても、親ギリシャ的な強い訴えはそれなりの効果を発揮した。この反乱を既成秩序への脅威として警戒し、傍観していた神聖同盟諸国の政府も、ついに重い腰を上げて紛争に介入するようになったからだ。

早期に反乱を成功させたギリシャ人の間で、領土をどのように管理して治めればよいかという問題が持ち上がった。それから数カ月以内に三つの暫定地方政府が生まれ、一八二二年初めに憲法が採択された。この憲法は当時の時代状況を反映し、極めて自由主義的だった。制定者たちは明らかにヨーロッパの啓蒙主義的な思潮に訴えようとしていた。翌一八二三年に憲法は改正され、三つの地方政府は一つの中央当局に統合された。ところがその結果、統一政府内部で派閥間の確執が始まり、一八二四年には内戦にまで発展した。このような内戦はその後も深刻な国家的危機を迎えると繰り返されることになった。独立戦争の立役者の一人マクリヤニス将軍は嘆いた。「私が戦いを誓った相手はトルコ人であって、ギリシャ人ではない」。

内戦の間、反乱軍の間の同盟・提携関係は絶えず変化した。ペロポネソス地方のコジャバシ（土豪）はオスマン体制下で得ていた権力と特権の保持に努めた。かつてのクレフテス（最も傑出した人物はセオドロス・コロコトロニス）は軍の指導者となり、戦争に大きく貢献したにもかかわらず、それにふさわしい政治権力の配分にはあずからなかった。島に住む船主も海戦でかなり貢献したため、政治利権の分け前を欲した。西欧化された少数の知識人は、武器を手にして力に訴えることはできなくても、不釣合なほど大きな影響力を持っていた。そのため、誕生間もない国家にはお飾りであれ自由主義的な立憲制度が整えられた。

内戦の背後にあった派閥主義は、大きく「軍閥」と「民主主義閥」、あるいは「市民閥」と「貴族閥」の権力闘争として解釈できる。「軍閥」を支配したのはかつてのクレフテスのリーダーで、まがりなりにも国民の多数を代表するものとされた。「市民閥」はペロポネソス半島の土豪、島の船主、ファナリオティスからなる小規模な集団を代表した。彼らはオスマンの下で早くから政治に携わっていたが、その運命を反乱者と共にした者たちだった。対立している両者をさらに横断していたのが、近代化論者と伝統的なエリートの間の溝だった。

西欧で教育を受け、ヨーロッパ調《アラフランガ》のファッションに身を固めた近代化主義者は、そのほとんどが民族主義の夢物語をふりまき、西欧の機構を何から何まですっかり輸入しようとした。彼らはモデルを西欧諸国に求め、その機構を翻案せずに丸ごと取り入れようとしたが、オスマン支配下のギリシャ社会は西欧国家とまったく異なる仕方で発展を遂げたのを忘れていた。独立前の社会を支配していた伝統的エリートは、着ている服で古い秩序への献身ぶりを象徴的に示した（トルコ人支配という悪夢を同時象徴していることは差し引いて）。明らかになった民族主義者の政策では、彼らに有利な点はほとんどなかったので、彼らは何が起ころうと、独立した新体制のもとでも自分たちの特権を手放すまいと決意した。基本的にエリートたちは独立とは自分たちがトルコ人に代わって少数独裁政治を行うことだと考えていた。ペロポネソス地方のコジャバシが、「キリスト教徒のトルコ人」と蔑視されたのは無理もなかった。独立戦争の英雄の一人、フォタコス・フリサンソプロスは、結局、違いは呼び方だけだと語った。「コジャバシのハサン」の代わりに「ヤニ」と呼ばれ、モスクでの礼拝を止めて教会に通うようになるだろう、というわけだ。

ギリシャ人同士が反目し合い、ときには戦闘さえ行われているときに、突然外部の情勢は悪い方向に転じた。スルタン・マフムト二世が反乱制圧のために新しい同盟を結んだからだ。同盟相手は名目的にはスルタンの臣下であるエジプトの支配者メフメト・アリとその息子イブラヒム・パシャだった。トルコ支援の見返りとして、二人にはかなりの利権の分配が約束された。クレタ島全土に暴政が敷かれた。一八二五年、イブラヒム・パシャはペロポネソス地方に強力な部隊を展開し、ギリシャ人を容赦なく攻撃した。この深刻な脅威に絶望的な状況に陥ったギリシャ人は窮状の解決を列強に求めた。戦争もこの段階になると、列強は調停者の役割を買って出る気になった。それは自国の貿易の利益が深刻な影響を被るからだけではなかった。各国とも、どこか一国が抜け駆けをして、この悪性の衝突を自国に都合よく利用しようとするのではないかと恐れたからだった。一八二五年、ギリシャの運動に純粋に共感を寄せたイギリスの外相ジョージ・カニングは、ギリシャの指導者数人が提案した「仲裁協定」を退けた。この協定では、ギリシャはイギリスの保護下に置かれるとされていた。その代わりイギリスはウェリントン公を長とする使節団をロシアに派遣し、イギリスとロシアが共同で紛争を調停にあたるとするペテルスブルク議定書に調印した。この難事業にフランスも参加し、一八二七年のロンドン条約を介して調停国に名を連ねることになった。カニングの言葉を借りれば「平和的干渉」であるこの政策は、大航海時代の棹尾を飾る大海戦となった一八二七年十月のナヴァリノの海戦で頂点を迎えた。サー・エドワード・コドリングトン海軍大将率いる英仏露連合艦隊は、この海戦でトルコ＝エジプト艦隊を殲滅した。一八二八年四月にはオスマンとロシアの間で再び戦闘が起こり、トルコ軍は手痛い敗北を喫したため、オスマンの立場はさらに弱いものとなった。ウェリントン公の言葉によれば、ナヴァリノの海戦は「望ましからぬ意外な出来事」で、必ずしも筋書き通りのものではなかったが、問題は解決された。列強の干渉は必然的に独立ギリシャの国の形を決めることになった。しばらくの間ギリシャ人と列強代表者たちの頭の中は、新国家の国境をどう画定するか、支配形態や主権に関する条項をどう定めるかといった問題でいっぱいとなった。

一八二七年五月、ギリシャは第三憲法を公布した。この憲法はトレゼネ議会で採択され、イオアニス・

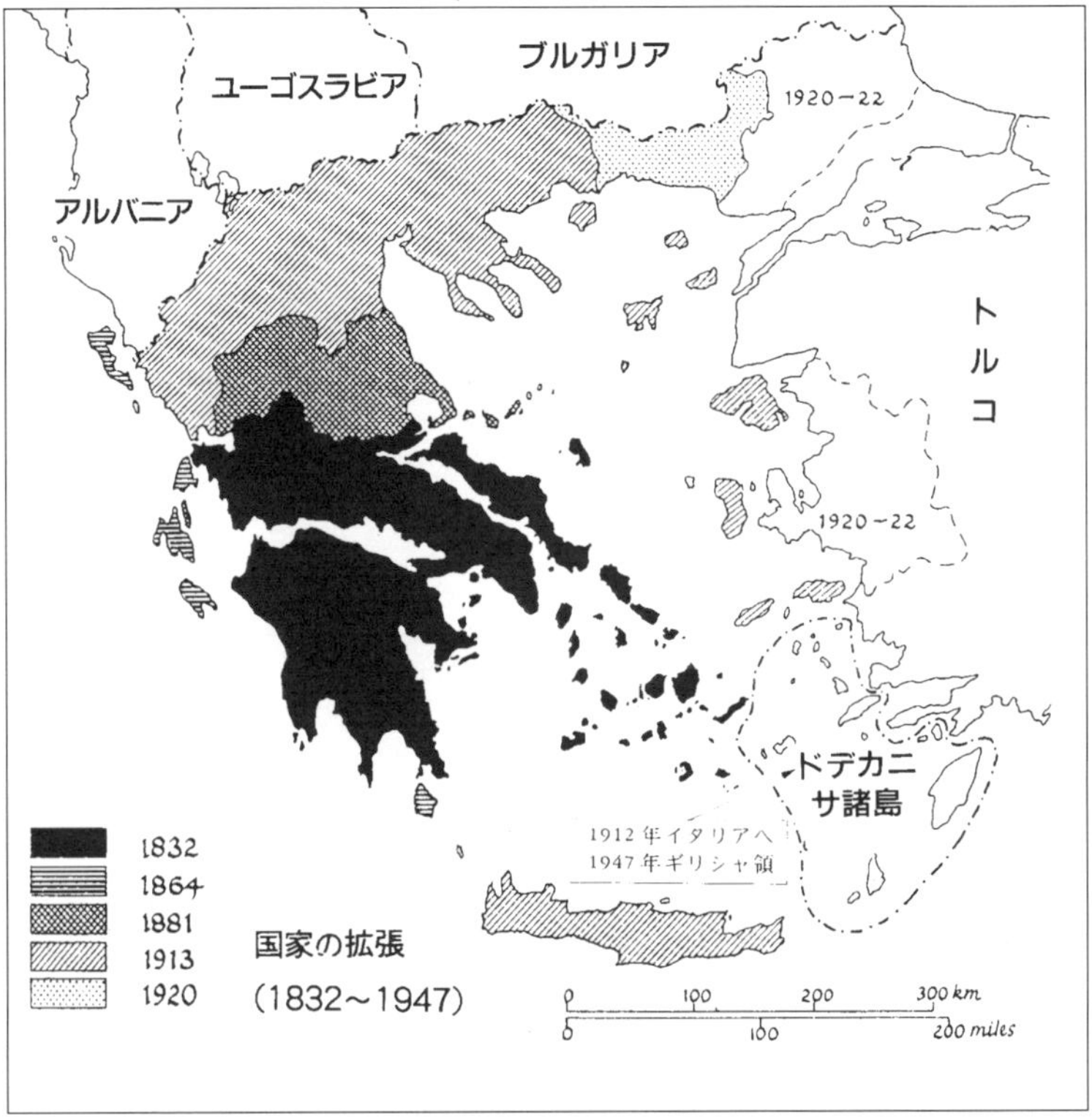


国家の拡張
(1832〜1947)

カポディストリアス伯爵がギリシャの初代大統領《キヴェルニテス》に選ばれた。カポディストリアスは抜群の外交手腕の持ち主だったが、ロシアの貴族政治の伝統のなかで育ったため、トレゼネ憲法の自由主義的な条項や議会の派閥力学をほとんど軽蔑していた。カポディストリアスは議会を二十七人からなる小評議会パンエリニオンに置き換え、直接支配した。カポディストリアスには二つの使命があった。激しい戦闘で荒れ果てた国土で国家の枠組みの基礎を作り、新しい国家になるべく有利な国境を確保することだった。課題は山積していた。大統領を務めた三年半の間、カポディストリアスは、陸軍の創設、行政の枠組みと教育システムの整備、交通手段の改善、壊滅状態の経済の立て直しなどに大きな努力を傾けた。逃げたトルコ人が明け渡した「民族の土地」の問題にも正面から対処するように努めた。カポディストリアスは、自作農が新国家の安定したバックボーンとなることを望んだが、利用できる土地からなるべく大きな利益を得ようと躍起になったペロポネソス地方の名士や軍のリーダーたちの猛烈な反発にぶつかった。

（カポディストリアスは）ギリシャを破滅させた。奴はすぐにギリシャをフランク風に（西洋風に）変えたからだ。はじめフランクとトルコの割合が三対七だったのが、そのうち五分五分になり、さらに後には完全にフランク風にしてしまった。

セオドロス・コロコトロニス（一八三六年）

オスマン・トルコ大宰相府（政府）に駐在する三つの「調停」国イギリス、ロシア、フランスの大使の間で繰り広げられた長い交渉の末、西はアルタから東はヴォロスに至る国境が承認された。新しい国家は、ペロポネソス半島、南部ルメリア、本土に近いいくつかの島を含み、その領土は列強の初めの目算よりも大きかったが、人口は独立戦争が始まったときにオスマン帝国に住んでいたギリシャ人の三分の一より少なかった。大国は独立を認めた代償の一部として、ギリシャに世襲の君主政体を採用し、その国王はイギリス、ロシア、フランスのどの王家とも直接の係累にないヨーロッパの王族から迎えることを義務づけた。最初の候補者サクス＝コブルク家のレオポルトは、カポディストリアスからギリシャの将来について悲観的な内容の報告を受け取って落胆し、王座につかなかった。大国はバヴァリア王ルートヴィヒ一世の十七歳になる次男、ヴィッテルスバッハ家のオットーに白羽の矢を立てた。

カポディストリアスは外交面で少なからず業績を挙げたが、その独裁的なやり方や、ギリシャ人にはまだ自前の政府を持つ力がないという信念が災いし、社会で影響力を持つ層の反感を買った。カポディストリアスはギリシャ社会のエリートたちに対する軽蔑をあからさまに口に出した。カポディストリアスによれば、大司教は「クリスチャンのトルコ人」、軍の指導者は「追剥ぎ」、知識階級は「たわけ者」、ファナリオティスは「悪魔の子供」だった。戦争で著しい功績を挙げた者や新体制下で権力や地位を当然のように期待した者たちを広く遠ざけたため、カポディストリアスは南ペロポネソス地方のマニに住んで勢力を誇った一族マヴロミハリス家の憎悪を招いた。一八三一年十月九日、仮首都ナフプリオンで教会に入ろうとしたとき、カポディストリアスはマヴロミハリス家の者二人によって暗殺された。カポディストリアスの死は新国家の権力ブローカー志願者たちからは悼まれなかったが、その父子主義的な政治手腕に市民はおおむね好意をもっていた。彼の死とともに、独立が保証されたとはいえ吹けば飛ぶような小国ギリシャは、常に無秩序と隣り合わせの状態に陥った。

## コンスタンティノープルの陥落

独立戦争の情景を描いたパナヨティス・ゾグラフォス作の連作画から。独立戦争から退役したマクリヤニス将軍の依頼で一八三〇年代半ばに描かれた。コンスタンティノープルの街を背に、勝ちほこるスルタン（時代錯誤にも水ぎせるを吸っている）が聖職者や有力市民たちが差し出す貢ぎ物を断り、彼らに服従を命じている。左上は服従を拒んで丘に逃げる者。オスマンの軍隊に追われている。左下隅

コンスタンティノープルの陥落

の鎖につながれた人物は、隷属に屈したギリシャの化身。その指先は怒りをこめて暴君へ向けられている。すぐ上は、一七九八年にトルコ人に処刑された独立運動最初の殉教者、リガス・ヴェレスティンリス。ギリシャの「いつかはやってくる自由の種子」をまいている。ヴェレスティンリスのそばには一人のクレフテス（トゥルコクラティアの数世紀に、民間で初期の民族的抵抗のシンボルとされた山賊）が立っている。この連作画は二十五枚からなり、その迫力ある絵柄は歴史家のごまかしや嘘に異を唱えたマクリヤニスの文章とよく合っている。絵には独立戦争の主な戦いをめぐる出来事について、マクリヤニス自身の見解を述べた詳しい説明がある。作者のパナヨティス・ゾグラフォスも参戦している。この連作画は息子二人が複製を手伝って四セットが作られ、一八三九年にマクリヤニスがアテネで催した大宴会の席上、独立間もないギリシャの国王オトン、その「保護者」だったイギリス、フランス、ロシアの首相に贈られた。イギリスに来たものは今もウィンザー城にある。

## ヴェネツィアのギリシャ正教の教会、聖ゲオルギオス教会とフランギニオン・フロンディスティリオン（カレッジ）

ヴェネツィアのギリシャ正教の教会、聖ゲオルギオス教会と
フランギニオン・フロンディスティリオン（カレッジ）

十七世紀の版画。ヴェネツィアには大規模なギリシャ人コミュニティがあり、トゥルコクラティアの時期にはギリシャ人の商業、宗教、文化の一大拠点となった。一五一四年にギリシャ人は教会の建造を許され、ヴェネツィアのギリシャ主教は小アジアのフィラデルフィア大主教と称した。一六六五年にはギリシャ人コミュニティの元代表、トマス・フランギニスの寄進でフランギニオン・フロンディスティリオンが建てられ、ギリシャの若者はパドゥア大学で学べるようになった。カトリック都市ヴェネツィアは正教の「分離主義」にかなり寛容だったため、ヴェネツィアは長い間正教世界における印刷の中心地となった。オスマン帝国内の教会で用いられた礼拝書はすべてヴェネツィアで印刷され、世俗の書籍の取引も活発に行われた。ヴェネツィア共和国はイオニア諸島（ギリシャ名はエプタニシア諸島）を支配した。イオニア諸島はオスマンの支配から逃れたギリシャ地域であり、コルフ島（ケルキラ島）、ケファロニア島、ザキンソス島（サンテ島）、キシラ島、レフカス島（レフカダ島）、イサカ島、パクソス島の七島からなる。コルフ島はオスマン帝国に支配されなかったが、レフカス島だけはおよ

そ二世紀の間オスマンの領土となり、残る五つの島はごく短期間支配を受けた。一七九七年にヴェネツィア共和国が滅ぶと、イオニア諸島はフランス、ロシア、イギリスによってさまざまな形に統治され、一八六四年にギリシャに併合された。一二〇四年から一六六九年まではクレタ島もヴェネツィアの領土となり、ギリシャ語文学が大きく花開いたが、その多くはイタリアのものに範を仰いだ。クレタ島は画家ドメニコス・テオトコプロスことエル・グレコの生まれ故郷でもある。「大いなる島」クレタ島は、二十年の戦いを経て一六六九年にオスマン＝トルコの手に渡ったが、イオニア諸島はギリシャ人にとって西洋の窓口でありつづけた。

「大理石になった皇帝」

**「大理石になった皇帝」**

ビザンティン帝国最後の皇帝コンスタンティヌス十一世パレオロゴス。レオ賢帝作とされる十六世紀成立の神託の写本から。一四五三年五月二十九日、コンスタンティヌスはコンスタンティノープルの防衛にあたっていた軍隊とともに戦死した。この日は火曜日だったため、ギリシャ世界では今でも火曜は不吉な日とされている。長いトゥルコクラティアの期間、キリスト教権力の介入や革命によってギリシャ人が独立できる見込みはほとんどなかった。しかしその願望は予言信仰に流れ込み、正教世界の全域に広められた。予言によれば、オスマン帝国の支配から解放を導くものは、人間の行動ではなく神の摂理であり、そんな予言の一つに、「マルマロメノス・ヴァシリアス」（大理石になった皇帝）という伝説があった。コンスタンティン・パレオロゴスは、トルコ人に殺される直前に天使に助けられた。天使は皇帝をコンスタンティノープルの入口の一つ、金の門（フリソポルタ）近くの洞窟に連れてゆき、そこで皇帝は大理石となった。パレオロゴスは天使が戻って眠りから覚ますのを待ち、目覚めるやトルコ人をその故郷である中央アジアの「コッキニミリア」（赤りんごの木）へと追い払うという。この言い伝えはとりわけ一七六八年～七四年の露土戦争のときに信じられた。レオ賢帝の神託によれば、コンスタンティノープルがトルコ人から解放されるのは、陥落から三二〇年後（一七七三年）とされていたからだ。戦争は解放をもたらさなかったが、予言信仰は広まりつづけて現代へと至った。

## 紙に印刷されたイコン

一七九八年にウィーンで発行。アトス山の聖パウロ修道院（アギウ・パヴル修道院）が描かれている。当時アトス山には二十ほどの修道院が建っていた。そのほとんどはギリシャ正教のものだったが、ロシア、セルビア、ブルガリア、ルーマニア各正教の修道院もあり、オスマン帝国の統治下には、これら正教連合体のあらゆる地域から絶えず巡礼者が訪れた。そのため図版下方の文章はギリシャ語と教会スラヴ語で書かれている。このような版画は、宗教上の名場面や正教巡礼の名所（アトス山、キプロス島のキッコ修道院、黒海沿岸の都市トレビゾンド近郊のスメラ修道院、エルサレムの聖墓教会など）を画題に取り上げ、十八世紀から十九世紀にかけて大量に出回った。色塗りのイコンよりもずっと低いコストで生産できたため、紙のイコンは修道院の運営基金を集めるために売られ、オスマン帝国下の正教信仰のとりでとなった。独立戦争に先立つ数十年間のトルコ支配期に、教会はギリシャのアイデンティティ（とギリシャ語）を存続させる大きな原動力だった。しか

紙に印刷されたイコン

しギリシャの民族主義者たちは、宗教そのものへの攻撃を注意深く避けながらも、修道院の運営基盤や教会組織のヒエラルキーにつきものの、無知と腐敗を問題視するようになった。教育のないギリシャ人に民族的覚醒を植え付けようとした彼らは、聖職者の多くが唱えた「エセロドゥリア」（オスマン帝国に進んで服従すること）をとりわけ大きな障害とみなすようになった。

### 豪奢な衣装を身にまとうミハイル・スツォスの肖像画

ファナリオティスのスツォスは、一八一七年から一八年までオスマン政府の大通訳官《ドラゴマン》を務め、一八一九年から二一年にはモルダヴィアの君主《ホスポダル》の座についた。十八世紀にオスマン帝国が外敵の脅威にさらされるにつれて、帝国の内部ではファナリオティスという小集団の家系が大きな権力を持つようになった。ファナリオティスの多くはギリシャ人として生まれ、全員がギリシャ文化の中で育てられた。一八二一年に独立戦争が起こるまで、ファナリオティスは次の三つの重要な地位を独占していた。オスマン政府の通訳官としては外交政策の責務を「レイス・エフェンディ」（オスマン帝国の外相）と分かち、「カプタン・パシャ」（オスマン艦隊の司令官）の通訳官としては住民のほとんどがギリシャ人であったエーゲ海の島々で知事を代行した。さらにドナウ川流域の属国（モルダヴィアとワラキア）の君主としてスルタン同然に振るまい、ヤシやブカレストに宮殿を模したぜいたくな邸宅を建てた。地位をめぐる激しい競争から賄賂や陰謀が絶えなかったため、ファナリオティスの評判は良くないが、法制度、土地制度の改革、ギリシャ語教育、ギリシャ文化の普及に関心をみせた者もいた。ファナリオティスの多くは、オスマン帝国の雇い主たちと利害が一致したため、民族運動の助長にそれほど努めたわけではない。例外がミハイル・スツォスである。「友愛協会《フィリキ・エテリア》」に加入したスツォスは、一八二一年に自分の属国に侵攻してきたアレクサンドロス・イプシランディスと同盟を結び、独立王国の政策に積極的に関わった。

**豪奢な衣装を身にまとう**
ミハイル・スツォスの肖像画

## 独立戦争直前のころのギリシャ人船長を描いたリトグラフ

海運国ギリシャの基盤は、十八世紀後半から十九世紀初めにかけて築かれた。海運業は最初期に急速に発展し、蓄えられた富の大きさは、「海運」三島の一つヒドラ島の湾に沿って今も建ちならぶアルホンディカ（邸宅）からうかがえる。オスマン帝国から西欧には原材料が輸出され、逆ルートで加工製品や植民地の農産物が輸入された。オスマン海軍の乗務員は、そのほとんどがエーゲ海島嶼出身のギリシャ人だった。海事に携わる伝統は、海賊行為や戦時における民間の武装船としての活動の長い習慣でさらに強められ、独立戦争の際には制海権を握るうえで計り知れない利点をもたらした。海運業の発展とともに十八世紀には商業ブルジョワジーも現れ、バルカン地域の貿易を支配した。ギリシャ語はバルカン地域の商業活動の共通語となり、バルカン地域ばかりでなく、中央ヨーロッパ、南ロシア、地中海沿岸にギリシャ人商人のコミュニティが作られた。新興商業ブルジョワジーのほとんどは、初期の知識階級が熱を上げた民族主義にそれほど興味を示さなかったが、富を得た商人の大半は学校や図書館を作っては寄進し、西欧思想を盛り込んだ書籍の出版を助け、ギリシャの若者に奨学金を出して西欧の大学へ留学させた。そこで若者たちは、啓蒙思想やフランス革命から生まれた急進的な思想に接することになった。

独立戦争直前のころのギリシャ人船長を描いたリトグラフ

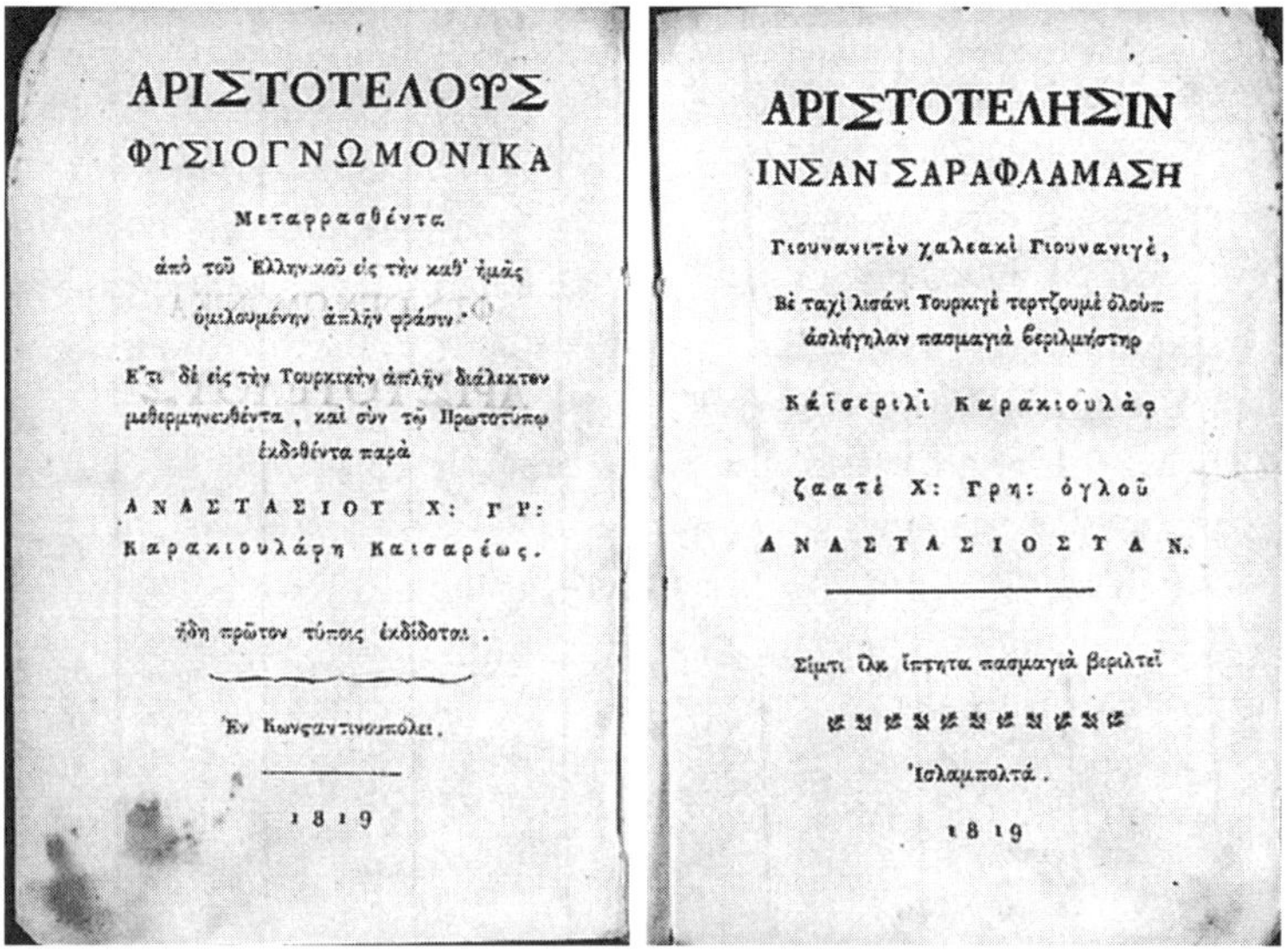

ΑΡΙΣΤΟΤΕΛΟΥΣ
ΦΥΣΙΟΓΝΩΜΟΝΙΚΑ
Μεταρρασθέντα
ἀπὸ τοῦ Ἑλληνικοῦ εἰς τὴν καθ' ἡμᾶς
ὁμιλουμένην ἁπλῆν φράσιν·
Ἔτι δὲ εἰς τὴν Τουρκικὴν ἁπλῆν διάλεκτον
μεθερμηνευθέντα, καὶ σὺν τῷ Πρωτοτύπῳ
ἐκδοθέντα παρὰ
ΑΝΑΣΤΑΣΙΟΥ Χ: ΓΡ:
Καρακιουλάρη Καισαρέως.
ἤδη πρῶτον τύποις ἐκδίδοται.
Ἐν Κωνσταντινουπόλει.
1819

ΑΡΙΣΤΟΤΕΛΗΣΙΝ
ΙΝΣΑΝ ΣΑΡΑΦΛΑΜΑΣΗ
Γιουνανιτὲν χαλεακὶ Γιουνανιγὲ,
Βὲ ταχὶ λισάνι Τουρκιγὲ τερτζουμὲ ὁλοὺπ
ἀσλήγηλαν πασμαγιὰ βεριλμήστηρ
Καΐσερλὶ Καρακιουλὰρ
ζαατὲ Χ: Γρη: ὀγλοῦ
ΑΝΑΣΤΑΣΙΟΣΤΑΝ.
Σίμτι ὶλκ ἴπτητα πασμαγιὰ βεριλτεῖ
Ἰσλαμπολτά.
1819

ギリシャ語とトルコ語で書かれたアリストテレス
『人相学』のタイトル・ページ

ギリシャ語とトルコ語で書かれた
アリストテレス『人相学』のタイトル・ページ

一八一九年コンスタンティノープルで印刷。トルコ語版では出版地の名称が「イスランボル」(文字通りには「イスラムで満ちた」の意味)になっている。この本には、古典ギリシャ語の原典、「私たちの分かりやすい口語」(民衆語ディモティキ)によるテキスト、「カラマンリ」のギリシャ人のためにギリシャ文字で表記されたトルコ語のテキストが収録され、翻訳はカッパドキアのケサレア(現在のトルコのカイセリ)出身のアナスタシオス・カラキュラフィスが行った。「カラマンリ」とはトルコ語を話すギリシャ正教徒で、主に小アジアに住み、ギリシャ文字でトルコ語を表記していた。十八世紀から二十世紀初めには、「カラマンリ」向けにかなりの書籍が出版された。この『人相学』(現在ではアリストテレスの真著でないことが判っている)など、十八世紀末から一八二十年代にかけて多くの書物が刊行されたが、これは少数の民族主義知識階層が古代ギリシャの言語、歴史、文明に関心を寄せたためであり、独立戦争が始まるころにはその関心は強固なこだわりにまで高まった。トルコ支配の時期、ギリシャ本土では古代世界についてほとんど知られていなかった。民族主義の知識人のなかで最も著名なアダマンディオス・コライス（一七四八〜一八三三）は優れた古典学者でもあり、同国人を教育するために古典ギリシャ語の著作の校訂を倦むことなく行った。コライスはギリシャ人に古代ギリシャの価値あるものに目を向けるように促し、教育を介してトルコ支配からの解放を訴えた。蘇ったこの「過去への意識」の表れとして、子供の名前に伝統的な洗礼名ではなく、アリストテレス、カリオペ、ソクラテス、プラトン、アスパシア、レオニダスなどの古代ギリシャの人名が付けられるようになった。この習慣は十九世紀の初めごろから行われるようになり、教会当局からひんしゅくを買った。

### 友愛協会《フィリキ・エテリア》の イェレフス（僧侶）の宣言状

友愛協会は一八二一年の独立戦争の道を開いた秘密結社。一八一四年にオデッサで三人の貧しいギリシャの若者、エマヌイル・クサンソス、ニコラオス・スクファス、アサナシオス・ツァカロフによって結成され、武装蜂起による「母なる土地の解放」を主張、ギリシャ世界の全域から同志を募った。会員には「ヴラミス」（兄弟）、「システィメノス」（推薦された者）、「イェレフス」（僧侶）、「ピミン」（羊飼い）の四つの階級があり、この他に兵士の階級が二つあった。最高権力は「エレウシスの秘儀の大僧侶たち」にあり、「アノタティ・アルヒ」（最高権威）というグループが作られた。複雑な入会の儀式はフリーメーソン団の制

フィリキ・エテリア（友愛協会）の
イェレフス（僧侶）の宣言状

度に影響されたもので、協会の計画をもらした者には死をもって報いた。宣言状には交差した旗があしらわれ、協会のスローガン「自由さもなくば死」を意味するギリシャ語の単語の頭文字が描かれている。宣言文はギリシャ文字と数字まじりの暗号で次のように書かれている。「未来の（ギリシャの）栄光の名のもとに、私は協会の僧侶としてわが身を捧げ、フィリキ・エテリアへの愛とエレウシスの秘儀の大僧侶たちの守護を誓うものである。わが同胞の市民ニコラオス・スペジオティス、ディミトリオスの息子、職業は船員、三十歳、協会と母なる国を心から防御する者、（入会の儀式で行われる）試問には独力で答え、誓約した。場所スペツェス島、三月十日、協会五年（一八一九年）」。一八二一年までに、入会の儀式を受けた者は千人近くに達した。

## トルコ人に絞首刑にされる世界総主教グレゴリウス五世

一八二一年四月十日、コンスタンティノープル総主教座の門でトルコ人に絞首刑にされる世界総主教グレゴリウス五世。同時代に作られた版画。実際の門は描かれたものほど立派ではないが、この事件の日から現在に至るまで閉じられたままだ。グレゴリウスと同じように、独立戦争の報復行為として、かなりの数の聖職者とファナリオティス（オスマン政府の大ドラゴマン、コンスタンディノス・ムルジスなど）が処刑された。グレゴリウス五世と正教会の府主教たちで組織された聖務会院（正教会の最高宗教会議）は、アレクサンドロス・イプシランディス、ミハイル・スツォス、モルダヴィアのギリシャ反乱軍をオスマン帝国の皇帝にも聖なる神の意思にも背く逆徒とみなし、彼らを激しく非難する回勅を繰りかえし発した。それでも総主教が処刑されたのは、オスマンにとって総主教は宗教活動の自由を与えた見返りに正教の宗徒を政府に従わせるべきであり、この暗黙の約束事が守れなかったからだ。この民族の殉教者（エスノマルティラス）の報に西洋世界は憤り、西欧の自由主義サークルでは蜂起したギリシャ人への共感が高まった。処刑から三日後、グレゴリウスの死体は切り取られてユダヤ人暴徒の手に渡り、金角湾に捨てられた。コンスタンティノープルではギリシャ人とユダヤ人が長いあいだ対立していたためだ。遺体はロシア船のギリシャ人乗組員が回収し、オデッサに運ばれた。五十年後の一八七一年、遺骸はギリシャに戻され、殉教から一世紀後の一九二一年、グレゴリウスは正教の聖人に列せられた。グレゴリウスは総主教を三度務めた（一七九七〜九八、一

トルコ人に絞首刑にされる世界総主教グレゴリウス五世

八〇六～〇八、一八一八～二一）が、これはトゥルコクラティアの時期に正教会の聖職位階制度が、上位でも腐敗と派閥人事にまみれていたことを示している。

### メソロンギに着いた詩人バイロン卿

セオドロス・ヴリザキス画。独立戦争が始まると、文明世界ではただちに自由主義の見解に強い共鳴が寄せられたが、これと著しいコントラストを見せたのが神聖同盟の政府の保守的な姿勢だった。フィレリネスの会が組織されて戦争犠牲者救済の基金が集められ、戦争実行のために（高額の）公債が積み立てられた。フィレリネスの義勇兵（空想的社会改良家、社会不適合者、変わり者もかなりいた）が、西欧やアメリカ合衆国（キューバ人も一人だけ記録されている）から群れをなしてギリシャに赴いた。その最大の知名士はバイロン卿だった。バイロンは一八二四年一月四日、メソロンギに着いたが、その三カ月後の四月、積極的に戦争に参加しないうちに熱病で亡くなってしまった。しかしギリシャの解放を求めたバイロンがいわば殉教したため、ヨーロッパの読書人たちは心を動かされ、蜂起した者たちへの興味はかえって生々しく保たれることになった。また、他の

メソロンギに着いた詩人バイロン卿

フィレリネス（ロシアの詩人プーシキンもいた）と異なり、バイロンは反乱が起こる以前からギリシャの国土を広く旅行していたため、古代の先祖という理想像に達していなかったギリシャ人に幻滅を覚えなかった。蜂起戦争の成果に対して、フィレリネスは軍事的な面より宣伝面の貢献が大きく、レスター・スタンホープ（功利主義の哲学者ジェレミー・ベンサムにならって熱心に印刷に携わり、バイロンから「印刷術大佐」というあだ名を献上された）のような者は運動をいわば側面から支援した。当時ギリシャに尽くした外国人は多く、じゃがいも栽培をギリシャに導入したウィリアム・スティーヴンソンもいる。ヴリザキス（一八一四〜七八）は十九世紀ギリシャの主要な画家の一人。西欧の絵画、とりわけドイツ・ロマン派絵画から大きな影響を受けた。

## トルコの騎馬兵を襲うクレフテスの首領

一八二二年八月のデルヴェナキアの戦いでトルコの騎馬兵を襲うクレフテスの首領、「トゥルコファゴス」（トルコ食い）ことニキタス（ニキタラス）・スタマテロプロス。この戦いは独立戦争の行方を左右したもので、マフムト・ドラマリ率いるトルコ軍はギリシャのゲリラ軍に大敗した。ニキタスは、もう一人のクレフテスでギリシャの司令官セオドロス・コロコトロニスの甥だった。クレフテス（文字通りには、盗賊の意味）は山賊であり、長い間オスマン当局に公然たる反抗を続けていた。クレフテスには規律らしい規律がなく、しばしば残虐だったが、戦闘の手腕にかけては必要不可欠な経験をもち、それがなければ戦争を首尾よく遂行できなかったであろう。革命以前のクレフテスは、オスマン＝トルコのエリートばかりでなく、ギリシャ人エリートにも略奪を働いていたが、やがて民間の想像のなかでトルコ人に対する民族的抵抗を先駆けるシンボルとなった。クレフテスの肉体的能力は伝説に近く（ある者は一列に並んだ七頭の馬の上を飛び越え、ニキタスは馬よりも速く走ったという）、多くのクレフテス歌謡《バラード》にトルコの圧政に雄々しく抵抗する姿が記録されている。非合法なクレフテスの存在は、一八二一年以前にもギリシャの山岳地帯では、オスマン帝国の中央政府の支配が弱かった事実を裏付けている。図版はバヴァリアの画家ペーター・フォン・ヘスの絵にもとづく連作リトグラフからとった。ヘスはバヴァリア王ルートヴィヒ一世の依頼で、一八三三年一月にギリシャに着いて国王に即位した息子オットー（ギリシャ名オトン）を描いた。

トルコの騎馬兵を襲うクレフテスの首領

**暗殺されたギリシャ初代大統領**
**イオアニス・カポディストリアス**

一八三一年十月九日、ナフプリオンで教会に向かう途中暗殺されたギリシャ初代大統領イオアニス・カポディストリアス。作者不詳の同時代の絵画。コルフ島出身のギリシャ人カポディストリアス伯爵は、ロシア皇帝アレクサン

暗殺されたギリシャ初代大統領イオアニス・カポディストリアス

ドル一世の下で外相を勤め、一八一七年と一八二〇年に友愛協会（フィリキ・エテリア）から協会の指揮を求められた。カポディストリアスは申し出を断り、ギリシャは武装蜂起ではなく、露土戦争に乗じて自治国家に浮上するのが最善のやり方であろうと説いた。一八二二年にカポディストリアスは皇帝の下を去り、一八二七年にトレゼネ議会でギリシャ大統領に選ばれた。一八二七年十月のナヴァリノの海戦で英仏露の連合艦隊がオスマン海軍を撃破したため、一八二八年一月にカポディストリアスがギリシャの土を踏んだときには、ギリシャの独立は保証されていた。国境線はまだ定まっていなかったため、ヨーロッパ流の外交術に長けていたカポディストリアスは、その経験を巧みに生かして新国家の領土がなるべく広くなるように交渉した。さらに、七年の戦争で荒廃した国土に、国家としての基礎を築くように心を砕いた。ロシアの専制政治の流儀に慣れ親しんでいたカポディストリアスは、ギリシャ社会のエリートに性格的に親しめなかった。このような態度から手強い敵が生まれたのは驚くにあたらない。暗殺の実行犯は南ペロポネソスのマニで勢力を誇った一族、マヴロミハリス家のゲオルギオスとコンスタンディノスだった。

# 第三章　国家建設、メガリ・イデア、国家分裂　一八三二〜一九二二

一八三二年五月、イギリス、フランス、ロシア、バヴァリアの間で交わされた条約により、オトン王がギリシャ国王に即位し、ギリシャは自国を保護してくれる列強の「保証」を得た。新国家の従属的な本質は、この条約にギリシャが加わらなかった点に端的に示されている。一八三三年二月に仮首都ナフプリオンに到着した若き国王を迎えた歓迎は本物だったが、王とバヴァリアから来た多数の従者に立ちはだかる問題は大きかった。以前には何も存在しなかった国家に経済基盤を建設するという不可避の問題に加えて、共有されうるようなギリシャのアイデンティティの自覚を早急に確立しなければならなかった。ほぼ十年に及んだ戦争は、戦争の遂行に尽くした者や知識階級に国民意識を育むのに一役買ったのは確かだった。しかし、ギリシャの新しい支配者が直面した問題の本質は、国家《ステート》と国民《ネーション》を同時に創ることにあった。従来の忠誠心は家族や生まれた村・地域と結び付いていたが、それよりも大きな国家への愛国心を培うのは、決して容易な課題ではなかった。

ギリシャ王国の人口は、オスマン帝国に住むギリシャ人の三分の一足らずに過ぎなかった。この事実からやがて数々の緊張が生じた。それが最終的に解決されるのは、独立からおよそ九十年後の一九二二年、

「メガリ・イデア」(大いなる理想)という失地回復運動(に名を借りた領土拡張政策)がスミルナの灰塵に帰したときのことだった。「メガリ・イデア」の提唱者は、近東のギリシャ人居住地すべてを一つの国家(首都はコンスタンティノープル)に統一する野望を抱いた。「メガリ・イデア」という言葉を初めて用いたのは、ギリシャ化したヴラフ人でアリ・パシャの息子の侍医から身を興したイオアニス・コレッティスだった。コレッティスはギリシャ独立から二十年ほどの間に活躍した政治家のうちで最も強い影響力をもっていた。一八四四年に第一憲法を生み出した論争で、コレッティスは盛んに「ヘテロフソン」(独立当時の王国の外に住んでいたギリシャ人)運動を唱え、「アフトフソン」(独立闘争の中心地に住んでいた「先住民」ギリシャ人)の支配に反対した。コレッティスの主張によれば、王国の住民だけがギリシャ人なのではなく、ギリシャの歴史やギリシャ民族と関わりのある国に住む者は、どのような者であれギリシャ人だった。ヘレニズムには二つの中心地があった。王国の首都アテネと「ギリシャ人すべての夢と希望」の「都」コンスタンティノープルだ。

ギリシャ王国はギリシャの全体ではなく、その一部分、しかも最小にして最貧の一部に過ぎない。先住民とはこの王国の中に住む者ばかりではない。イオアンニナ、テッサリア、セレス、アドリアノープル、コンスタンティノープル、トレビゾンド、クレタ島、サモス島、さらにはギリシャの歴史あるいはギリシャ民族に関わりのあるいかなる土地に住む者もまたギリシャ人なのだ……

イオアニス・コレッティス、一八四四年の憲法制定議会の前に

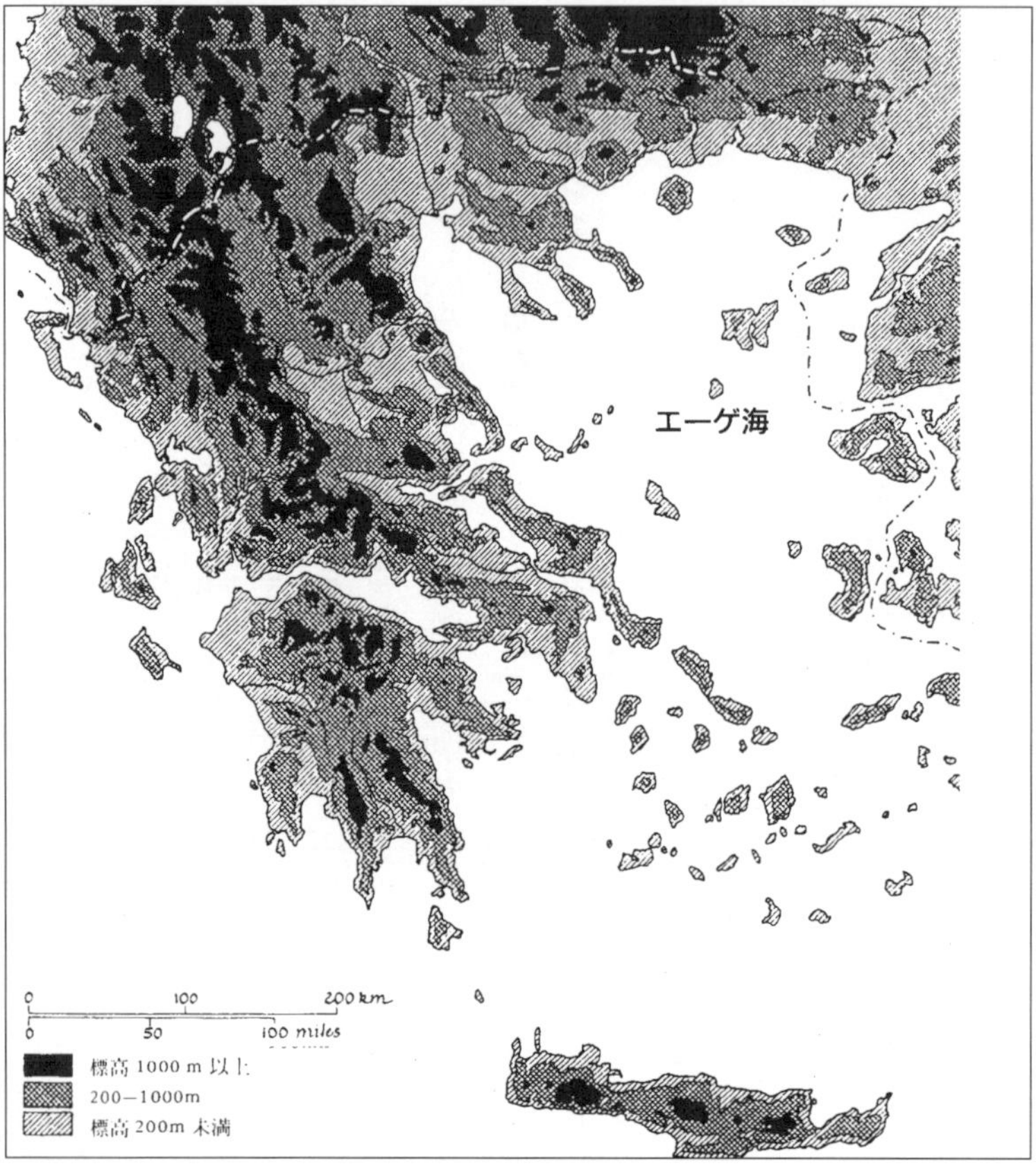


ギリシャ地形図

オスマン支配の時期から現代に至るまで広く熱烈に信仰されている予言がいくつかある。「メガリ・イデア」は、その予言の実現を切望する心理を反映し強化する考え方であり、新興国家を支配するイデオロギーとなった。このようなイデオロギーは十九世紀のバルカン半島では決して珍しい現象ではなかった。セルビア人、ルーマニア人、ブルガリア人、アルバニア人は、すべて自分たちを「さらに大きくする」夢にかられた。しかし、他のバルカン諸国の国民がかなりまとまった形で住んでいたのに対し、ギリシャ人は近東全域に広く散らばっていた。ギリシャ人は、西はヴァロナ（現在のアルバニアのヴロラ）から東は現在のブルガリアのヴァルナまで、バルカン半島南部一帯に広く住み着いていた。北部ではギリシャ人はひどく込み入った形で、セルビア人、ブルガリア人、アルバニア人、トルコ人、ヴラフ人と混在していた。世紀転換期にオスマン人がヨーロッパから排除されると、この地域はバルカン諸国の民族主義が競合激化する場所となり、やがては流血闘争を招き、国境線が安定しなかったのも不思議ではない。

キプロス島とクレタ島には、ギリシャ語を話す相当数のムスリム少数民族がいたが、エーゲ海の島々（一八三二年の時点で国土に含まれていた島はごく少数に過ぎなかった）に住んでいたのは、ほとんどすべてギリシャ人だった。さらに、オスマン帝国の首都コンスタンティノープル、マルマラ海沿岸周辺、小アジア西部沿岸地域（スミルナを中心として）、カッパドキア、アナトリアの中心部にも多数のギリシャ人が住んでいた。これらの地域ではコンスタンティノープルを含めて、他の小アジア地域と同じように大半のギリシャ人がトルコ語を話していた。また、ポンドス地方（ポンドス・アルプスと黒海南部沿岸の間）にも多くのギリシャ人が住んでいた。ギリシャ人の生活の主流から隔絶されたポンドスのギリシャ人は、十九世紀にその相当数が黒海のロシア沿岸地域に好んで移住し、他のギリシャ世界ではほとんど理解できない方言を話した。

新王国の緊急の関心事は、戦いで荒れはてた国土の復興と新国家の経済基盤の建設であり、それはカポディストリアスの短い大統領在任中に始まっていた。戦争で商業は壊滅状態にあった。スミルナ、テッサロニキ、コンスタンティノープルなどギリシャ商業の中心地は、引きつづきオスマン帝国の中にあり、十九世紀には王国から移民が絶えなかった。「民族の土地」問題の最終的決着は棚上げされ、多数の武装ゲリラ部隊の存在が新王国の安定を大きく脅かした。彼らは戦争貢献は認められなかったために新王国に反発し、バヴァリア人将校率いる正規軍に編入された者はごく少数に過ぎなかった。多くの者が山賊に戻るか落ちぶれ、山賊は十九世紀を通じて大きな社会・政治問題となった。しかし、トルコとの関係が危うくなると――その機会は多かった――、彼らは国境の向こうでトラブルを起こすのに利用され、国家に重用された。また、国境は法と秩序の力に悩まされた山賊たちの便利な避難場所にもなった。山賊が政治家の保護を受けた例もないわけではなく、政治家は思い通りにならない投票者に圧力を加える格好の手段として彼らを利用した。

国王オトンは若かったため、先にギリシャ入りし、人びとから反発を買っていた膨大な数のバヴァリア人従者から三人が選ばれて摂政委員会を組織し、一八三五年までその摂政委員会が国を治めた。摂政たちは独立を求めて戦場に赴いた者や、勝利から得られるはずの利権をだまし取られたと感じていた者にほとんど同情しなかった。彼らはギリシャの慣習をほとんど気にせず、西欧のモデルにならって新国家の機構を整えた。例えば教育制度はフランスやドイツのそれに基づいていた。ローマ法の精神が反映された刑法と市民法が導入され、従来の慣習法はほとんど顧みられなかった。一八三三年の教会決定によって総主教管区との絆は絶たれ、自治独立を強いられた教会はかなりの程度政府の管理下に置かれ、伝統の断絶はさらに進んだ。総主教管区との関係は、コンスタンティノープルが一八三三年の決定を認めた一八五〇年にようやく復活した。

アテネが首都に選ばれたことは、新国家の文化が古典時代を範としていることの象徴だった。パルテノン神殿の堂々たる遺跡がそびえ、ペリクレス時代の栄光を想わせるこの町も、一八三〇年代初めには一寒村にすぎなかった。ギリシャの中世であるビザンティン時代への関心は、十九世紀半ばごろに生じ、古典、中世、現代のギリシャ史を断絶のない連続した形で捉えようとした。古典時代への固執は、学校やアテネ大学で古代ギリシャ文化やカサレヴサ（純正語）の研究に大きな重点が置かれた点に見られ、カサレヴサは何世代もの学童を震え上がらせる堅苦しい教科となった。一八三七年に創立されたアテネ大学は、オスマン帝国に住む回復されざるギリシャ人の「再ヘレニズム化」をめざす牙城とされた。大学には王国ばかりでなく、ギリシャ世界の全域から学生が集まり、故郷に戻るとヘレニズムの福音を伝え広めた。オスマン当局が「回復されざる」ギリシャ人に対するプロパガンダ教育に制限を加えたのは、十九世紀も終りごろだった。

摂政政治は公式には一八三五年に終わったが、その後もバヴァリアの影響は強く残り、人びとからひどく疎まれた。ギリシャの独立を定めた協定では憲法制定が規定されていたが、オトンが憲法を拒み続けたために、緊張が高まった。しかし独立戦争の時期に始まった原初的な政党組織が、激しい政治活動の中心となった。党はいみじくも「イギリス」党、「フランス」党、「ロシア」党と称し、各リーダーはアテネ駐在の各国公使と緊密な関係を保った。「イギリス」党は立憲政体の制定を拒否したオトンに反発する者の支持を取り付けた。「フランス」党も同じように立憲主義を擁護したが、その支持者は「メガリ・イデア」実現に向けたさらに前向きの政策を唱えた。「ロシア」党支持者は、立憲政体の欠如よりも大府教区との関係断絶に関心があり、社会の保守派が団結した組織だった。党派の境界は流動的であり、思慮深く利益が分配されて策謀が相殺されることもあった。しかし、独立から十年を経ると不満は目に見えて増加した。

力のある人間に追従するか、それとも周囲に支持者を集めるか。その差は人間がどの程度自分を弱いあるいは強いと感じているかで決まる。このようなやり方で、傑出した人物ならば誰でも多かれ少なかれ多くの手下を抱えている。彼らは首領と付き合い、その話を聞き、忠告を求め、その意志を実行し、利益を守り、引き立てを確保し、信用を得るのに躍起になる。これがギリシャにはびこる数えきれないほどの派閥の源と本質である……（略）……政党はこれら派閥の野合によって作られている。

フリードリヒ・ティエルシュ『ギリシャの実態』（一八三三）

一八三九年、「フィルオルソドクス」（親正教）という怪しげな陰謀が明るみに出た。この策謀の狙いは、オトンを強制的にカトリックから正教に改宗させるか、退位させることに絞られていたらしい。オトンと強情なオルデンブルク家のアマーリア王妃の間に継子がなかったのも穏やかではなかった。一八三七年以来、首相はギリシャ人が務め、一八三八年に最後のバヴァリア人軍隊がギリシャを去った。しかしバヴァリアの影響は依然として強く残り、陸軍大臣はバヴァリア人が務めた。ヘテロフソン（独立当時の王国の外に住んでいたギリシャ人）への嫌悪感も高まった。独立後に王国に移住したギリシャ人は高い教育を受けていたため、高官の地位を不釣り合いなほど独占し、本来自分たちが継ぐべきものをだまし取られたと感じていた独立戦争の退役軍人の不満の種となった。税金の負担は重く、国家のつつましい歳入は、ほとんどが法外な軍事支出と独立を保証した列強から供与された借款の利払いに費やされたため、反対世論のうねりが高まった。

それが頂点に達したのが、一八四三年九月三日に始まったクーデターだった。このクーデターはその後何度となく起きることになる、政治プロセスに対する初めての軍事介入だった。これは事実上無血クーデターだったため、民衆から広く支持された。クーデターを操った政治家と陸軍将校が突き付けた主な要求をオトンはすぐに認め、憲法の草案作りをかねた制憲集会が招集された。この憲法は一八四四年三月に公布された。そのためギリシャでは初期からお飾りながらも自由主義的な議会制民主主義が整えられた。例えば一八四四年の憲法は、男性に実質的な普通選挙権が与えられた（女性がこの権利を得たのは一九五二年だが）。しかしそもそもの問題は、数世紀にわたりまったく異なる歴史的経緯をたどった西欧社会で生まれた立憲主義を伝統的な社会に接ぎ木させた点にあった。伝統社会の価値観はオスマン支配の時代に作られ、工業化の途上にあった西欧社会では当たり前とされた価値観とは大きく隔たっていた。他のバルカン半島諸国の例と同じように、民主主義の外枠と伝統的な態度や実践の間で緊張が続き、議会政治の発展の妨げとなった。さらに、オトンはすぐに立憲機構による統治に従う気がない素振りを見せ、明敏なヴラフ人政治家イオアニス・コレッティスの黙認をよいことに、一種の議会制独裁政治を始めた。コレッティスは精力的に、時には暴力的に「ルスフェリ」(利権)の分配を行った。そのため、議会の存在が国王の大権の行使を阻む必要はなくなった。

しかし一八五〇年代初めに、独立戦争に関わりのない新しい世代が成人を迎えはじめた。この世代は、地位ばかりを追求している政治家たちに背を向けた。政治家たちは、選挙基盤欲しさや一族への利益分配のため、この国最大の雇用源だった政府の支配に血道をあげていた。同じころ、「イギリス」「フランス」「ロシア」各党に基づく古い政治集団は消滅した。オトンはクリミア戦争に際して熱心に「メガリ・イデア」を支持したため、短期間ながら人気が高まった。一八五四年に始まったこの戦争は、ロシアとトルコの間で続いた数多くの戦争の一つであり、ギリシャにオスマン帝国の敗北につけこむ好機を与えたかにみえた。ゲリラ部隊では山賊と大学生が目覚ましい活躍を見せ、トルコ国境を越え、テッサリア、イピルス、マケドニア地方に侵入した。しかし、ヨーロッパ列強は団結してオスマン帝国の保全に尽くした。イギリスとフランスは、一八五四年五月から一八五七年二月までアテネの外港ピレウスを占拠し、国境の向こうで起こしたトラブルを止めるようにギリシャに圧力を加えた。

本当に独立したギリシャなどというものは馬鹿げている。ギリシャはイギリスかロシアのどちらかであり得る。ギリシャがロシアに属するのが許されない以上、ギリシャはイギリスでなければならない。

イギリスの駐ギリシャ公使サー・エドマンド・ライアンズ(一八四一)

この悪名高い「砲艦外交」には、四年前の一八五〇年一月にドン・パシフィコ事件の結果、パーマーストン卿の海軍がピレウスを封鎖した先例があった。一八三二年の協定で、ギリシャを「保護」する列強のギリシャに対する内政干渉の権利が認められた。この協定は一九二三年に正式に廃止されるが、この間、一八五四年のピレウス占拠は、列国の内政干渉の最もひどい例となった。「メガリ・イデア」を求めるオトンの過激な政策は実を結ばなかったが、なぜかイタリア統一に反対したオーストリアには賛意を示した。この態度は、ロマン主義的な民族主義に酔いしれた国では不評だった。一八四三年のクーデターの引き金となったかつての不満が再びことごとく表面化した。アマーリア王妃暗殺の企ては失敗に終わったが、一八六二年にオトンと王妃がペロポネソス地方に行幸している最中に、アテネ駐屯部隊がクーデターを起こし、オトンの王座は覆された。列強首相の指示に従ったオトンは抵抗せず、故郷のバヴァリアに隠棲した。そこでオトンは一八六七年に没するまで、片思いに近いものだったにせよ、かつての臣下に好意を寄せつづけた。オトンは「ギリシャの伝統衣装《フスタネッラ》」を着ることも多く、その最後の行動は、一八六六年に起こったクレタ島の反乱に貢献したことだ。

オトンが国外退去を強いられたため、列強は再びギリシャを統治する君主を選ぶ必要に迫られた。国王に従う気のない臣下にオトンがあしらわれた様子からすれば、これは必ずしも容易な作業ではなかった。ギリシャ人は非公認の国民投票で、ヴィクトリア女王の次男アルフレッド王子を強く望んだ。しかし列強の王家の一員であるため、候補者からは除外された。列強はデンマークの王族グリュックスブルク家のクリスティアン・ウィリアム・フェルディナンド・アドルフス・ゲオルク王子を選び、ギリシャに分家された一族は中断をはさみながらも一八六四年から一九七四年までギリシャを統治した。王子は王位に就くにあたり、ヘレネスの王ゲオルギオス一世と称した（ゲオルクのギリシャ名はゲオルギオス）。ゲオルギオス一世の治世はほぼ半世紀に及び、一九一三年に狂人に暗殺されて幕を閉じた。失地回復熱を和らげるもくろみ（うまくゆかなかったが）もかねた「婿」入り道具として、イギリスはイオニア諸島（エプタニシア諸島）をギリシャに譲渡した。これは独立以来初めての領土獲得であり、ギリシャの人口は二十五万人ほど増え、ギリシャ世界で最も西欧の影響の著しい地域が王国に加えられた。同じ年の制憲議会で新憲法が公布された。この憲法では、一八四四年に認められた民主主義的な自由が押し広げられたが、統治者はかなりの特権を持ちつづけ、あいまいな規定ながら外交政策事項について相当の権力を有した。これらの権限をゲオルギオス国王は遠慮なく行使し、たびたび外遊しては広がりを増した王家のコネクションを活用した。

ゲオルギオスの治世の政治は、はじめオトンのころとほとんど変化がなかった。政党は流動的な集団に過ぎず、イデオロギーではなく主要な政治家の周囲に集まり、相変わらず地位のあくなき追求に腐心していた。政治家が自分の投票者兼顧客がつきつける貪欲な要求を満たす機会を得るためには、権力という特権を得なければならなかった。経済の基礎は育ったが、政府は雇用源として不釣合いなほどの重要性を持ち、市民に対する官僚の数は西欧よりもずっと多かった。議会の代表者の数も不釣合いなほど多かったのは特徴的だ。政治権力追求の果てしない競争には取引きが伴い、政治家はさながら万華鏡のように変化してやまない連携関係をわれ先に作った。政府が変わるたびに公共事業に無数の勤め口ができたため、選挙戦は激しく、手荒に闘われることも多かった。これでは安定した政府は望めない。一八七〇年から一八七五年の間に四回の選挙が行われ、九つの内閣が成立した。

他の国における政党の存在理由は、人と人の意見が一致せず、異なるものごとを望むからだ。ギリシャにおいては、ちょうど正反対のことが起きている。政党が組織されて互いに競い合う理由は、公費で養われたいという点で、すべての人間が見事に一致しているからだ。

エマヌイル・ロイディス（一八七五）

クライエンテリズム（パトロン─顧客関係）はどの水準の社会にも満ちあふれ、現在もなお社会の際だった特徴となっている。ものぐさで効率の悪い官僚制のもとでは、近道を行ける者とうまく接触を保つのが何よりも重要であり、「ルスフェリ」（相互関係の中での利益の分配）は、反応が鈍く複雑な国家という機械に欠かせない潤滑油だった。「旧来の」政治手法の達人で十九世紀後半の政治を支配したセオドロス・ディリヤニスは、自分がどのような世話をしたかを専用の台帳に注意深く書き込んでいた。これでディリヤニスはやすやすと相応しい見返りが得られたのだった。他のバルカン地域の立法機関と同じように、政府は大量の法律をばら撒いたが、従われるよりも抜け穴をさぐられるのが関の山だった。

利益分配のシステムは、もともとオスマンの政府組織の厳しさやいい加減さに対抗するある種の防御装置として生まれた。オスマン当局への仲介役として、気紛れな司法制度を緩和させるパトロンや保護者が必要とされた。大半のギリシャ人にとって、新国家の課税はオスマンに勝るとも劣らず重くのしかかり、オスマン支配下の価値観や態度は独立以後も受け継がれた。利益分配のシステムは議会制民主主義という形式とも完全に共存できた。地方の「コンマタルヒス」(政治のボス)はオスマンの大官の役割を引き継いだものに過ぎなかった。現代に至るまで、議会の代表者は、投票者の引立てを確保するのが義務であるばかりか、政治家として生き残るためには必要不可欠な条件だと考えている。

十九世紀の政治の外形と現実の実践にかなりの相違があったのは疑いないが、ギリシャ社会は開かれていた。「政界」はくるくると勝手に回転しつづける寡頭政治のようなものであり、ディリヤニスの活動そのものが示すように、前進する手立てはほとんどなかった。政治家はどこでも求められ、公費で財をなした者はほとんどいなかった。さらに首相以下政治家たる者はすべて、最も貧しい依頼人の役に立つことが求められ、実際にそれを行った。世紀転換期の傑出した政治家ディミトリオス・ラリスは千人の名付け子を持ったことで知られ、ラリスはその名前の日をすべて暗記し、彼らの多くが成年に達したときには職を斡旋しなければならなかった。さらに、分厚くて元気のいい新聞は自由をほしいままに享受し、目に余る職権濫用をチェックする機能を果たしていた。

十九世紀の終りごろになると、緩やかながらも政治体制の現代化に向かう本当の進歩が生じた。ゲオルギオス王が統治した当初は、人格主義的で本質的には「成果のない」政策に不満が募った。転回点が生じたのは一八七五年、議会の多数によって支持された政党の長を、国王が例外なく首班に任命する原則が受け入れられたときだった。そして一八八一年、政界の大立者ハリラオス・トリクピス自らが組織した新党が多数派となった。トリクピスは、十九世紀後半の主要な近代化主義者で、改革論者の中心となった人物であり、十九世紀最後の二十年間はトリクピスとその宿敵ディリヤニスが交互に政権の座に着く実質的な二党体制が続いた。

トリクピスは本質的に西欧の伝統に基づく政治の代表者だった。ディリヤニスは伝統派だった。トリクピスの信条では、ギリシャは政治・経済の両面で強化されなければならず、失地回復の企てはそれが達成された後に目論まれるものとされた。そのためディリヤニスはギリシャの国際的な信用価値の確立に努め、初期の工業化を奨励し、鉄道やコリントスの運河を建設して交通手段を改善し、陸海軍の近代化に心を砕いた。しかし、このような事業は費用もかさんだため、増税を引き起こした。これは人気はあるもののデマゴーグでもあったディリヤニスの格好の標的となり、ディリヤニスはトリクピスが賛成するものなら何でもあからさまに異議を唱えた。ディリヤニスは鮮やかな大衆主義的レトリックを駆使して「さらに大きなギリシャ」を熱心に支持したが、これには疑いもなくトリクピスの生真面目な改革政策よりも、熱しやすく偏見にとらわれた大衆の意見が忠実に反映されていた。しかし、ディリヤニスの向こう見ずな政策が勢いを振るうと、脆弱な経済に深刻な打撃が与えられた。その例が一八八五年のブルガリア危機の際の動員だった。この時には失敗したあげく経済危機に見舞われたが、列強に助けられて終わった。好戦的なディリヤニスは、さらに一八九七年にトルコと破滅的な三十日戦争を推し進め、敗北を招くことになった。

トリクピスが平和を求めたのは、それが改革プロジェクトを成功させる必須条件だったためでもあるが、外交政策の問題は他の何にもまして十九世紀後半の国内政策を支配し、この点では今世紀と何ら変わらなかった。クレタ島では「エノシス」(統一、合体の意味)、すなわち「大いなる島」の王国統一を求めて蜂起が頻発した(一八四一、一八五八、一八六六～六九、一八七七～七八、一八九六～九七)。そのためオスマン政府との関係は絶えずぎくしゃくし、列強は介入を繰り返した。十九世紀の終りごろには、外交政策の焦点はオスマン帝国に接する北部国境地域に絞られた。一八七五年から一八七八年には、バルカン半島を揺るがす一大危機が列強の激しい利害競争を招き、これにギリシャも関わったが、二義的なもので済んだ。しかし一八七七～七八年の戦争でロシアがオスマン帝国に圧倒的な勝利を収め、続いて「大ブルガリア」を支援すると、ギリシャはイギリス、オーストリア＝ハンガリー帝国、セルビアと同じように徹底的に警戒を強めた。大ブルガリアの国土は、ギリシャの民族主義者が長らく切望してやまなかった地域だった。大ブルガリアの領土が狭められた一八七八年夏のベルリン会議では、ギリシャは直接の代表国ではなかったが、ギリシャ代表一人が言い分を述べるのが許された。結果として列強は、ギリシャにイピルス地方の一部と肥沃なテッサリア地方を譲渡するようにオスマン帝国に命じた。バルカン危機の結果、一八七八年のキプロス協議によって大英帝国はキプロス島の管理権を得た。キプロス島はギリシャ人人口が極めて多く、一九一四年までオスマン帝国が主権を持ち、帝国が第一次世界大戦で同盟国側につくとイギリスに併合された。

テッサリア地方の併合によって、ギリシャは再度国境を広げることになった。一八六四年のイオニア諸島併合と同じように、それは失地回復のアジテーションの結果ではなく、列強の調停の産物であり、国土はマケドニア国境にまで広げられた。一八八〇年代から一九〇〇年代まで、マケドニアには区別のつかない形でギリシャ人、ブルガリア人、セルビア人、アルバニア人が入り交じって住んでいたが、それぞれがバルカン地域で次々に失われてゆくオスマンの領地からできる限り大きな分け前にあずかろうと争い、ギリシャ、ブルガリア、セルビアの民族主義が競い合う中心地となった。とりわけブルガリアとの対立は、どのような場所でも分割統治に努めたオスマン人への対立よりもしばしば激化した。一八七〇年にはブルガリア教会（ブルガリア総主教座）が独立に作られ、ブルガリアが独立国家となる重要な一段階をなしたが、この地域の教会聖職位階制度においてギリシャが占めていた優位は弱められ、コンスタンティノープル世界総主教とブルガリア総主教の支持者の間で激しい競争が起こった。はじめこの競争は宗教・教育・文化のプロパガンダの形をとっていたが、世紀転換期に言葉による争いは両国の支援を受けたゲリラ隊同士の武力闘争に変貌した。

マケドニアで起こった闘争を遠因に、一八九〇年代半ばに再びクレタ島で反乱が噴き出した。この反乱は民族主義の熱狂的支持組織「エスニキ・エテリア」（民族協会）の支持によって起こった。しかし外交問題では過激な政策を身上とした首相ディリヤニスも、まずは慎重な態度をとった。その理由は、一八八五年にディリヤニスがセルビアの攻撃に便乗しようとした際に、列強がギリシャを封鎖したからであり、今回も列強はクレタ島に艦隊を派遣していた。しかし民間の圧力が激しかったため、一八九七年初めにディリヤニスはクレタ島に戦艦と軍隊を派遣した。さらに総動員令が下り、四月にはテッサリアで対オスマン帝国と破滅的な「三十日戦争」が起きた。ギリシャはすぐに手痛い敗北を喫し、失地回復への熱意と軍事力のお粗末さの落差が鮮やかに浮き彫りにされた。ある同時代人の言葉を借りるなら、ギリシャはロシア並みのがめつい食欲と、スイス並みのささやかな資産の持ち主だった。

続く平和協定はギリシャにとって煩わしいものではなかった。クレタ島はオスマンの宗主権のもとで自治的な立場が与えられ、ゲオルギオス王の次男ゲオルギオス王子が高等弁務官となった。ギリシャはトルコに有利なように国境を修正させられ、賠償金を支払った。列強の提唱によって国際金融委員会（ＩＦＣ）が設立され、多額の外債の償還を監督した。一八九三年に当時の首相トリクピスが、事実上の国家破産宣言を強いられたからだ。母国の経済は将来性に乏しかったのが主な原動力となり、一八九〇年代に移民の波が主にアメリカ合衆国へと流れ込んだ。一八九〇年から一九一四年までの間に、およそ三十五万人のギリシャ人が移民したとされている。そのほとんどは男性であり、ギリシャ全人口の六分の一近くに達した。移民の大多数は数年間つつましく貯えを築いてから母国に戻る算段で国を去ったが、その多くが受入先でそのまま身を立てた。この時期以後、地道で懸命に働き、進取の気性に富む移民が家族に送る送金は、国家財政の収支の鍵を握る要素となった。

一八九七年の壊滅的な敗北の後で、内省と自己懐疑の時期が訪れた。戦争の明らかな教訓から、「メガリ・イデア」は自力で達成するほかないとの宣告が下されたからだ。いかにオスマン帝国が衰退の一途をたどりつつあったとはいえ、ギリシャはどのような武装闘争を行うにしても国状の悪化は避けられなかった。知識階級のなかには、将来この国がオスマン＝トルコとギリシャの共同管理地域になるのを危惧した者もいた。当時なおオスマンの支配下にあったギリシャ人は、近東のギリシャ人総人口の半分以上に達したが、このギリシャ人はオスマン帝国内部で一八二一年以前に得ていた経済力のほとんど、政治力についてはいくらかを取り戻していた。ギリシャ本土の知識階級はあらゆる努力を傾けて彼らの力に頼るべきだと促した。十九世紀後半には、ほとんどが王国内部からの影響だったが、ギリシャ人としてのアイデンティティの自覚を繰り返し植え付ける努力が精力的になされた。その対象はマケドニアのギリシャ人（といくらかの非ギリシャ人）ばかりでなく、トルコ語を話した小アジアのギリシャ人に対してもしばしば行われた。しかし、これらの文化宣伝の多くが描いた来るべき解放とは、王国によって成就されるものであり、オスマン人との権力共有ではなかった。オスマン帝国をさらに攻撃するための必須条件として、王国の資産積み立てを説く者もいたが、それは不成功に終わった。

トリクピスの死と一八九七年の敗北によって、王国の政治に旧弊がぶり返した。昔ながらの政治汚職と扇動政治がはびこり、再び大きな幻滅が生じた。しかし注目すべきことに、トルコ人から受けた手痛い敗北から十五年のうちに、ギリシャは東地中海の有望勢力として再浮上を果たした。「メガリ・イデア」の実現に向けた熱意や自ら宣言した東方の文明化計画は、もはや幻想の世界のものではなくなったかのように思われた。敗北というトラウマから自己確信を回復させること、それが二十世紀前半の最もカリスマ的な政治家、エレフセリオス・ヴェニゼロスがなすべき仕事だった。若くして政治経験を自治領のクレタ島で積んだヴェニゼロスは、一九〇九年に生じたグーディーによる軍事クーデターによって国家の政治の表舞台に現れた。

一九〇九年に軍事同盟が起したグーディーのクーデターは、一九〇八年に生じた青年トルコ党の革命に応える側面があった。この革命で短命に終わった一八七六年制定のオスマン憲法（ミトハト憲法）が復活、「地獄　落ちのアブデュル」ことスルタン・アブデュルハミトは王座を追われた。はじめ青年トルコ党は、イスラム教徒、キリスト教徒、ユダヤ教徒を問わず万民平等を唱え、帝国ばかりでなくギリシャでも大きな熱狂で迎えられた。しかしオスマン帝国が力を取り戻せば、マケドニアから帝国を追い立てるのがさらに難しくなる懸念もあった。マケドニアの中心都市テッサロニキには、青年トルコ党の陰謀が張りめぐらされていた。さらに、青年トルコ党の革命に応えてブルガリアはオスマン帝国から完全な独立を宣言、オーストリアはボスニアとヘルツェゴヴィナを併合した。クレタ島は沸き返り、一致団結してギリシャ王国との統一を宣言した。

政治家はこの新たなクレタ島の危機の対応に追われ、国内経済はつまづき、アメリカとエジプト（アメリカに並ぶ主要なギリシャ人の移民先）でも経済が失速したため、このころには経済を支える重要な要素となっていた移民からの収入が打撃を受けた。このような出来事から伝統的「政界」への不満感が世論に生まれた。この世論のうねりが触媒となり、地位の有無を問わず不満軍事将校たちがこぞってニコラオス・ゾルバス大佐率いる軍事同盟に結集した。ギリシャ史につきものの軍事介入の例に漏れず、当初の策謀の原動力となったのは純然たる職業上の不満であり、さらに大きな政治目的が付け加えられた。昇進を阻まれたための恨みつらみの他に、最高司令官コンスタンディノス皇太子に軍の自分の部下をひいきする風潮があり、これはとくに不和を招いた。

かなりの数に達したアテネ駐屯隊は、アテネ郊外のグーディーから一九〇九年八月二十七日付けで覚書を発表した。内容は、皇太子の軍除隊、陸海軍の大臣を将校に委ねること、陸海軍の再建計画だった。軍事的な性格のない改革もいくつか求められた。軍事同盟の要求は九月終りにアテネで行われた大規模なデモによって民衆から支持された。首相ディミトリオス・ラリスは辞任、その後継者キリアクリス・マヴロミハリスは、軍事同盟の絶え間ない監視と明らかな軍事独裁制の脅威のもとで、望まれた改革を実行した。しかし、同盟は古手の政治家をほとんど信用せず、エレフセリオス・ヴェニゼロスを信任した。クレタ島生まれのヴェニゼロスは、一八九七年に自治を得たこの島の政界で一人名を上げていた。政治手腕にかけては天才的であるばかりでなく、同盟の目からは、ヴェニゼロスは本土の不名誉な「政界」とは何の関わりもないという計り知れない利点があった。そのため、同盟のメンバーはヴェニゼロスに後を任せ、彼らの批判の的だった政治派閥に黙って従うように見せ、集団としての「フィロティモ」(面子)を損なわずに身を退くことができた。

一九一〇年八月、一八六四年憲法の改正を審議するための特別な権能をもつ議会の選挙が行われた。ヴェニゼロスは立候補しなかったが、その支持者は議会で最大勢力となった。同じ年の十二月に行われた選挙でヴェニゼロスは立候補し、その自由党は三百六十二議席のうちほぼ三百議席を占めた。ここでヴェニゼロスは国内改革と経済・政治の近代化計画を遂行する明白な権能を手にした。計画は「メガリ・イデア」の激しい追求と結びついていた。軍部の手先ではないことを示すために、ヴェニゼロスはコンスタンディノス皇太子を再び陸軍の高い地位に据え、グーディーの反乱を妨害しようとして投獄されていた将校を釈放した。一九一一年におよそ五十項目の憲法修正条項が公布された。議事妨害の余地を少なくするため、議決定数は議員総数の二分の一から三分の一に縮小された。その後の土地改革のための法的基盤は、公共の利益のためには土地・資産を買収できるという条例によって整備された。重要な教育改革が行われ、賄賂の横行を防ぐために官吏のポストは公開試験によって契約されるようになった。

つつましい手段ではあったが社会改革も始まった。女性と子供に対する最低賃金の制定、労働組合の制度化、見せかけの「御用組合」の規制などだ。累進課税の新制度は回避されたが、これは貧しい者に不公平に重くのしかかっていた昔の間接税依存からの移行を示すものだった。ヴェニゼロスはすでに商業関係者から支持を得ていたため、これらの政策は三十年ほど前から少しづつ進んでいた工業化によって現れた初期の労働者階級にアピールし、選挙基盤の拡大に役立った。ヴェニゼロスは穏健な改革手段を取ったため、他のバルカン諸国で生じた農地改革運動を伴う強度に社会主義的な運動は和らげられた。ヴェニゼロスは軍隊の整備にも携わり、それは陸海軍大臣を自ら務めたことに端的に表れている。フランス陸軍とイギリス海軍の代表が派遣されて軍の訓練を補佐した。長年赤字が続いた財政収支もついに黒字になり、それは再軍備の資金に充てられた。

私は信じてやまない……国家の物資とモラルの蓄えは、復興に携わる労働者の手で、現代という時代の文明の要求にふさわしいギリシャを再建するのに充分であり、文明世界の尊敬を促して文化的な諸国民の一員として尊敬に値する地位を占めるに足りるものであると。そしてひとたび私たちのモラルと物資の蓄えがより大きなものとなれば、やがては東方（＝近東）の諸国民すべてに進歩と繁栄を約束するという条件のもとで、東方全域の平和の確保に貢献できるであろう。

エレフセリオス・ヴェニゼロス（一九一〇）

何年かゆっくりした変化が続いた後、ヴェニゼロスは一般国民に新しいダイナミズムと楽天主義を注入し、国家統一に新たな自覚を促した。ヴェニゼロスの人気は続き、一九一二年三月に行われた選挙では、議会定数一八一人のうちヴェニゼロス支持者が一四六人を占めた（一九一〇年の議会は改憲を審議する特別議会だったため、定数は通常の二倍）。しかし、国内の刷新をよそに戦争の暗雲がたれこめていた。青年トルコ党が約束した、帝国内の民族グループすべてに平等を保証するという当初の公約は、すぐに「オスマン化」の強制という政策に置き換えられた。マケドニアをどうするのかという問題が再燃し、アルバニアで民族運動が起きるに及んで問題はさらに尖鋭化した。一九一一年にはリビアで、自前の植民地帝国を得て列強の資格証明を誇示しようとしたイタリアが、トルコ人と衝突した。バルカンのスラヴ国家であるセルビア、ブルガリア、モンテネグロは、この機に乗じて帝国に付け込もうと躍起になった。しかしヴェニゼロスは一種のジレンマに陥った。セルビア人やブルガリア人やモンテネグロ人とは異なり、「回復されざる」ギリシャ人は近東に広く散らばり、まとまった形で居住していないため、トルコから報復を受けやすかったからだ。しかしギリシャが傍観すれば、マケドニアにおける利権をみすみす手放す羽目になりかねなかった。

一九一二年春、利害関係は相反したがセルビアとブルガリアとの間で、そしてギリシャとブルガリアとの間で条約が結ばれた。この時点で交渉中のギリシャ－セルビア条約は一九一三年六月に締結された。一八七八年や一八八五年のバルカン紛争、あるいは一八九七年のギリシャ＝トルコ戦争の際には、列強はその利益と全体的な勢力均衡を守るために遠慮なく介入した。一九一二年の夏も列強は同じ態度をとり、既存の国境線が乱されるならば必ず干渉すると宣言した。しかし今回のバルカン諸国は列強の警告を無視し、一九一二年十月十八日、ギリシャ、セルビア、ブルガリアは、かねてからモンテネグロが計画していた攻撃に同調し、オスマン帝国に戦争を宣言した。

バルカン連合軍の数はヨーロッパのオスマン軍よりもはるかに多く、すぐに輝かしい勝利を収めた。十一月初めにギリシャ軍はテッサロニキを占領した。ブルガリア軍もエーゲ海北部で最高の港を持つこの富裕な商業都市に狙いを定めていたが、ギリシャは数時間の差でブルガリアに先駆けた。装備を一新したギリシャ海軍はすみやかにエーゲ海で優勢を占め、ヒオス島、ミティリニ島、サモス島を順に解放した。しかしドデカニサ諸島は、同じ年の少し前にリビアから撤退したトルコ人に圧力をかけようとしたイタリアによって、「一時的に」占領されていた。「十二島」がギリシャに併合されるのは、一九四七年だった。一九一三年二月、ギリシャ軍はイピルス地方の首都イオアンニナを占領した。オスマン帝国は、一九一三年五月のロンドン条約によってバルカン連合の取り分を認めた。

連合はオスマン帝国に対して共通の敵意を持っていたといえるが、マケドニアをめぐる領土的主張は対立していたため、結び付きはもろく壊れやすかった。一九一三年六月、ギリシャとセルビアは、ブルガリアを犠牲にしてマケドニアの取り分を分割する条約を結んだ。オスマン帝国の首都に地理的に最も近かったブルガリアは、戦争の矢面に立ったのは自分たちでありながら、その利得が犠牲に釣り合っていないと感じ、ギリシャとセルビアに対立した。ルーマニアは第一次バルカン戦争を傍観したが、ここでブルガリアを攻撃する側に回って争いに荷担した。第二次バルカン戦争は短期間で終わり、ブルガリアはすぐに交渉のテーブルに座らざるを得なかった。ブカレスト条約（一九一三年八月）によって、ブルガリアはかなり不本意な領土決定を受け入れたが、エーゲ海の外港デデアガッチ（現在のギリシャのアレクサンドルポリス）は死守した。ここでギリシャのクレタ島統治も承認されたが、相当数のギリシャ人を擁する北イピルス地方を併合する野心は退けられ、この地域は独立したアルバニアに吸収された。

この後退を含めて考えたとしても、ギリシャの領土取得は確かに劇的だった。「新」ギリシャの領土は以前の国土の七割増しとなり、人口は約二八〇万人から四八〇万人へと膨らんだ。しかし、新しい市民は必ずしもギリシャ人ばかりではなかった。例えば、テッサロニキ最大のコミュニティはセファルディ（一四九二年にスペインから追放されたユダヤ人の子孫で、今も中世スペイン語に由来するラディーノ語を話す）だった。ユダヤ人はギリシャ人を解放者として敬意を払うにはほど遠く、繁栄した商業都市を管理する競争相手とみなした。新たに獲得した領土には、かなりの数のスラヴ人、ムスリム（主にトルコ人）、ルーマニア方言を話すヴラフ人がいた。どんなに良い時期だったとしても、多彩な民族を抱えるこの新領土の統合は問題を招いただろう。しかし、統合を目指すプロセスは、第一次世界大戦勃発の結果、錯綜を極めることになった。

一九一三年の夏の時点で、ギリシャは重要な地中海の勢力だった。ヴェニゼロスの優れたリーダーシッ

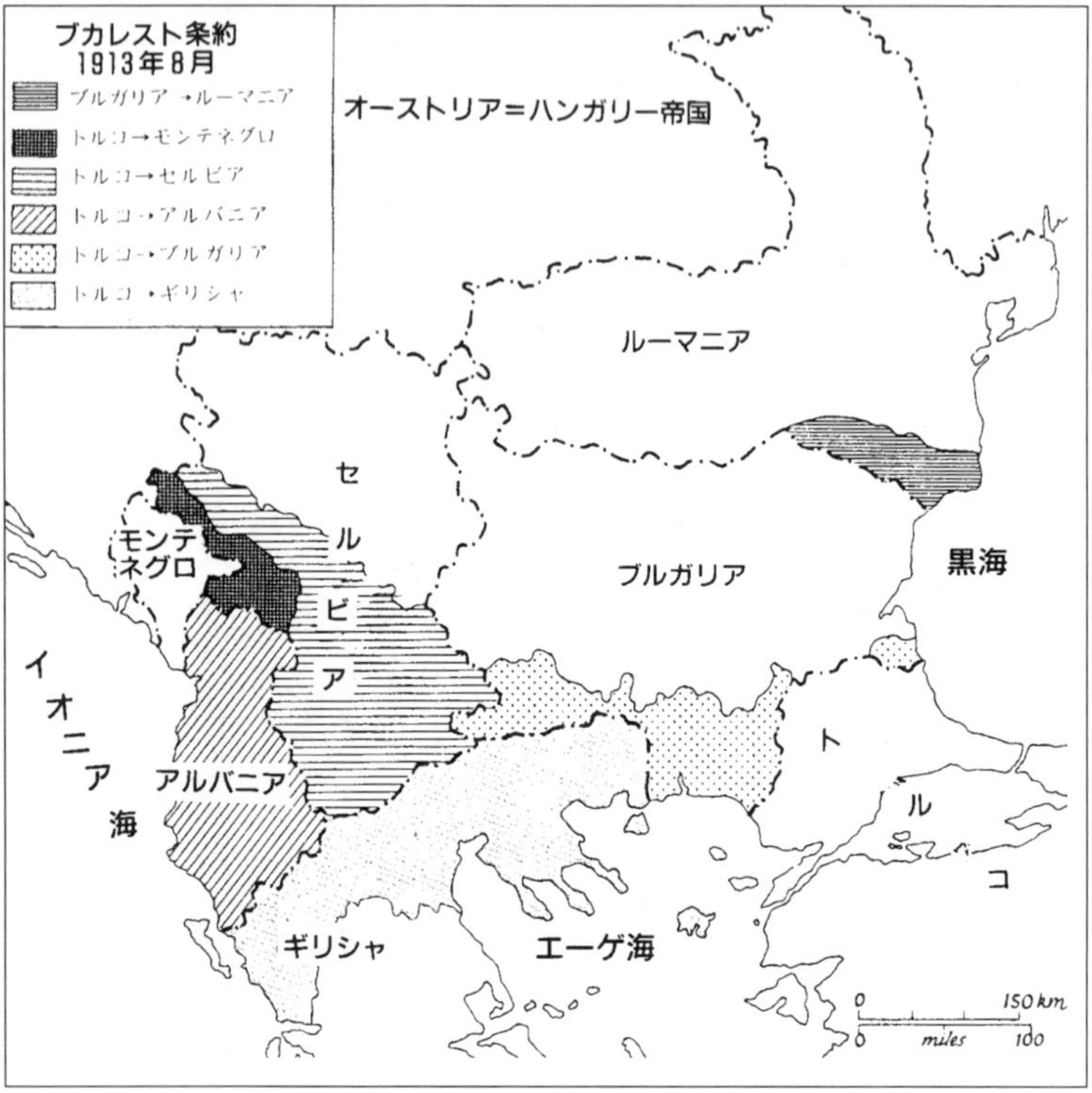


バルカン戦争後の領土の変更

プのもと、「メガリ・イデア」という困難なヴィジョンは、もはやロマン主義的民族主義者の大言壮語にとどまらず、やればば実現できるものになったかに見られていた。ゲオルギオス一世は一九一三年三月にテッサロニキを訪れる途中、狂人に刺殺された。その後継者コンスタンディノス皇太子は、コンスタンディノス一世ではなく、ビザンティン帝国最後の皇帝コンスタンディヌス十一世パレオロゴスを直接継承する者として、コンスタンティヌス十二世を名乗ることを強く期待されたが、結局そうはならなかった。第一次世界大戦の時期、「メガリ・イデア」はギリシャ統一という単なるイデオロギーではなくなり、社会に巨大な亀裂を引き起した一因となった。それが「エスニコス・ディハズモス」(国家分裂)であり、国は競合し、闘争も辞さなかった二つの陣営に分けられた。ギリシャはこれ以前も以後も、国際的に重大な脅威を迎えると、国内の意見衝突によって引き裂かれることになった。

一九一〇年から二度に及んだバルカン戦争の時期の間に、ヴェニゼロスが確立した、先例のない注目すべきコンセンサスが壊された主な要因は、第一次世界大戦の参戦をめぐるヴェニゼロスとコンスタンディノス王の根深い確執にあった。ヴェニゼロスはイギリスとフランスに大きな思い入れがあり、この二国にロシアが加わって協商国となった。ヴェニゼロスは協商国が確実に勝つものと信じ、ギリシャの領土的野心の実現も大目に見てもらえると考えた。しかし、ドイツ陸軍名誉元帥でヴィルヘルム二世の妹と結婚したコンスタンディノスは、同盟国ドイツとオーストリア＝ハンガリー帝国の軍事力に絶大な敬意を払っていた。ギリシャがイギリス海軍に頭が上がらなかったのを知っていた国王は、中立を支持した。戦争が始まると、ヴェニゼロスは熱心にギリシャ軍を協商国の味方に仕立てようとした。イギリスの外務大臣サー・エドワード・グレイはヴェニゼロスの申し出を断った。グレイはオスマン帝国とブルガリアをこの戦争に関わらせる気はなかったからだ。両国に敵意を持つギリシャを協商国に受け入れれば、二つの国はすぐに同盟国に加担する可能性があった。

実際、一九一四年十一月、オスマン帝国は同盟国側についた(そのため、イギリスのキプロス正式併合は大いに早められた)。しかしこのことは、単にブルガリアの戦略的重要性を大きくしただけだった。そのため一九一五年一月、グレイは、ギリシャが近年併合したカヴァラ、ドラマ、セレスをブルガリアに返上させ、その埋め合わせとして北部イピルス地方と「小アジア沿岸地域の重要な領土を譲与」するというあいまいながらもずっと魅力的な約束を行った。多数のギリシャ人人口を抱えるこの地域こそ、失地回復の大望の主な目的地だった。グレイはそれ以上に約束を明確にするのを避けた。それは同じように小アジアに欲深く食指を向けていたイタリアを念頭に置いたからだ。とはいえ、ヴェニゼロスはグレイの提案に喜んで従った。しかしながら、王と軍の相談役は近年ようやく得たばかりの領土を手放す以上、さらに目に見える形の保証を欲しがった。一九一五年二月、不運にも協商国がダーダネルス海峡で軍事行動に乗り出し、事態はさらに複雑となった。ヴェニゼロスは参加を望んだが、結果として上陸目的地となったコンスタンティノープルは、作戦成功の暁にはすでにロシアのものになる約束がされていた。王は初めギリシャの参戦を認めたが、やがて心変わりした。それは補佐役のチーフ代理を務めていた未来の軍事独裁者、イオアニス・メタクサス将軍の辞任に影響されたからだった。メタクサスはギリシャが関わることによって、ブルガリアが漁夫の利を占めるのを恐れた。

憲法上、対外政策の実施に関する国王の権限はかなり大きかったが、その定義は明確ではなかった。王の方針転換と衝突したヴェニゼロスは、一九一五年三月六日に辞任した。これが一年半後に二つの競合する政府が誕生するプロセスの始まりだった。ヴェニゼロスは六月に行われた新しい選挙で明らかな多数派を得て、これを自らの親協商国政策に対する信任と受け止めた。しかし職務に復帰したヴェニゼロスは、再び国王とぶつからざるを得ない道を歩み始めた。一九一五年九月、今や同盟国側に付いていたブルガリアがセルビアを攻撃したからだ。ここで持ち上がったのが、ヴェニゼロスとその支持者が主張したように、ギリシャは一九一三年六月の条約の条項に従い、セルビアを助けに行くべきかどうかという問題だった。ヴェニゼロスはイギリスとフランスを招き、テッサロニキにセルビア支援の遠征軍を派遣した。これは本来国王の承認を得た動員だったが、結局決定は翻えされた。コンスタンディノスは半年もたたないうちに二度目の首相辞任をヴェニゼロスに要求した。

国王とカリスマ的な元首相の溝は今や埋め尽くせなくなった。ヴェニゼロスとその支持者は、国王の憲法上の権利濫用が目に余ると非難した。そして彼らは一九一五年十二月の選挙を棄権し、その得票数は先の六月の選挙の四分の一にも満たなかった。しかし「国家分裂」には別な要因もあった。ヴェニゼロスは「メガリ・イデア」の追求という過激な政策を全面的に押し進めていたが、それに対して王とその補佐役は「小さいながらも名誉あるギリシャ」を擁護し、まず新領土の統治を固めてから失地回復という困難な大事業に乗り出すべきだという立場をとった。王国の独立当初の中心部である「古い」ギリシャというもっとも安全な場に身を置いていた王政派の多くも、ヴェニゼロスが資本主義的な現代化と社会改革を同一視しているのに恐れを抱いた。後ろ向きな彼らは、変化の行く末と速さを恐れている多数の支持者の気持ちを代弁していた。

ヴェニゼロス派の民族主義者と反ヴェニゼロス派の民族主義者がいた。ヴェニゼロス派のマルクス主義者と反ヴェニゼロス派のマルクス主義者もいた。そしてヴェニゼロス派の民族主義者は、反ヴェニゼロス派の民族主義者よりもヴェニゼロス派のマルクス主義者の方が、千倍も意見が一致しやすかった。

イオルゴス・セオトカス『アルゴー』（一九三六）

コンスタンディノスとヴェニゼロスとの関係が悪化するにつれて、協商国と王政派政府の不和も高まった。一九一五年十月、テッサロニキにイギリス軍とフランス軍の前線が敷かれたときには、ギリシャはまだ中立を保っていた。その立場は一九一六年一月、アルバニア経由で退却するセルビア軍に安全港を与えるために、協商国がコルフ島を占領したときにも続いていた。前線を再編成するためにセルビア人が陸路をコルフ島からテッサロニキまで横切るのをアテネ政府が拒み、ギリシャがブルガリア人にとって戦略的に重要な砦だったマケドニアのルペルをあっさり引き渡すに及んで、摩擦は増大した。

八月、テッサロニキにいた親ヴェニゼロス派の陸軍将校は、協商国派の組織「エスニキ・アミナ」（民族防衛）の後ろ盾を得て、王政派政府に対してクーデターを起こした。数週間後、ヴェニゼロスは強い支持層をもつ出身地のクレタ島に向かい、新たに解放された島々を意気揚々と行進したのち、テッサロニキへと赴いた。「新」ギリシャの中心都市テッサロニキは、近年トルコから解放された領土と同じように、ヴェニゼロスの運動に熱烈に関わっていた。ここでヴェニゼロスは自前の軍隊を備えた臨時政府を設立し、分裂は決定的となった。この動きは協商国から賞賛されたが、はじめ公然たる内戦が起こるのを恐れ、テッサロニキ政府は公式には承認されなかった。一方、アテネの国王政府に対する圧力はますます高まった。一九一六年十二月、英仏軍はピレウスとアテネに上陸した。両軍は王政派政府の管轄下にあった地域を中立化し、軍需物資を支援し、北方へ向かう鉄道を管理した。銃撃が生じたため、同盟国は不名誉にも撤退を余儀なくさせられた。続いて、王に忠誠を誓い続けていた「古い」ギリシャ（南ルメリア地方とペロポネソス地方）で、ヴェニゼロス支持者と分かった者に対して広範な粛清が行われた。

連合国は、わざわざ王政派の面目を潰したあと、厳しい反撃に出た。ヴェニゼロスの臨時政府を承認し、賠償金を求め、王政派の管轄地域を封鎖して厳しい物資の欠乏を引き起こした。ギリシャの主権に対するあからさまな侵害はますますひどくなり、一九一七年六月に頂点に達した。コンスタンディノス王に対し、立憲君主としての誓約を破ったとして、国外退去すべきであると高圧的に要求したのだ。コンスタンディノス王は正式には退位しなかったが、すぐに国を離れた。国王の座は長男ゲオルギオスではなく、次男アレクサンドロスが継承した。ヴェニゼロスは、観念的には統一されたが、実際は痛ましく分裂したままのギリシャの首相に返り咲いた。ヴェニゼロスが最初に行ったことの一つは、自分が十分な多数派を占めた一九一五年六月の議会の再招集であり、同年十二月の選挙で成立した議会は不正だと主張した。イエスが死から蘇らせた男の名に因んで「ラザロ議会」と呼ばれた新議会は、ヴェニゼロスに大量の信任票で報いた。

かつての国王を支持していた有力者は、「ドイツ崇拝者《ゲルマノフィル》」として追放された。裁判官、公務員、教師は無差別に解雇された。最も厄介な粛清は軍内部で生じた。両大戦間に、軍内部では、一つの派閥が権力を握ると反対勢力を追放し、反対派が権力を握ると報復として旧主流派を追放した。追放されるのは、ヴェニゼロス派であることもあれば王政派であることもあった。こうした粛清のやり合いは災厄の種となった

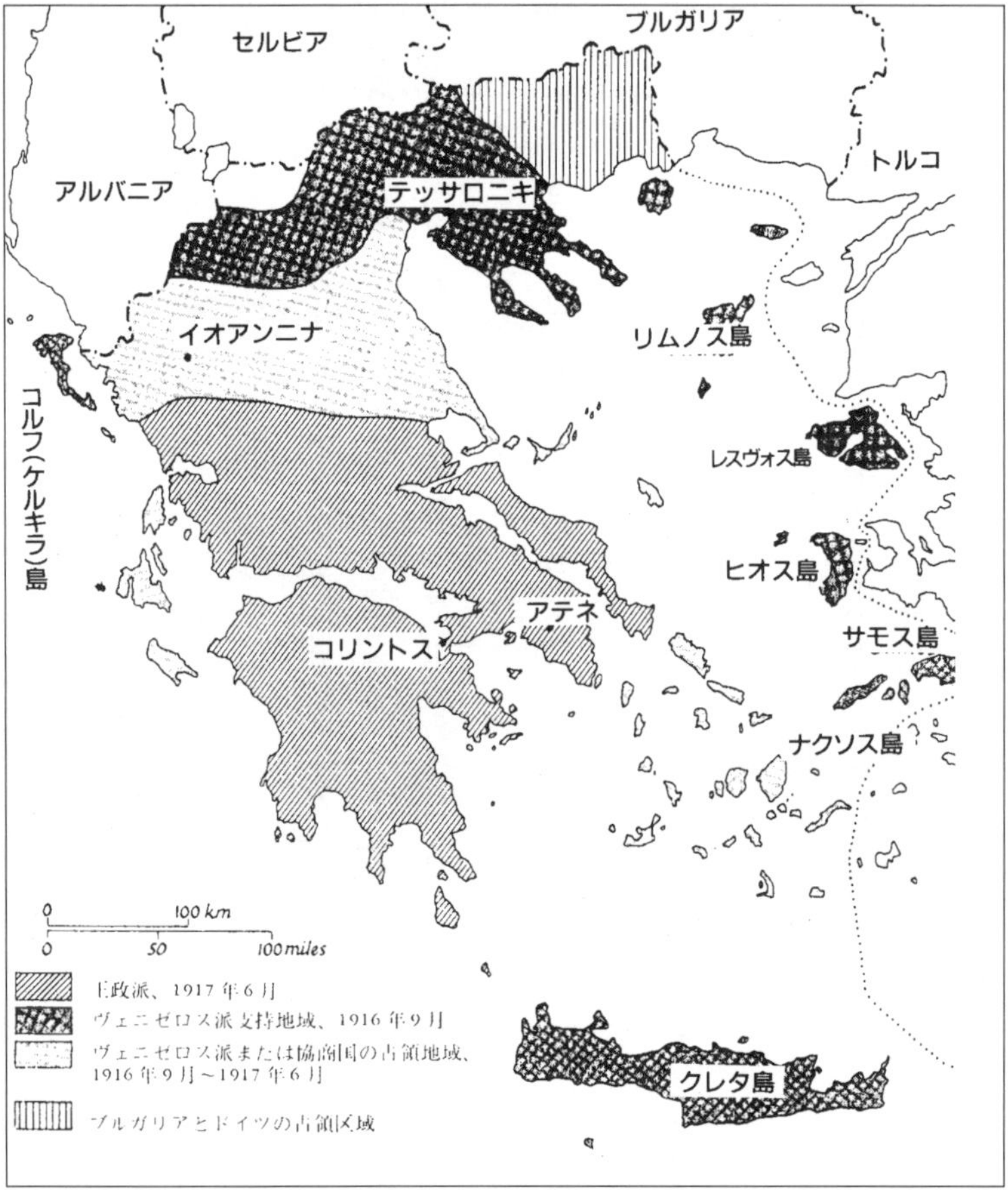


国家分裂の情勢（1916～17年における新旧ギリシャの勢力分布）

が、その先例をつくったのが一九一七年の粛清だった。「協商国」の目的に対するヴェニゼロスの貢献を示すものとして、九個師団をマケドニア前線に配備したことがあげられる。師団は一九一八年九月に始まった攻撃に参加し、戦果をあげた。これは西部前線の崩壊を早め、十一月十一日に休戦を迎えた。あわせてヴェニゼロスは二個師団を用いてボルシェビキ革命をたたき潰そうと試みたが、失敗に終わった。一九一七年の革命によってロシアは戦争から手を引き、東方をめぐるキリスト教の覇権争いをめぐるギリシャ唯一の競合相手は脱落した。師団をすばやく派遣したもう一つの理由は、南ロシアやポンドス地方に六十万人ほどのギリシャ人がいたからだった。

ギリシャ代表団長としてパリ講和会議に赴いたヴェニゼロスは、一貫して「協商国」の運動に尽くしてきたことに対する報酬を求めた。ヴェニゼロスの欲張った要求は、スミルナ（ギリシャ人人口はアテネよりも多かった）とその後背地だった。これは多かれ少なかれオスマンのアイディンの「ヴィライェット」（州あるいは県）をも含み、ギリシャの民族主義者が長年心に暖めていた目標だったが、統計で見る限り、ギリシャ人とトルコ人のどちらが多いのかはっきりしなかった。同時にギリシャはコンスタンティノープルの国際管理（国際連盟あるいはアメリカの委任統治）に賛成し、オスマンの首都近くまでの東西テッサリア地方全域を要求した。以上の要求が達成されれば、ヴェニゼロスは一九一五年のロンドン条約によってイタリア統治の承認を受けたドデカニサ諸島を自国に組み入れる要求と、一九一三年にアルバニアに併合されていた北部イピルス地方（一部の地域にギリシャ人が住む）の領土的主張について、柔軟な姿勢を示す用意があった。

しかしながら、まだ何も決定しないうちに、イタリア軍の分遣隊が小アジア南西のアンタルヤに上陸してスミルナ方面に向かい始めた。この動きにギリシャばかりでなく、イギリス、フランス、アメリカ政府も警戒を強めた。オスマン帝国は全体としてどのように解体されるべきなのか、とりわけ小アジアの将来はどうするのか、これらの問題について連合国間ではっきりした合意が何も定められないまま、イギリス、フランス、アメリカはスミルナにギリシャ軍の上陸を認めた。一九一九年五月十五日、相当数のギリシャ軍が連合軍の艦隊に守られてスミルナを占領した。表向きの目的はトルコの報復行為からスミルナに住むギリシャ人を守ることにあった。しかし、将来の不吉なトラブルを先駆けるように、この上陸でギリシャは残虐行為に走り、トルコ人およそ三五〇人がギリシャ軍と戦って死傷した。ギリシャ側の犯人は容赦なく処罰され、数日後、規律厳守を重んじるギリシャの高等弁務官アリスティディス・ステルギアディスが到着し、ギリシャ人とトルコ人の平等な扱いに心を砕いたが、もはや手遅れだった。スミルナ上陸はムスタファ・ケマル（のちのアタチュルク）率いるトルコの民族主義の復活に決定的な役割を果たし、ケマルはイスタンブールにある無気力なトルコ政府の権威を否定した。ほどなくトルコとギリシャ軍の間で変則的な戦争が始まった。

スミルナ上陸から一年以上を経た一九二〇年八月、オスマン帝国との平和調停を盛り込んだセーヴル条約が調印された。ギリシャ側にとって最も重要な条約項目は、スミルナ地域の管理がさらに五年間続くことだった。トルコの統治は保たれるが、五年後にこれから作られる地域議会が要求すれば、国際連盟が管理する国民投票を経てこの地域は正式にギリシャに併合されるとされた。アナトリアのギリシャ人はトルコ人に比べて出生率が高く、他の小アジア地域からギリシャ人を移住させれば、必要なだけの数は確保できる自信をヴェニゼロスは持った。この条約はギリシャでは大きな熱狂で迎えられた。ヴェニゼロス支持者は、ヴェニゼロスが「二つの大陸と五つの海」からなるギリシャを築いた、と興奮しながら語った。二つの大陸とはアジアとヨーロッパ、五つの海とは、地中海、エーゲ海、イオニア海、マルマラ海、黒海だ。しかし、ギリシャにとって不吉なことに、トルコはセーヴル条約を批准しなかった。小アジアでの大規模な失地回復運動という一大構築物は、ことごとく水泡に帰する定めにあった。

条約調印から二カ月後、アレクサンドロス国王はペットの猿に噛まれ、敗血症を起こして死亡した。国王の死によって憲法問題とそれに伴う「国家分裂」をめぐる感情がすべて蒸し返され、次の十一月の選挙は、ヴェニゼロスとアレクサンドロスの父で亡命中のコンスタンディノス王の一騎打ちに変貌した。この選挙で、「さらに大きなギリシャ」を建設中の勝ち誇る建築家（のように見えた）ヴェニゼロスは大敗を喫し、不名誉にも自らの議席を失ってしまった。反ヴェニゼロス派の大部分はコンスタンディノス王支持にまわり、三七〇議席中二四六議席を確保した。敗北はほぼすべての観察者を驚かせたかもしれないが、この結果は明らかに戦争による疲弊（国はほぼまる八年間戦争を行い続けていた）の表れであり、さらに英仏両国のギリシャ内政問題に関するあからさまな干渉に対する国民の怒り、一九一七年から一九二〇年の第二次ヴェニゼロス内閣の時期に、ヴェニゼロス支持者の間で見られた、執念深く横紙破りな振る舞いに及んだ者への反発が結びついた。

選挙運動の間、「小さいながらも名誉あるギリシャ」の主人公である王政派は、戦争の長期化を批判した。しかし、一度権力を握ると、小アジアでの行動を続けるつもりであることが明確となった。

イギリス、フランス、イタリアは声を揃えて国王の復帰に反対したが、明らかに不正操作された国民投票では、王政保持の賛成は九九万九九六〇票、反対は一〇三八三票に過ぎなかった。王政派は権力に返り

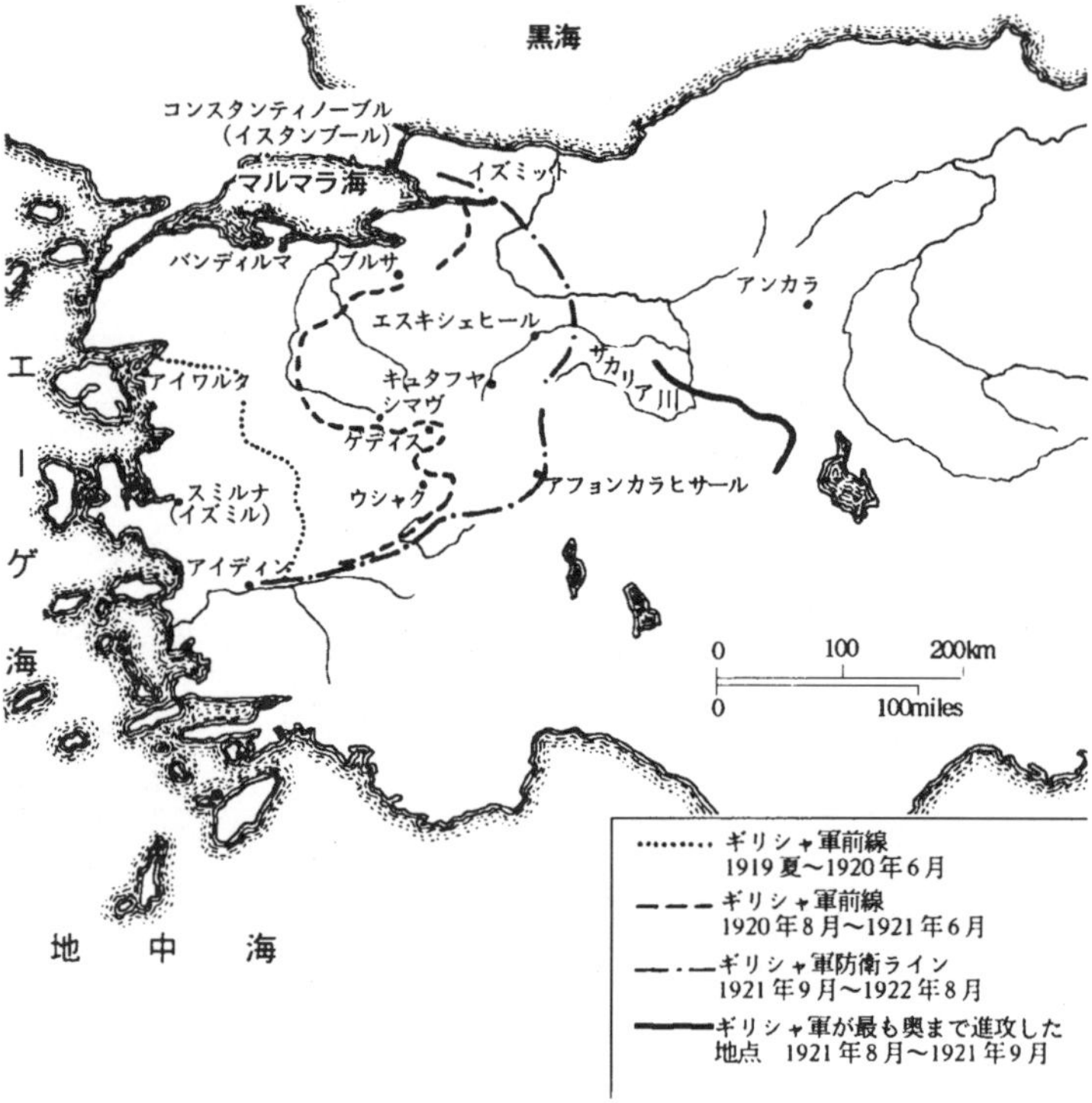


咲くとヴェニゼロス派を粛清し、政敵を血祭りに挙げる不快な繰り返しがまたもや生じた。政治的要因で生じた小アジアにおける軍の指揮系統の変化は、戦闘能力の拡大には何の役も立たなかった。イタリアとフランスは王政派の復興を都合の良い口実に、ムスタファ・ケマルとの和平締結を勧め、小アジアの一部に対するギリシャの領土的主張を断念させようとした。一九二一年四月、連合国は厳密に中立を保つことを宣言したが、イタリア人もフランス人もためらわずにトルコの民族主義者に武器を売った。ギリシャはイギリスの首相ロイド・ジョージから何の保障もない親ギリシャ的な励ましを受け

たが、物資の供給も借款の供与も得られなかった。

一九二一年三月に開始された大攻撃は、サカリア川でゆっくりと停止した。ケマル派の牙城アンカラに手を延ばせば届きそうなほど近くまで達したが、兵站線は延びきって危険にさらされていた。これ以後ギリシャの軍事・政治状況は悪化の一途をたどった。一九二二年三月、ギリシャは、軍隊を撤退させて小アジアのギリシャ人を国際連盟の保護下におくとするイギリスが提案した平和妥協案を進んで受け入れることを宣言した。しかし戦況が好転しつつあると判断したトルコは、軍による報復を企てた。結末はすばやく壊滅的だった。八月二六日、ムスタファ・ケマルは総攻撃を開始、ギリシャ軍を潰走させた。算を乱して海岸まで退却したギリシャ軍は、九月八日にスミルナを去った。トルコはスミルナを占領すると、およそ三万人のギリシャ人とアルメニア人のキリスト教徒を虐殺した。都市は巨大な災に包まれ、残されたのはトルコ人とユダヤ人の居住区だけだった。非ムスリム教徒人口が多くを占めていたため、トルコ人に異教徒《ガウル》の都イズミルと呼ばれたスミルナの街は、パニック状態に陥った避難民が近隣のギリシャの島々に逃れようとしたとき、放火と虐殺の限りが尽くされた。

## バヴァリアの画家ハンス・ハンケが一八三六年に描いた水彩画

L・コルンベルガーの原画に基づく。エオルー通りとエルムー通りが交差する一角に立っていたカフェ、「オレア・エラス」（美しいギリシャ）の店内を描いている。このカフェは長い間アテネの政治ゴシップと陰謀の中心で、完全に男のための場所だった。このような「カフェニア」は最近まであった。左側には「アラフランガ」（ヨーロッパ風の服装）のギリシャ人グループが描かれている。彼らはビールを飲んでいるようだ（オトン王の取り巻きのバヴァリア人が持ち込んだ習慣）。離れて座っている右側のグループは、ギリシャの伝統的な衣装を着た「フスタネロフォリ」（キルトを着ている者の意味）で、一人はクレフテスの首領が着るような華やかな刺繍模様のウエストコートとゲートルをつけている。このグループは「ラキ」（アニスの味がするブランデー。水を注ぐと白くにごる）を飲んでいるらしく、伝統的なパイプである「ツィブキ」を吸っている。それと対照的に入り口の近くにたむろしているバヴァリア兵は、葉巻や煙草（中央のビリヤード台も含め、これも西欧から輸入された）をくわえている。中央には「レディンゴタ」（文字通

バヴァリアの画家ハンス・ハンケが 1836 年に描いた水彩

りには、乗馬コートの意味。フロックコートのこと）を着た男が、「カパ」（羊飼いが着る厚いウールのマント）を着た男と話している。この楽しい水彩画には、さまざまな分野で西洋のモデルを移入したことで生まれた、広範囲な社会の二分化現象がうまく示されている。例えば建築では、少なくとも都市部では伝統的な建築様式は西欧で流行した新古典主義に席をゆずる傾向が見られ、美術では西欧絵画、とくにドイツのロマン主義絵画がビザンティン時代にさかのぼる美術の伝統を圧倒した。このような西欧の模範は、音楽、法律、教育、とりわけ政治に影響を与えた。西洋の議会制度やヨーロッパの立憲政府の形式が、完全に異なる状況のもとで発展した政治風土を持つ極めて伝統的な社会にあてはめられたため、緊張が生じた。このような緊張は十九世紀の政治に常に見られた特徴だった。

**カッパドキアのハジ・ウスタス・イオルダノグルと息子ホメロスの肖像画**

一九二七年、フォティス・コントグル画。一九二三年から二四年にかけてギリシャとトルコの間で住民交換が行われるまで、小アジア全域に多くのギリシャ人が散在していた。コンスタンティノープル、スミルナ、トレビゾンドのような港湾都市では、これらギリシャ人の大半は富裕で教育があり、西欧化されていた。しかしそれ以外の場所、特に内陸部のギリシャ人の生活様式は、隣人のトルコ農民とほとんど変わらなかった。彼らは正教の信仰を貫いたが、女性を中心に多くの者はトルコ語しか

カッパドキアのハジ・ウスタス・イオルダノグルと息子ホメロスの肖像画

話さなかった。十九世紀初めには、このトルコ語を話すギリシャ人（カラマンリディス）は、ギリシャ人としての自覚をそれほど持っていたわけではない。十九世紀後半になると、彼らにギリシャ人としての自覚を促す努力が精力的に行われ、それは「民族の中心」であるギリシャ王国によって強力に支持された。コントグルは、このようなカラマンリ・キリスト教徒（一九二三年の住民交換の際には四十万人を数えた）の多くが営んでいた東洋風の生活様式を明瞭に描いている。父親はおおむねトルコの名前（ウスタは、親方の職人の意味）だが、息子の名ホメロスは、王国が広めた教育プロパガンダによって古代ギリシャの遺産が強調されたことを示す。ハジという称号はメッカを訪れたイスラム教徒に用いられたが、エルサレムの聖所を巡礼したキリスト教徒にも使われた。フォティス・コントグル（一八九五〜一九六五）は、小アジアのアイヴァリ生まれで、従来のギリシャの芸術シーンを支配していた西洋の影響にあえて背を向け、ビザンティンやポスト・ビザンティンの民衆芸術に着想を求めた。

**一八三八年に制作された携帯用イコン**

「新殉教者《ネオマルティア》」イオアンニナの小ゲオルギオスが描かれている。新殉教者とは、しばしば過酷な状況のもとで正教キリスト教の信仰を汚すよりも死を選んだ者をいう。よく見られた例は、イスラム教を奉じてからキリスト教信仰に立ち返る者であり、トルコ人からは背教者とされた。聖小ゲオルギオスはグレヴェナ近くの村出身の孤児で、トルコ人将校ハジ・アブドゥラーの馬丁を務めた。ハサンの名で知られた小ゲオルギオスは、トルコ人にはもっぱらイスラム教徒と思われていたが、一八三六年にキリスト教徒と結婚して怒りを買った。結婚の際にはハジ・アブドゥラーが介入し、ハサン／ゲオルギオスはキリスト教徒であると証言したために難を逃れたが、二年後にゲオルギオスの息子が洗礼を受けた際にトラブルが再発した。今度はゲオルギオスは牢屋に入れられ、むごい拷問を受けて信仰を捨てるように迫られた。ゲオルギオスは拒み、一八三八年一月十七日にイオアンニナで処刑された。その後すぐにゲオルギオスの墓で奇跡が報じられ、教会がゲオルギオス崇拝を認めないうちに庶民の間では聖人に遇された。小ゲオルギオスは王家（今では大統領）護衛兵「エヴゾナス」の守護聖人であり、最後の「新殉教者」だった。処刑から間もなく、オスマン政府はイギリスの圧力で棄教目的の処刑を断念したからだ。悲惨な事例に欠かない「新殉教者」たちの信仰はゆるぎなく、教会の聖職位階制度の内部に浸透していた世俗にまみれた野望や腐敗と対照的だった。この携帯用イコンは、聖小ゲオルギオスの死から数日のうちに、イピルス地方のヒオナデス村出身の画家ミハイル・ジコスの手で描かれた。この村は遊歴の宗教装飾画家を輩出したことで知られている。遊歴の石工、建築家、大工、水路工事者、木彫師などの出身地として知られる村もある。

1838年に制作された携帯用イコン

**ギリシャのクーデター現場**

H・マルテンスの絵に基づく一八四七年の刊行の版画。一八四三年九月三日、アテネ騎兵隊隊長ディミトリオス・ケレルギス将軍が憲法の要求をオトン王に訴える場面。伝統衣装を着ているオトンは、母国バヴァリアに戻された後もこの服装で通した。オトンの背後には頑固なオルデンブルク家出身の王妃アマーリアの姿がある。新築の王宮（現在は会議場）の隣の窓には、王のバヴァリア人の取り巻きの中でもとくに人望のなかったヘス少佐がいる。九月三日のクーデターは事実上の無血クーデターであり、一般から広く支持された。憲法の要求には、いくつかの要因から生じた不満が反映されていた。その要因として、オトンが王座を得てから王政絶対主義が十年続いたこと、ギリシャ独立が保障された際に列強

ギリシャのクーデター現場

（イギリス、フランス、ロシア）が保証した借款の償却を確保するため、三国から課された緊縮財政政策の悪評、オトンがカトリックから正教に改宗しなかったこと、オトンに子供がなかったための跡継ぎの不安定さなどがあげられる。宮廷ではバヴァリア人が影響を及ぼしつづけ、独立を求めて戦ったにもかかわらず政治権力から除外されたと感じた者の感情を害した。オトンは抵抗せず、一八四四年にかなり自由主義的な憲法が公布された。一八四三年のクーデターは、ギリシャの政治に対する最初の軍事介入だったが、その後もクーデターは何回も起こることになった。

**ギリシャ志願兵部隊の宣誓式**

ギリシャ正教の旗の下、パノス・コロネオスを司令官に戴くギリシャ志願兵部隊の宣誓式。コロネオスはクリミア戦争の際にセバストポリのロシア軍を補佐した。作者はフランスの画家。独立後最初の一世紀間、ギリシャ新国家の外交政策は「メガリ・イデア」に支配された。これは近東に集中するギリシャ人居住地をすべて一国に収め、首都をコンスタンティノープルに置くビザンティン帝国を復興させる大がかりな夢だった。トゥルコクラ

ギリシャ志願兵部隊の宣誓式

ティアの時期には、ロシア人はクサンソン・ゲノス、つまり予言に謳われた金髪民族であり、唯一の正教権力でもあったため、未来のギリシャの解放者としてギリシャ人の尊敬を集めた。独立後の数十年間、ロシアはギリシャの領土拡張の野心達成を支持すると見られた。ロシアはスルタンの支配下にあった正教の臣下の保護者として頭角を現したが、クリミア戦争（一八五三〜五六）でオスマン帝国とその同盟国イギリスとフランスに対立すると、ギリシャでロシアの立場は大きな熱狂で迎えられた。独立戦争の退役軍人が率いるものもあったゲリラ部隊が、オスマン帝国との国境を越えてテッサリアとイピルス地方に潜入したため、憤慨したイギリスとフランスはアテネの外港ピレウスを占領、一八五四年から五七年までギリシャに中立を保証させた。クリミア戦争後数十年のうちに、ロシアは南スラヴ、とくにマケドニア支配をめぐってギリシャ人と対抗したブルガリア人の主張を支持するようになり、ギリシャのロシアびいきは弱まった。

## イギリスに対するギリシャの負債を風刺した、アルフォンス・ドーミエの漫画

アルフォンス・ドーミエの漫画

**イギリスに対するギリシャの負債**

| | |
|---|---|
| 資本 | 1,000,000 |
| 支出 | 50,000 |
| 不正支出 | 225,775 |
| 利子 | 20,000 |
| 利子の利子 | 137,000 |
| ピストル購入費 | 375,000 |
| 合計 | 4,000,000 |

ギリシャ人は、独立戦争中に不利な条件でロンドンのシティから借入れを行った。一八三二年、イギリス、フランス、ロシアは六千万フランの債務を保証したが、収入の多くは陸軍、オトン王配下のバヴァリア人による官僚政治、債務の利子支払いに費やされた。一八八〇年代に借款は総額六億三千万ドラクマに達し、利子の支払いだけで国家歳入の三分の一が消えてしまうようになった。一八九三年にはギリシャの主要輸出産品だった干ぶどうの世界需要が崩れ、利子支払いを切り詰めざるを得なくなったギリシャ国家は、事実上破産した。一八九七年のギリシャ＝トルコ戦争の敗北によって、ギリシャは四百万トルコポンドの戦争賠償金の支払いを課せられ、経済状態はさらに悪化した。債務の利払いは賠償金の支払いでさらに増え、ギリシャが

抱えた債務の利払いは国際金融委員会（ＩＦＣ）の管理下に置かれた。この委員会はアテネに本部を置き、イギリス、ロシア、オーストリア＝ハンガリー帝国、ドイツ、フランス、イタリア六カ国の「調停」列強の代表で組織された。負債の償却は、国営事業、たばこ税、切手税、ピレウス港で徴収される関税の受取りを割り当てて保証された。事実上前例のなかったこの措置は、ギリシャの財政支配を深刻に損ねたも同然のものだった。

## イギリス貴族一行を誘拐・殺害した山賊たち

一八七〇年四月、ボエオティア地方のディレシでイギリス貴族一行を誘拐のうえ殺害した山賊団のメンバー。この不法行為はイギリスとの関係危機と政府の信用失墜を招き、首都の近郊も含めて十九世紀のギリシャ僻地での無法性は国際的な注目を集めた。一行はアテネからマラソンに向かう小旅行の途中襲われ、身代金を要求されたが、交渉は失敗した。野党の政治家は、政府転覆の望みもかけて、山賊のリーダーたちに特赦を与えようとしたが、一八六四年憲法の下では国王に権限がなかったためにできなかった。政府軍に襲撃された山賊は人質を殺害した。とりわけイギリスの新聞では、ギリシャに対する非難の嵐がまき起こり、ギリシャ人は民族の名誉を守るためにあらゆる派閥が団結し、罪をアルバニア人やヴラフ人になすり付けた。起源を革命以前の時期にもつ

イギリス貴族一行を誘拐・殺害した山賊たち

工事中のコリントスの運河

山賊行為は、十九世紀を通じて一大社会問題だった。ゲリラ兵は独立戦争で大きな重要な貢献をしたが、オトン王が創設した正規軍になじめず、政治家たちは不自然な形を黙認していた。彼らは領土拡張を企てて国境の向こうでトラブルを起こす必要があるときに都合よく利用された。略奪行為は広範囲に及び、交通手段の貧しさ、山がちな地形、国境を越えて簡単に逃亡できるなどの理由で、制圧は難しかった。政治家が私腹をこやすために山賊行為を利用する場合もないわけではなく、一八九四年にテッサリア地方出身の一代議士が告発された裁判で、ある山賊団の戦利品を教会、代議士とその兄弟に分配していたことが明るみに出た。

### 工事中のコリントスの運河

一八八〇年代半ばに写された工事中のコリントスの運河。一八八二年に始まり翌年に完成したこの運河は、当時の技術の粋を集めた一大偉業だった。運河の開通でアテネの外港ピレウスからイタリアまでの海路は半分に短縮されたが、経済的な利益は予想ほど上がらなかった。この運河建設は十九世紀終りに行われた重要な公共事業の一つであり、主に関わったのは、現代化を推進した首相ハリラオス・トリクピスだった（首相就任は一八八二～八五、一八八七～九〇、一八九二、一八九五）。トリクピスは交通機関の改善が経済成長に必要不可欠な条件であることをよく知っていた。一八八〇年代に自動車が通れる道路は三倍に増え、国内市場に重要なはずみをつけたが、王国の陸路交通はほとんどが貧弱なままだった。今日の「旧」ギリシャの鉄道網は、ほとんどが十九世紀最後の二十年間に開通した。トリクピスが初めて首相を務めた際には、鉄道はアテネ—ピレウス間のわずか十二キロしか開通していなかったが、一八九六年に没するころには千キロ近くが敷設され、地勢の困難なところにもよく通じていた。とはいえ、鉄道網がヨーロッパと連結したのは一九一六年だった。一八八〇年代にはテッサリアのコパイス湖の干拓事業も始まり、何千エーカーもの肥沃な土地が生まれた。工業化の試みもなされ、綿、ウール、オリーブオイル精製などの工場が建てられた。

**ベルリン会議に参加したギリシャ代表**

一八七八年六月～七月のベルリン会議に参加したギリシャ代表。中央は、ギリシャ領土拡張政策を強力に支持して首相を数回務めたセオドロス・ディリヤニス。ハリ

ベルリン会議に参加したギリシャ代表

ラオス・トリクピスとともに十九世紀後半の政治の中心人物。右に座っているのは、学者兼外交官でドイツのギリシャ特命全権公使アレクサンドロス＝リゾス・ランガヴィス。二人の間に立っている人物は、やはり学者兼外交官でロンドン代理大使のイオアニス・ゲナディウス。ベルリン会議は、一八七五年以来バルカン諸国を激しく揺さぶった危機を受けて招集された。ロシアとトルコは戦争を続け、サン・ステファノ条約（一八七八）を介してロシアの支援の下で「大ブルガリア」が成立したが、その領土はのどから手が出るほどギリシャの欲しかった地域が含まれていた。ギリシャにとって幸いなことに、イギリスやオーストリア＝ハンガリー帝国もこの展開に警戒感を強め、会議はサン・ステファノ条約で成立したブルガリアの国土を縮小するために招集された。ギリシャは公式には会議の当事者ではなかったが、代表団はクレタ島、テッサリア地方、イピルス地方をギリシャに併合する論拠の陳述が認められた。会議にはオスマン帝国も「招待」された。代表団長のオスマン系ギリシャ人、アレクサンドロス・カラセオドリス・パシャは、ギリシャの望み通りに国境線を変更した。そのため、一八八一年、テッサリア地方とイピルス地方のアルタ地域がギリシャに併合された。メガリ・イデアの名で祭り上げられた領土拡張政策は、十九世紀の王国を支配したイデオロギーだった。しかし、一八六四年のイオニア諸島併合や一八八一年のテッサリア地方吸収の例にもれず、領土拡張に対するギリシャの野心は列強の善意を当てにしたものだった。このパターンから抜け出たのが、一九一二年〜一三年のバルカン戦争による領土獲得だった。

### マケドノマヒの部隊

マケドノマヒとは、二十世紀初頭、ヨーロッパ大陸を支配していたオスマントルコが滅びた際、武力でマケドニアをギリシャの支配下にしようとしたゲリラ兵士のこと。この部隊はクレタ島出身者と地元民で構成され、クレタ人のギリシャ陸軍将校ゲオルギオス・ツォンドスが率いていた。ツォンドスはカプタン・ヴァルダスの名で戦った。マケドニアを狙った競争相手として、ブルガリア人のほかに、セルビア人、アルバニア人がいた。はじめは宗教や教育的プロパガンダのために戦ったが、ギリシャの管理下に置かれたコンスタンティノープル世界総主教の宗教的権威を受け入れた者（世界総主教派）と、オスマン政府によって一八七〇年に制定されたブルガリア総主教になびいた者（総主教派）の二派の間で、激しい競争が引き起こされ

マケドノマヒの部隊

た。その後一八九三年にブルガリアの内意を受けてマケドニア革命組織（ＭＲＯ）が結成され、ギリシャの民族結社（エスニキ・エテリア）とこの地域の支配をかけて戦った。カストリアの主教ゲルマノス・カラヴァンゲリスをはじめとする正教の府主教数人は、武装闘争の庇護者となり、さまざまに支援した。アテネ政府も同じ態度を取り、領事代理やスパイの陸軍将校を介して戦いの黒幕を務めた。ギリシャ側はやがて優位に立ち、一九一二年〜一三年のバルカン戦争の際に、ギリシャ陸軍が広大なマケドニア地域を併合する道を拓いた。

## 十九世紀末のアテネの外港ピレウスのバー

右側の椅子には、洒落た服を着た口ひげの濃い「マンガス（伊達男）」が座り、ビールのジョッキを持ち上げてポーズを取っている。左側ではドネルケバブ（ギリシャ語では「ギロ」ギロもドネルも「回転する」の意味）を焼いている。町でも田舎でも社会生活はこのような店を中心に動いていた。カフェニオン「オレア・エラス」と同じように、店員にも客にも女性の姿はない。このような場所は、現代にまで男だけの領分だ。

完成間近のアテネ・アカデミー

**完成間近のアテネ・アカデミー**

一八八六年撮影。デンマーク出身の建築家セオフィロス・ハンセンの設計による華麗な新古典様式建築。門柱の上に載った大きな像は、彫刻家ゲオルギオス・ドロシス制作のアテナ像とアポロン像。この建物はハンセン兄弟がデザインした建築三部作の一つで、他の二つはクリスティアン設計のアテネ大学（一八三九〜四六）とセオフィロス設計の国立図書館（一八八五〜一九〇二）だ。これらの建築物から、新国家の公共建築がいかに新古典的な作風で占められていたかが分かり、文化の方向が古代ギリシャの遺産に向けられていたことを端的に示している。一八三〇年代のアテネは人口四千人ほどの村落に過ぎなかったが、古代の栄光と関わっていたため一八三四年に首都に選ばれた。十九世紀半ばにアテネ

19世紀末のアテネの外港ピレウスのバー

商エマヌイル・ベナキスの娘の婚約パーティー

の人口は三万に達し、都市にふさわしい立派な公共建築もいくつか建てられた。ハンセン兄弟のほかにギリシャ人の建築家も活躍し、アルサキオン女子学校（一八四六〜五二）やイヴェ病院（一八五二、新ビザンティン様式なのは珍しい）の設計者リサンドロス・カフタンゾグル、現在はビザンティン博物館になっているプレサンス公爵夫人の「イリシア宮殿」を設計したスタマティス・ケレアンシスなどが現れた。首都の公共建築（一八九六年の第一回近代オリンピック競技のときに建てられた国会議事堂ザピオンやアヴェロフ競技場など）は、富裕な離散ギリシャ人たちの寄付金で建てられた。アカデミーは大富豪シモン・シナスの遺産で建てられた。シナス一族はアルバニア南部のモスホポリス出身であり、シモンの父ゲオルギオスはギリシャ化したヴラフ人だった。ゲオルギオスはハプスブルク帝国で財を成し、セオフィロス・ハンセン設計の展望台（一八四三〜四六）の建造にも出資している。

**豪商エマヌイル・ベナキスの娘の婚約パーティー**

ギリシャ人豪商エマヌイル・ベナキスがアレクサンドリアの邸宅で催した娘の婚約パーティー。一八七七年か一八七八年。中央で娘のアレクサンドラがウェールズ出身の婚約者トム・デイヴィスの肩に腕を置いている。デイヴィスは足を組んで真ん中に座っている。その左で地面に立て膝をついているのがアレクサンドラの姉妹ペネロピ。のちに作家となり、ペネロピ・デルタのペンネームで子供向け物語を量産した。多くのエジプト在住ギリシャ人と同じように、ペネロピも忠実なヴェニゼロス支持者だった。ホレミス＝ベナキス会社はホレミス家の者も写っている。ホレミス＝ベナキス会社は、南北戦争によって起こったエジプト綿のブームに乗って一八六三年に設立され、エジプトのギリシャ人綿業者のなかで抜きん出た大企業となった。リヴァプールには、マンチェスターと同じように、十九世紀にギリシャ人コミュニティが栄え、その筆頭がデイヴィス＝ベナキス会社だった。エマヌイル・ベナキスは、ハリラオス・トリクピスやエレフセリオス・ヴェニゼロスによる近代化政策に密接に関わり、一九一〇年にヴェニゼロスは新たに創設した国内経済大臣にベナキスを指名した。十九世紀にはエーゲ海の島々（富裕な商人の多くはヒオス島出身だった）の者を中心に、かなりの者がエジプトに渡り、第一次世界大戦の際にはおよそ十万人のギリシャ人がいた。かつてエジプト最大の外国人移住地だったコミュニティは、一五二年にナセルが権力を握ると急速に衰えた。十九世紀末から二十世紀初めまで、中近東全域に大規模なギリシャ人コミュニティがあり、ほとんどの場所は栄えていた。そのなごりを伝えるギリシャ語の語句に、「イカティマスアナトリ」（われわれの東方）がある。

## 「新ヘラクレス」（遊歴の怪力男）こと
## パナギス・クタリアノスの肖像

一九一〇年、セオフィロス・パパミハイルによってヴォロス近郊ヴァレンツァのパン屋の壁に描かれた。生年不詳（一八六六年から七三年の間に生まれたのは確か）のセオフィロスは、もともと左官の訓練を積んだが、生涯の大半を職人画家として過ごした。はじめは極めて多くのギリシャ人が住んでいたスミルナ（イズミル）で、その後およそ三十年はテッサリア地方ヴォロス近郊のピリオン山の村落で、セオフィロスはカフェニオン、タヴェルナ、店舗、住宅の壁に素朴な筆致の絵画を描いた。晩年は故郷のミティリニ（レスヴォス島）に住み、一九三四年に没した。セオフィロスは、古代史、独立戦争、日常生活などを好んで描いた。砲弾が炸裂する大砲を脇に抱える芸まで演じた遊歴の怪力男は、今でもときどきギリシャで見かけられる。セオフィロスの素朴画家としての才能は生涯ほとんど認められず、画家は赤貧に甘んじたが、没する数年前にパリを拠点に活躍した美術批評家テリアーデ（エフストラティオス・エレフセリアディス）から庇護を受けた。テリアーデはギリシャ内外にセオフィロスを紹介し、一九六〇年にミティリニにセオフィロスの絵画を集めた美術館を建てた。

「新ヘラクレス」（遊歴の怪力男）こと
パナギス・クタリアノスの肖像

## エレニ・ザリフィとステファノス・エウゲニディスの結婚披露宴

上品で魅力的なオスマン帝国のギリシャ人市民階級。一九〇五年にボスポラスの豪奢なザリフィス家の邸宅で行われた、エレニ・ザリフィとステフノス・エウゲニディスの結婚披露宴。ザリフィス家もエウゲニディス家も、十九世紀コンスタンティノープルの大銀行家一族だった。この贅沢な結婚式とアメリカのギリシャ移民の簡素な結婚式（一三八頁参照）を比較されたい。新婦エレニの父ゲオルギオス・ザリフィスは、ザフィロプロス＝ザリフィス銀行の創設者の一人。クリミア戦争（一八五三〜五六）でイギリス艦隊とイギリス軍に石炭（と卵）を供給、巨万の富を築いた。ゲオルギオスはオスマン公債の管理とスルタン・アブドゥルハミト（一八七六〜一九〇八）の個人銀行家兼腹心として重要な役割を果たし、莫大な富と影響力の持ち主だった。慈善事業として、ゲオルギオスはフィリプポリス（現在のブルガリアのプロヴディヴ）のギリシャ人学校や、コンスタンティノープルのファナール広場にそびえ立つ「メガリ・トゥ・ゲヌス・スホリ」（大いなる民族の学

エレニ・ザリフィとステファノス・エウゲニディスの結婚披露宴

校）再建に出資した。もう一人の極めて裕福なギリシャ人銀行家フリスタキ・エフェンディ・ゾグラフォスは、オスマンの首都で最も重要なギリシャ人女子学校ゾグラフィオンを設立した。十九世紀のギリシャ人の歴史上とりわけ際立った側面として、経済ばかりでなく、一八二一年の独立戦争勃発以前に得ていた政治権力のかなりの部分を復興できた点があるが、第一次世界大戦の余波で帝国は衰弱、彼らは再び力を失った。独立ギリシャ駐在の最初のオスマン公使は、オスマン系ギリシャ人コスタキ・ムスロス・パシャだった。ムスロスはアテネだけでなく、ウィーン、トリノ、ロンドンでも盛んにトルコの利益擁護に努め、ほぼ三十年外交官を勤めて（一八五一〜七九）一八九一年に没した。もう一人のオスマン系ギリシャ人、アレクサンドロス・カラセオドリス・パシャはオスマン外相を務めた。

### 民衆銅版画「ヒオス島の占領」

一九一二年十二月二十四日、第一次バルカン戦争でギリシャ軍に占領されるヒオス島を描く。このような版画がカフェニオンの壁や愛国者の家庭を飾っていた。戦争は同じ年の十月に起き、モンテネグロ、セルビア、ブルガリア、ギリシャはしばらくの間たがいの領土拡張競争を胸に収

民衆銅版画「ヒオス島の占領

めて列強の平和維持の試みに対抗、ヨーロッパ大陸からオスマン帝国を排除するために団結した。数で大きく優位に立ったバルカン連合はたちまち頭角を現した。十月十八日に戦闘行為が勃発、一週間ほどでエラソン（十月二十三日）、コザニ（十月二十五日）が占領された。十一月八日、テッサロニキの守護聖人聖ディミトリオスの祝日に、ギリシャ軍はマケドニア最大の目的地テッサロニキ港に入った。数時間後にブルガリア派遣軍がやって来た。制海権を掌握したギリシャは、東エーゲ海の島々を占領、クレタ島は正式にギリシャに併合された。

**一九一五年に二度行われた選挙の様子**

テッサロニキの聖ソフィア教会に設けられた投票場で、この都市の大コミュニティに住んでいたユダヤ人が投票を行っている。傍観者の中にトルコ帽フェズをかぶっている者がいるが、これはテッサロニキがギリシャに併合されたのが、第一次バルカン戦争の最中の三年前だったからだ。女性の姿はない。婦人参政権は一九五二年にようやく認められた。一八六四年から一九二〇年まで投票制度は次の

1915年に2度行われた選挙の様子

ような形式をとっていた。投票者は手をチューブの中に入れ、鉛の球を一つの箱の「賛成《ネ》」（白）または「反対《オヒ》」（黒）に区切られた部分に落とした。ヴェニゼロスの熱狂的支持者は、金の球を持ってヴェニゼロスの投票ブースに現れ、熱の入り具合を見せつけた（この球を本当に投票に用いたかどうかは不明）。立候補者ごとに投票箱があり、投票者は彼らすべてについて賛成か反対を投票できた。選挙区ごとに議席数が定められ、最大数の賛成票を得た者から当選となった。箱の後には立候補者の代理人が立っている。彼らの役割は投票者に立候補者の支持をうながし、どちらに球を投げるかを決めさせることにあった。これは必ずしも面倒なことではなく、とりわけ投票者すべての顔が選挙代理人に知られていた田舎では、投票の秘密はいくらか有名無実と化した。一九二二年に鉛の球による投票が廃止されて以来、選挙制度は猫の目のように目まぐるしく変更されつづけている。これは内閣がどのようなものであれ政治的観点から、都合の良くなるように選挙制度を操作しようとするからだ。

**小アジア内陸の町ウシャクのギリシャ人**

「パルセナゴギオン」（女子学校）。一九二一年撮影（写真中央の黒板には、パルセナゴギオン／ウシャク／一九二一と書かれている）。この地域にギリシャ人が永久にいなくなる直前だ。「回復されざる」小アジアのギリシャ人を解放するため、ギリシャは一九一九年から二二年まで不運に終わったアナトリアの問題に巻き込まれた。オスマンの首都コンスタンティノープル（イスタンブール）以外に、ギリシャ人はマルマラ海とエーゲ海の沿岸地域、カッパドキア、ポンドスの三カ所に住んでいた。カッパドキアのギリシャ人は大半がトルコ語を話したが、ギリシャ語が生き残っていたコミュニティもないわけではなかった。黒海南東沿岸のポンドスのギリシャ語は、一九二二年のころに

小アジア内陸の町ウシャクのギリシャ人

は本体のギリシャ語からかなりかけ離れていた。一九一五年初め、協商国連合はマケドニアをブルガリアに譲渡する見返りとして、ギリシャにあいまいな形で小アジアの領土譲与を申し入れた。当時の首相ヴェニゼロスは、バルカン戦争中に倍増したギリシャの領土がさらに倍加されるのを夢見て有頂天になった。コンスタンディノス王と補佐役は、地理的・軍事的障害の大きさについて悲観した。一九一七年、再び首相に返り咲いたヴェニゼロスは、復活工作に手を貸したイギリスとフランスに速やかに歩調を合わせた。一九一九年、勝利を収めた連合国は、この地域にイタリアの野心が及ぶのを危惧し、スミルナ（イズミル）地域のギリシャ占領を正式に認めた。一九二〇年八月、占領はセーヴル条約によって公式に認められ、ヴェニゼロス支持者は「二大陸（ヨーロッパとアジア）と五つの海（イオニア海、エーゲ海、地中海、マルマラ海、黒海）のギリシャ」の誕生を誇らしげに語った。しかし、アナトリアにおけるこの大胆な出来事を批判する者は正しく、軍事行動は大惨事に終わる定めにあった。

## スミルナの湾岸に群がる避難民

一九二二年九月十三日、スミルナ（イズミル）の湾岸に群がる避難民。この都市は、トルコ人からガヴル・イズミル（異教徒の街イズミル）と呼ばれるほど非イスラム教徒が多く、ギリシャ人街、アルメニア人街、フランク人（ヨーロッパ人）街のほとんどは炎に包まれた。大破壊を免れたのはトルコ人街とユダヤ人街だけだった。小アジアを占領したギリシャ軍が混乱をきたして敗北すると、トルコ人はスミルナを取り戻して火を放った。ギリシャの軍勢の退却直後のスミルナは平穏だったが、トルコ軍がアルメニア人に報復を始めて法と秩序は瓦解、続く大虐殺でおよそ三万人のキリスト教徒が殺された。スミルナ大主教クリソストモスはトルコ人暴徒に引き渡されて切り刻まれ、世界総主教グレゴリウス五世の処刑から一世紀を経て、ここで再び殉教者を生むことになった。写真の撮影から数分後、難民を乗せた左側のボートは転覆した。写真左下に見える星条旗の一部は、たぶん米艦シンプソンのもの。目撃者の証言によれば、パニック状態の避難民は炎から逃れるために海に飛び込み、恐れおののく叫び声は何マイル先からも聞こえたという。このような屈辱的なやり方で、二千五百年に及んだ小アジアのギリシャ人駐留は唐突に終止符が打たれた。メガリ・イデアという困難な夢は、スミルナの灰塵に帰する運命に終わった。

スミルナの湾岸に群がる避難民

# 第四章　崩壊・占領・内戦　一九二三〜一九四九

小アジアはムスタファ・ケマル（アタチュルク）率いるトルコ民族主義者の手に落ち、ギリシャ軍は混乱のうちに敗走した。こうして「メガリ・イデア」（大いなる理想）は瓦解し、近東におけるギリシャの「文明化ミッション」は屈辱的な結末に終わった。意気消沈したギリシャ陸軍の生き残りが、パニック状態に陥った数万の貧しい避難民ともどもエーゲ海の島々や本土に満ちあふれるなかで、ヴェニゼロス派の将校グループが権力を握った。その首領ニコラオス・プラスティラス大佐は、一九五〇年代まで政界の主要人物であり続けた。コンスタンディノス王は退位した。すぐに長男が王位を継承し、ゲオルギオス二世を称した。新たに文民政府が成立したが、実質的な権力は疑いなく革命委員会の手中にあった。以後、両大戦間を通じて陸軍がギリシャの政治動向を決定してゆくことになる。

敗北の苦痛と混乱に輪をかけたのが、ギリシャは今までの後援国から最大の危急のときに見捨てられたという思いだった。国内のスケープゴート狩りは避けられなかったのであろう。小アジア軍事司令官ハジアネスティス将軍など政治家と兵士八人が、大逆罪の嫌疑で軍事法廷にかけられたが、意図的な裏切りであるはずがなかった。被告のうち六人が銃殺刑を宣告され、この見えすいた茶番劇のような裁判はクライマックスを迎えた。ハジアネスティス将軍は精神錯乱に陥り、元首相ディミトリオス・グナリスは発疹チフスに罹ったために刑場まで連れてゆくことができず、処刑を免れた。この「六人組裁判」は、すでに胸のむかつくような対立状態にあったヴェニゼロス支持者と敵対者の確執をさらにかき立て、両大戦間の政治風土に害毒を流した。

一時、革命委員会は、まだ軍が健在だったトラキア地方の前線で攻撃にでることも考えた。しかし、新生トルコ共和国と和平交渉を行わない限り、平和の実現は望めないことがすぐに明らかとなった。トルコ共和国は、一九一九〜二二年のギリシャ＝トルコ戦争を自らの独立戦争と見ていた。ローザンヌで講和会議が開かれ、ヴェニゼロスはいつもの冴えた外交手腕でギリシャの立場を主張した。しかし、ヴェニゼロスはセーヴル条約で得た領土のほとんどすべてを手放さざるを得なかった。ローザンヌ条約に含まれた住民交換は、ギリシャ＝トルコの敵対関係を是正する斬新な解決策とは必ずしもいえなかった。第一次世界大戦の直前、限られた規模ではあるが、ヴェニゼロス自身が同じ趣旨の提案を行っていたからだ。住民交換の根拠は宗教とされ、言語や「民族としての自覚」ではなかった。小アジアの正教キリスト教徒の多くはトルコ語を話し、対照的にギリシャのイスラム教徒、とくにクレタ島のイスラム教徒はギリシャ語を話した。そのため、この措置はいくつかの矛盾した結果を招いた。イスタンブールのギリシャ人やダーダネルス海峡の入り口に浮かぶインヴロス島やテネドス島のギリシャ人は、正教世界の総本山である世界総主教座とともに、交換の対象外とされた。トルコ系が優位を占めていたギリシャのテッサリア地方に住むイスラム教徒も、同じく交換の対象外とされた。

人びとに大変な苦痛を強いるという恐るべき結果をもたらしたが、この強制移住措置に代わる現実的な方策はなかっただろう。残虐行為と復讐が繰り返されるうちに、ギリシャとトルコの平和的共生の可能性は修復が望めないところにまで達していた。小アジアの「破滅《カタストロフ》」や続く住民交換の結果、約百十万のギリシャ人が王国に、逆に約三十八万のイスラム教徒がトルコに移された。さらに革命ロシアとブルガリアから約十万のギリシャ避難民が到来した。戦争、逃亡、国外追放が当然生んだ混乱が反映され、受け入れた避難民のなかでは、女性（とくに未亡人）と孤児（人口約六百万人のなかで二万五千人ほど）の割合が飛び抜けて大きかった。避難民の大半はトルコ語しか知らなかった。ギリシャ語を知っていたとしても、それはたいてい黒海南岸のポンドス地方の方言（王国の住人にはまず理解できない）か、学校ギリシャ語とでも言える堅苦しいカサレヴサ（純正語）のどちらかだった。彼ら新入りは迎え入れた王国の住人から毛嫌いされた。流入者を罵るさまざまな悪口の中に、「ヤウルトヴァプティズメニ」すなわち「ヨーグルトで洗礼を受けた者」がある。これは彼らがヨーグルトを（ギリシャ本国のものよりもずっとおいしい）料理に多く用いていたのを嘲る呼び名だった。反対に、スミルナのようなオスマンの大都市からやって来たアナトリアのギリシャ人は、「パレオエラディティス」（「古い」ギリシャ国民）の生活ぶりを田舎臭いと軽蔑した者が多かった。

バルカン戦争で新たに得た領土を統合したため、緊張がしばしば生じ、それは国家分裂を生む大きな要因となっていた。この緊張は、「ハネメス・パトリディス」（失われた故郷）を懐かしむ人びとの大規模な流入によって激化されることになった。彼らが社会の本流に溶け込むようになるには数十年かかるだろう。避難民定住委員会は、きわめて能率的なやり方で、移民の再定住に関わる広範囲の実際的問題を監督した。委員長はアメリカ人で、国際金融市場で（かなり不利な条件で）資金を調達した。アトス山の修道院所有の土地も含む土地は、小自作農創設のために解体細分化された。しかし、難民の大半は労働市場にだぶつき、大きな町の周辺で食うや食わずの貧しい生活を営み、荒れ果てた難民街では第二次世界大戦後もなお固有のアイデンティティと急進的な政治熱が保たれた。いくらかの資本、あるいは少なくとも起業家精神を携えてきた避難民もあり、経済に新たなダイナミズムを注入した。本土にやって来たゲオルギオス（イオルゴス）・セオトカスやゲオルギオス・セフェリスなどの作家や詩人、フォティス・コントグルのような画家は、ギリシャの文化に大きく貢献した。

巨大な規模で流入した難民の移住先は、もっぱら近年獲得した領土である「新」ギリシャだったため、ギリシャの民族バランスは大きく変化した。バルカン戦争直後のギリシャ・マケドニアでは少数民族だったギリシャ人は、今や明らかな多数派を占めるようになった。一九二八年の国勢調査によれば、マケドニア住民のほぼ半数は難民の出身だった。十年前の第一次世界大戦の終りごろには、ギリシャ人は西部トラキア地方の人口の二割以下であり、イスラム教徒が多数を占めていた。しかし、住民交換が終わるとギリシャ人の人口は六割に達した。

そのため、少数のムスリム（主に旧トルコ領）、スラヴ・マケドニア人、ヴラフ人、アルバニア人などの少数民族がデリケートな問題であり続けたとはいえ、ギリシャはバルカン諸国のなかで最も民族的に同質な国の一つとなった。さらに、近東のほぼすべてのギリシャ人住民は、今やギリシャ国家の国境線の内側に含まれていた。条約によってたてまえ上は権利が強く守られていたトルコとアルバニアの少数民族（どちらもおよそ十万）を除けば、国境の外の唯一の重要なギリシャ人は、ドデカニサ諸島のギリシャ人約十一万人（一九一二年に始まったイタリアの「一時」占領は、一九四七年まで続いた）と、一九二〇年代に総人口の約八割を占めたキプロス島の三十一万人だった。キプロスは一八七八年のベルリン会議でイギリス統治領となり、オスマン帝国が同盟国と提携すると一九一四年に正式にイギリスに併合され、一九二五年に直轄植民地となった。

以前から本土に住む住民の保守派には明らかに口惜しいことだったが、十分な数の移民がまとまった形で移住したため、移民は両大戦間の政治の動向の鍵を握る役割を果たした。地位も財産もない人びとのなかには、このころ結党された（一九一八年）ギリシャ共産党（ＫＫＥ、指導者にはアナトリア出身の者も数人いた）の革命運動に魅せられた者もいた。しかし、欠乏が広範囲に及んだものの、コミュニズムの訴えは大きく妨げられた。コミンテルンがギリシャ共産党にマケドニアを国家として分離するという方針を支持するように求めたからだ（一九二四年から一九三五年）。マケドニアの建国には、北部ギリシャの広い地域を分離させせなければならなかった。一度自分たちの世界を覆されて新たに定住した難民のなかで、同じ経験を繰り返したい者はまずありえなかった。

難民の圧倒的多数は、「さらに大きなギリシャ」を求めたカリスマ的中心人物で解放者を自称したエレフセリオス・ヴェニゼロスに忠誠を誓い続けた。すでにヴェニゼロスの失地回復の夢は打ち砕かれていたが、その言い逃れとして国内の反動的な裏切りと国外権力の陰謀が持ち出された。このような忠誠心は一九三〇年にヴェニゼロスとケマル・アタチュルクの友好回復の後にも持続された。ギリシャがかなり譲歩して達成されたこの和解で解決をみたのは、難民がトルコを離れた際残してきた莫大な不動産の補償問題だけだった。難民は一九二四年の国民投票で君主制廃止に強く賛成し、共和制に七割（七五万八四七二票に対して三二万五三二二票）が賛成した。一九二二年九月にコンスタンディノス国王は退位したが、その後即位したゲオルギオス二世はほとんど無視され、一九二三年十二月にギリシャから退去を強いられた。そしてプラスティラス大佐と革命委員会に対する対抗クーデターが企てられたが失敗、選挙はその後に行われた。

権力を強化された議会にとって、一九二三年の選挙は憲法改正のためのものだった。反ヴェニゼロス派が選挙をボイコットしたため、議会は保守から穏健な社会主義までの政治勢力を横断するヴェニゼロス支持者の支配一色で塗り固められた。一九二四年に君主制が廃止され、バルカン戦争の英雄の一人クンドゥリオティス海軍大将が大統領に選出されたが、二院制議会を保証する共和国憲法が初めて正式に制定されたのは一九二七年だった。この間しばらくギリシャを支配したのは、パンガロス将軍を首領とする大仰な軍事独裁政治だった。トルコとの戦争の脅威にさらされたこの独裁者は、実際にブルガリアに攻め入り、発足したての国際連盟から賠償金の支払いを命じられた。一九二六年に生じた軍事クーデターによってパンガロスが失脚すると、比例代表制に基づく選挙が初めて行われた。この新しい議会から「世界教会」内閣が発足した。この名前が付けられたのは、ヴェニゼロス派と反ヴェニゼロス派両陣営のメンバーで構成されていたためだ。

一九二八年、首相に就任したヴェニゼロスは、小選挙区制度による新たな選挙を求め、今日まで続く制度が導入された。もっとも選挙のたびごとに、選挙制度は現職内閣に有利になるように操作されるのがほぼ通例だ。ヴェニゼロスが「選挙操作」(ヴェニゼロス率いる自由党は得票率四七%で議席の七一%を獲得した)を行ったために、かつて強固な同盟関係にあったいくつかのグループは離反した。その一例が、コンディリス将軍の反ヴェニゼロス陣営への参加であり、これは長い目で見てヴェニゼロス派に深刻な影響をもたらした。先立つ二期の統治(一九一〇~一五年、一九一七~二〇年)で企業の経営者層や出現した労働者階級の支持を得たヴェニゼロスは、政治・経済の現代化に大きく貢献してきた。しかし、これはもはや当てはまらなかった。今や六十四歳のヴェニゼロスは保守性を強め、それは一九二九年のイディオニム法に表れた。当時の選挙でたかだか四%の支持率に過ぎなかった共産党を標的にしたこの法律は、既存の社会秩序を転覆しようとする企てを非合法化したもので、敵対者を弾圧するために後の政府から盛んに用いられた。

政治家としてのヴェニゼロスの手腕は、近隣諸国とより良い関係を築く政策に活用された。イタリアと新国家ユーゴスラヴィアとは友好条約が結ばれた。イタリアは「崩壊」後のギリシャの弱みにつけこんでドデカニサ諸島をギリシャに譲渡する約束を覆し、一九二三年には短期間コルフ島を占領した。ブルガリアやアルバニアとの関係も同じように改善された。ヴェニゼロスは一九三四年のバルカン協定に向けた交渉の準備に中心的に関わり、この協定によってバルカン諸国の「反修正主義」国(ギリシャ、ユーゴスラヴィア、ルーマニア、トルコ)は既存の国境線を相互に保障した。この時期の外交におけるヴェニゼロス

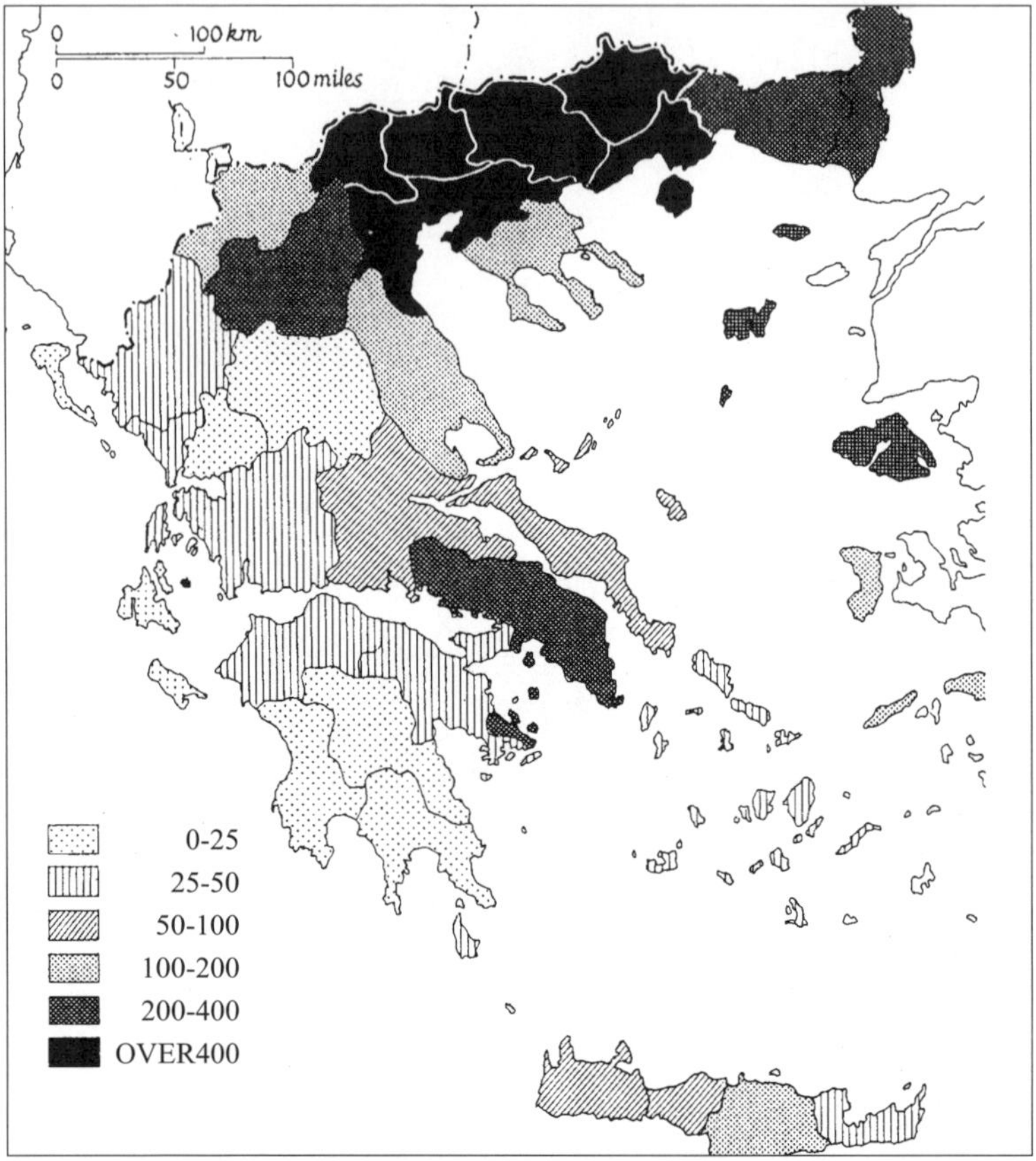


既存の居住者 1000 人に対する難民出身者の割合

最大の業績が、トルコとの関係改善にあるのは疑いない。これはギリシャ側がかなりの譲歩を行った末に、一九三〇年のアンカラ会議で保障された。同年トルコを公式訪問したヴェニゼロスは、ギリシャ首相として初めてファナールにある世界総主教座を訪れた。ヴェニゼロスは、トルコとよりよい関係を求めるあまり、受賞には至らなかったものの、ノーベル平和賞受賞者にケマル・アタチュルクを推薦することまで行った。

これらの外交政策における前途有望な業績は、一九二九年の大恐慌を引き金に生じた世界経済の大不振を背景に達成された。ギリシャは近隣諸国のいくつかの国ほど悪影響を受けなかったが、ギリシャ経済はたばこ、オリーブ油、干しぶどうのような「ぜいたく品」の農業輸出物や、海運業と移民先からの送金に大きく依存していたため、やがてその弱点を露呈した。一九三二年、ギリシャは一八九三年と同じように、相当額に達していた外国からの借款の利払いが不可能になった。ヴェニゼロスは、このような大規模の経済危機を切り抜けるには性格的に向いていなかったし、経験も乏しかった。

一九二八年に選ばれたヴェニゼロス内閣は任期の四年を満了したが、これは両大戦間の時期には他に例をみなかった。しかし、一九三二年の選挙は政治の不安定化と二極化の高まりを告げ、それは四年後の独裁制押しつけで頂点に達した。ヴェニゼロス率いる自由党は一九二八年と比べてひどく人気を落とし、人民党に僅差で勝利した。比例代表制を復活させたために内閣は行き詰まった。しかし、翌一九三三年、小選挙区制で行われた選挙では、パナイス・ツァルダリス率いる人民党および人民党と協調関係にある党派がヴェニゼロス派にかなりの差をつけ、安定多数を確保した。

この結果は、一九二二年のクーデター首謀者プラスティラス大佐のような頑固な保守主義者のヴェニゼロス支持者には堪え難いものだった。今やプラスティラスは、心酔するヒーロー、ヴェニゼロスが投票箱で達成できなかったことを武力で成し遂げようとした。一九三三年三月五日から六日にかけて企てられたクーデターは、惨めな失敗に終わった。プラスティラスは亡命を強いられたが、これで政界におけるプラスティラスの役割が終わったわけではない。一九三三年三月のクーデターは、一九二六年のパンガロスの独裁政権崩壊以来続いていた相対的安定期に唐突な終止符を打った。国家分裂熱がかつての勢いで蘇った。陰謀にヴェニゼロス本人が関わったかどうか分からなかった、敵対者はありそうな事だと思った。一九三三年六月、ヴェニゼロスの乗った車が銃撃された（弾丸が貫通したシャシーは今も残されている）が、ヴェニゼロスは奇跡的に助かった。ボディーガードの一人が死亡し、大金持ちだった二番目の妻ヘレナ・シリッツィは負傷した。今度はヴェニゼロス派がこの暗殺未遂事件に政府が関与していたかどうかを疑う番だった。なお、この暗殺未遂事件を含め、ヴェニゼロスの長い政治家生命の間に企てられた暗殺計画は、知られているものだけで十一を数える。

人民党の首相ツァルダリスは、初め共和国憲法の受け入れを宣言したが、王政派を復興させる圧力が高まった。軍の共和制支持者追放を警戒したヴェニゼロス派将校グループは、今度は明らかにヴェニゼロスの黙認を得て、一九三五年三月に再びクーデターに乗り出した。このクーデターは一九三三年のものに比べれば支持基盤は大きかったが、やはり失敗に終わった。ヴェニゼロスはプラスティラスと亡命先のフランスで合流した。反乱将校のうち二人が処刑され、他の数百人は陸軍を不名誉除隊となった。ヴェニゼロスのシンパとして知られていた官僚も、同じように公職を追われた。

反ヴェニゼロス派も、憲法の流儀に敬意を払わない点にかけては敵対者に劣らなかった。いまだにヴェニゼロス派の支配下にあった上院は有無をいわさず廃止が確定され、まだ戒厳令が敷かれていた一九三五年六月に選挙が行われた。ヴェニゼロス派は抗議の棄権に走り、人民党の地滑り的勝利は避けがたかった。

人民党は得票率六五％で議席の九六％を得た。共産党は両大戦間で最高の支持を得たが、それでもおよそ十％で、小選挙区制のため議席を獲得できなかった。ヴェニゼロスのかつての中尉コンディリスに率いられた超王政派はもはや口先だけでも憲法の手続きに従うとはいわなくなった。十月、高位の将校グループが首相ツァルダリスに、ただちに君主制復活にとりかかるか辞任するかの二者択一を迫った。ツァルダリスは辞任を選び、後を継いだコンディリスが共和制の廃止を宣言した。これは、すぐに王政復古に賛成する、明らかに茶番劇めいた国民投票で追認された（一四九万一九九二票中、三万二四五四票が反対）。

十二年の亡命生活をほとんどイギリスで過ごしていた国王ゲオルギオス二世は、正式に二度目の王座に就いた。国王は和解を決めたように見え、アテネ大学のある法学教授を暫定内閣の首班に指名し、比例代表制のもとで清新な選挙をを行うよう指示した。一九三二年と同じように、この選挙から生まれたのは、二つの主要政治陣営の対立による行き詰まりだった。三百議席の議会で、人民党とその共和制同盟が一四三議席を占め、自由党（この時点で指導者はセミストクリス・ソフリス）とその同盟が百四十一議席を占めた。この政治スペクトルのなかで鍵を握る勢力として登場したのは共産党だった。彼らの政治勢力は小さかったが、得票率六％で決定的な十五議席を得た。

二大政党の指導者ツァルダリス（人民党）とソフリス（自由党）は、袋小路から抜け出るために奮闘したが、彼らの策略を用いる自由はそれぞれの党の強硬派から制限を受けた。協調を妨げた主なつまづきの石は、自由党が一九三五年のクーデターに関わり追放されたヴェニゼロス派将校の復帰を求めた点にあった。共産党の支持を得るため、両党は同時に秘密交渉に入った。秘密が長く保たれる試しがほとんどないこの国では、このような情報はすぐに漏れ、このころまでに共和制シンパを完全に追放していた陸軍は不安にかられた。暫定陸軍大臣パパゴス将軍が陸軍が抱いている懸念をを国王に上申すると、パパゴスは更迭され、イオアニス・メタクサス将軍がその地位を継いだ。メタクサスは自由思想家党の指導者だったが、この政党は選挙では共産党よりもずっと支持率の低い極右政党だった。四月に暫定政府首相が没すると、国王は後継者としてメタクサスを指名し、政治的行き詰まりの解決を先に延ばした。

労働不安が広がるとともに危機感は激化した。世界恐慌の結果、主要な輸出産品であるタバコは大きな打撃を受けた。テッサロニキではタバコ労働者がストライキを行い、ストライキ参加者のデモで警官隊が十二人を銃撃した。「政界」を露骨に軽蔑していたたメタクサスは、無能そうな政治家たちにつけこんで対立をあおり、深刻な労働問題に便乗して「強い」政府を作るという自分の提案を国王に受け入れさせた。自由党と人民党の間の土壇場の取引を拒絶した国王は、一九三六年八月四日、翌日に共産党が呼びかけていた二十四時間のゼネスト阻止を口実に、メタクサスに憲法の主要条項の一時的失効を黙認した。説得力があるとはいえないが、これをメタクサスは権力を求める取引の序曲と見た。

「一九三六年八月四日体制」(メタクサスは自分の独裁体制を好んでこう称した)の成立は、一九三〇年代終りに全バルカン諸国で生じた王家独裁制に向かう趨勢の一つと見ることができる。体制成立の要因は、不安定な議会体制が不景気から生じた圧力に応えられなかったためだ。メタクサスの独裁政治はその批判者から全体主義であると非難されたが、それにはドイツのナチズムやイタリアのファシズムに備わっていたダイナミズムが欠けていた。むしろメタクサスの体制はファシスト風の修辞とスタイルでメッキされた、権威主義的で後向きかつ温情主義的な独裁制であり、ポルトガルのサラザールの法人国家に少なからず負うものだ。メタクサスは超保守派としては珍しく俗物ではなく、民衆語ディモティキを支持した。初めて作られた民衆語の正式な文法書を依頼するとき、メタクサスはいかにもこの人物らしく、自分がこれを行うのは、文法の規則をギリシャ人の抑制のない個人主義の矯正に役立たせるためだ、と述べた。前後のギリシャ独裁者の例に漏れず、メタクサスも手に負えない同国人に「規律」を教えこむという考えにとらわれていた。メタクサスはヒトラーの第三帝国から借用した「第三ヘレニズム文明」なるものを説いたが、これにはこの独裁者につきものの平衡感覚の欠如が表れている。これは、メタクサスの指導の下で、古代ギリシャの異教的価値観（とりわけスパルタのもの）と中世ビザンティン帝国のキリスト教価値観を合成させるというものだった。メタクサスは自ら「第一農夫」「第一労働者」「首領」「民族の父」と称したが、実際の姿とは程遠かった。もっとも、そのポピュリスト的で反金権政治的なレトリックは誠実さに欠けていたわけではなかったが。メタクサスは若者を無理やり民族青年組織に参加させ、この組織を用いて死後も自分の理想を追求させるつもりでいた。メタクサスは「政界」全体に対する悪意をあからさまに表したが、最左派に対する嫌悪は留保した。

全体的な国益の前では、われわれの欲望、情熱、思い上がった利己主義は抑制されなければならない……そうすることによって、われわれは真に自由な国民となるであろう。さもなければ、誤った自由の下で、無政府状態と規律の欠如に支配されるであろう。

メタクサスの体制は、合法性もいかなる民衆の支持も欠いていたが、メタクサスと非常に有能な公安相コンスタンディノス・マニアダキスは、そのような既存の障害を苦もなく和らげた。共産党は地下活動の訓練と経験があり、ブルジョワ政治家やそのなごりの党組織よりも潜在的には大きな脅威だった。しかし最左派には派閥争いの長い歴史があり、マニアダキスは見事な手腕で地下の共産党組織に対立感情を染み込ませ、不和の種を撒いた。中でも成功を収めた策略は「悔い改め宣言」を必要に応じて力づくででも引き出したことだった。それは、共産主義者が政治的信条だけでなく仲間とも絶縁するという宣言だった。二十世紀の全体主義を顧みれば、メタクサスの全体主義は必ずしも悪質なものではなく、敵対者の命を奪うようなことはしなかった。しかし、メタクサスは警察ネットワークを効果的に用いて恐怖感を浸透させ、活発な敵対勢力の脅威を和らげるのに力があった。

メタクサスはまがい物とはいえファシスト体制としてまずまず格好のつく外面を作ったが、外交政策面では従来のイギリス寄りの姿勢を転換するような兆候は少しも示さなかった。それは国王に至ってはさらに言えた。他の南東ヨーロッパ地域で見られたパターン通り、一九三〇年代後半にギリシャ経済にもドイツの影響が急速に増したが、政治的にはそれほど影響は受けなかった。とはいえメタクサスは、一九三八年にイギリスと正式な同盟条約を提案したが、新たな責任を背負い込むことを恐れたイギリスは応じなかった。しかし結局イギリスとフランスは、一九三九年四月にイタリアがアルバニアを占領した直後、ギリシャが外敵からの攻撃に抵抗するという条件で、ギリシャ（とルーマニア）に領土保全の保障を提示した。

一九三九年九月に第二次世界大戦が勃発すると、メタクサスはギリシャが戦争に巻き込まれることを避けようとして、イギリスに対しては好意的な中立を保った。しかし、ムッソリーニは枢軸国のパートナー、ヒトラーに鮮やかな勝利を見せつけようと躍起になり、手のかからない相手（とムッソリーニは考えた）としてギリシャを選んだ。一九四〇年八月、イタリアの潜水艦がギリシャ巡洋艦エリ号に魚雷攻撃を仕掛け、かなりの犠牲者が出た。二カ月後の一九四〇年十月二八日早朝、アテネのイタリア公使はメタクサスに屈辱的な最後通牒を届けたが、即座に拒否された。数時間もたたないうちにイタリア軍はギリシャ―アルバニア国境を越え、ギリシャは戦争状態に入った。イタリアの弱いものいじめに敢然と立ち向かったメタクサスは国民の心をつかみ、民族的高揚の大波に乗ったギリシャ軍はただちに反撃に出た。数日のうちに、ギリシャ軍は侵略者をアルバニアに追い返した。しかし、この戦いは単に祖国防衛のためだけではなく、一部にギリシャ人も住んでいた広大な南部アルバニア地域の「解放」も目的に含まれていた。ギリシャ人の目にはアルバニア南部は北部イピルス地方であり、かつてギリシャが短期間占領した際にはギリシャの領土として統治したこともあった。コリツァ、アギイサランダ、アルギロカストロ（ここではギリシャ名を用いる）はすぐに攻略された。ヴァロナも軍事活動が停頓する厳寒の冬に入る前には確保できるかにみえた。

イギリスは、戦争のこの段階ではギリシャ以外に積極的な同盟国を持っておらず、ギリシャに対して空軍による限定的な支援を行った。しかし、ヒトラーを刺激するのを恐れたメタクサスは、チャーチルの軍隊派遣の申し出を断り、ドイツをギリシャとイタリアの調停役に立て、戦争拡大に巻き込まれることを回避しようと願った。一九四一年一月末メタクサスが没すると、後継者アレクサンドロス・コリジスはこのような抑制をすてた。主にオーストラリア軍とニュージーランド軍から成るイギリス派遣軍がギリシャに送られた。しかし、ギリシャとイギリス軍当局の意見の相違によって、マケドニア西部アリカモン川の前線へ軍を集中させるという作戦は致命的に遅れた。もしこの作戦が早めに実施されていれば、目前に確実に迫っていたドイツの侵略を食い止める最善の可能性をもたらすはずだった。ドイツの侵略は一九四一年四月六日に始まり、きわめて効率よくユーゴスラヴィアとブルガリアを席巻した。ヒトラーはソビエトが侵略しないうちにバルカンの側面を確保しようと願っていたのだ。

すぐにギリシャ軍とイギリス軍は打ち負かされ、敗北の混乱の中コリジス首相は自殺し、その後をメタクサス体制の敵対者として知られていた銀行家エマヌイル・ツデロスが継いだ。アテネ陥落の三日前の四月二十三日、ツォラコグル将軍は政府の承認なしにドイツと停戦交渉に入った。しかし、イギリス派遣軍は首尾よく退却し、国王ゲオルギオス二世と政府は少数のギリシャ軍とともどもクレタ島に撤退した。彼らはクレタ島で、員数は多いが装備に乏しいイギリス軍と合流して島を守り、ドイツの重要な燃料補給源であるルーマニア油田を空襲する基地としてクレタ島の保持を目論んだ。ドイツの作戦計画は暗号無線を傍受したいたために事前に分かっていたが、五月末、防衛軍とドイツ空挺隊との激烈な戦闘を経てクレタ島は陥落した。もともと勝利する余地はほとんどなかった。憲法の合法性のシンボルだった国王と政府は兵

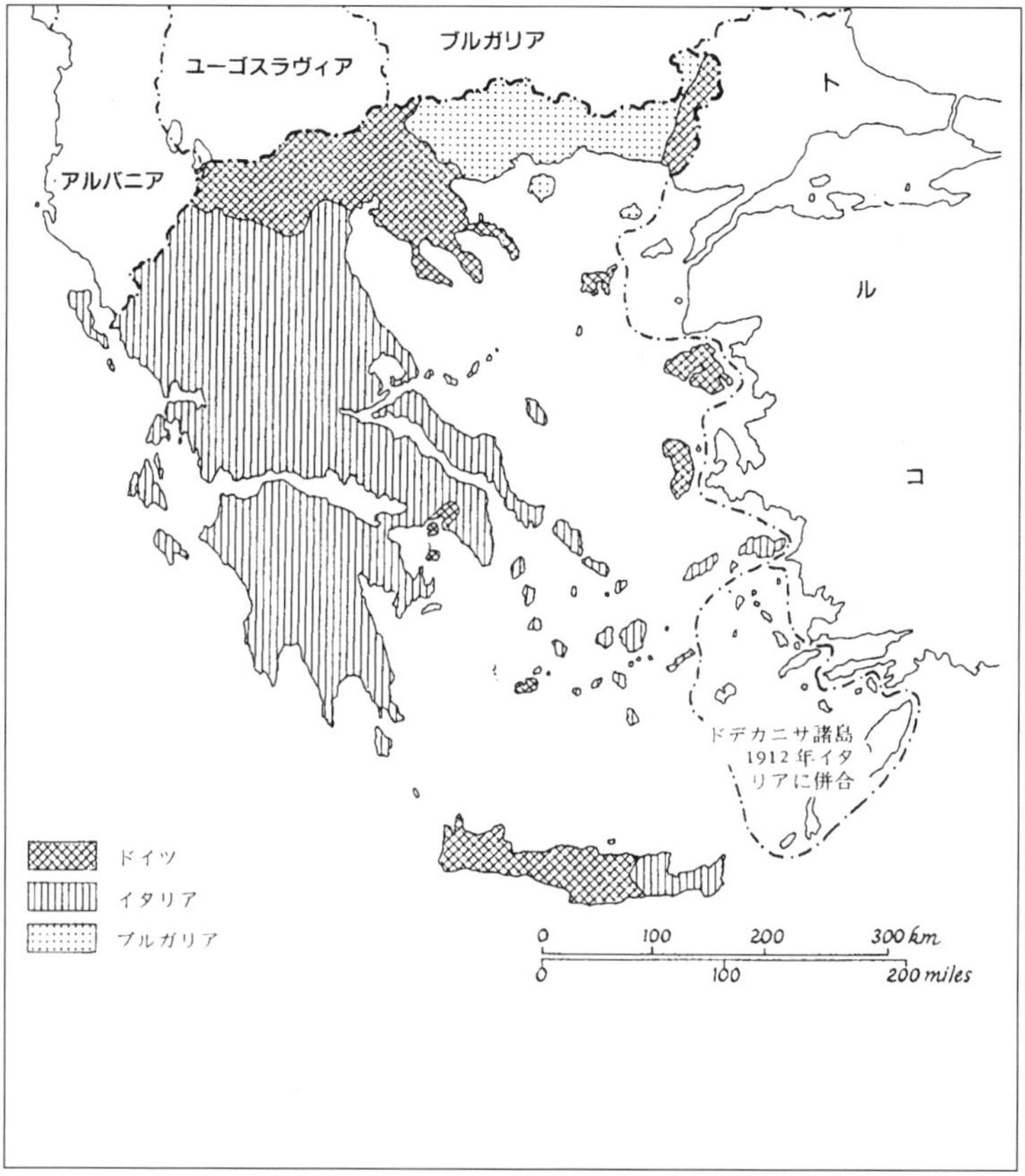


1941年におけるドイツ、イタリア、ブルガリアの占領区域

員とともに中東に退却した。ギリシャ本土ではツォラコグル将軍率いるドイツ協力者内閣が成立した。

一九四一年の初め、ギリシャ全土がドイツ、イタリア、ブルガリアの三者に占領された。ドイツの占領地域は、アテネ、テッサロニキ、クレタ島、エーゲ海の島々のいくつか、それに中立トルコとの微妙な国境地帯だった。従来ギリシャの敵だったブルガリアは、西部トラキア地方とマケドニアの一部の占領が認められ、ここにブルガリア人を移住させてギリシャ人を迫害した。イタリアは残りを支配した。初めから同盟国イタリアに対する軽蔑をほとんど隠さなかったドイツは、ギリシャに過酷な占領体制を押しつけ、ギリシャの農業資源や既存の産業を略奪した。とくに悪質で陰険だったのは、ギリシャに占領経費の支払いを求めたことだった。このような政策の初期の結果、一九四一年から四二年の冬、破滅的な大飢饉が起こり、およそ十万人が死亡した。

食料不足と巨大なインフレが襲い、ヤミ市がはびこった。住民の多くはもっぱら日々の生存競争に没頭した。しかし、敗北と理不尽な欠乏も決して抵抗の意志を挫かなかった。早くも一九四一年五月三一日には、アテネのアクロポリスに翻っていたナチスのかぎ十字旗が引きずり下ろされた。ばらばらだった抵抗運動が結集されたのは、一九四一年六月、ナチスのソビエト侵略の直後だった。それまでこの戦争を「帝国主義者」同士の戦争とみなしていたソ連共産党が方針を転換し、忠実な共産主義者は全力をあげて母国ソビエトを防御するようにと呼びかけたからだ。ギリシャの共産主義者にとっては、そのような支援をファシストの占領に抵抗することで、ギリシャの内部から最善の形で行えるようになった。

このような目的を視野に入れた共産主義者は、一九四一年九月速やかに民族解放戦線（ＥＡＭ）を結成した。この組織には二つの主要目的があった。第一に抵抗運動を実行すること、第二に、国家解放時には政府の形態を自由に選択すること、だった。古い政党のリーダーは共産主義者の協力要請に耳を貸さず、レジスタンスの戦闘にも大きく距離を置いていた。政治勢力としては小さい土地改革運動グループや社会主義者の中には、ＥＡＭに参加するものもあった。ＥＡＭは大衆を基盤にした抵抗運動の政治組織として作られ、その戦闘部隊として民族解放人民軍（ギリシャ語の省略形ＥＬＡＳは、ギリシャ語ではまさに「ギリシャ」そのものを意味する）が結成された。ＥＡＭが背後にあって組織された団体に、占領による犠牲者を救済する「民族連帯」やＥＰＯＮの略称で知られる青年運動もあった。

伝統的な「政界」はリーダーシップを発揮する能力も意志もなかったため、メタクサスの独裁政治期に生じた政治的空白は占領下でも続いていた。両大戦間には周縁勢力でしかなかった共産主義者は、ブルジョワ政党に欠けていた地下活動に携わった経験を生かし、すぐにこの真空状態を満たした。彼らは手本を示し、規律を重んじ、宣伝を行うことによって、政治家たちには思いも及ばない、よりよくより公正な国家の未来像を提示できた。政治家たちの古い敵対主義は、悲惨な占領下で問題にならないようにみえた。ＥＡＭはとりわけ若者や女性に訴え、いまだに家父長制に支配されている社会、とくに田舎における解放の希望を与えた。共産党はＥＡＭとＥＬＡＳ双方のリーダーシップを強く握っていたが、一般メンバーの圧倒的多数はコミュニストではなかった。さらに、非コミュニストの抵抗集団もいくつか生まれた。その中で最も重要なのは、勢力基盤を北西ギリシャに置く民族共和ギリシャ連盟（ＥＤＥＳ）だった。これらのグループの共通点は、枢軸国による占領への抵抗と、亡命中のゲオルギオス国王に対する強い嫌悪だった。彼らは過酷だったメタクサスの独裁政治とその後の占領の恐怖の責任は国王にあると考えていた。

初めロンドンに置かれた国王と亡命政府は、一九四三年三月にカイロに移された。亡命政府は占領下のギリシャとほとんど接触がなく、妨害工作や抵抗運動については、無辜の市民を悪辣な報復行為に巻き込む恐れがあるため、原則として正当化しない立場をとった。ドイツ人は兵士一人が撃たれたらギリシャ人五十人を殺せと命じ、村落を日常的に破壊してレジスタンス活動を妨げようとした。占領した他のヨーロッパ地域と同じように、ナチスはユダヤ人の根絶に努めた。一九四三年初めの二、三週間のうちに、テッサロニキの人口のおよそ五分の一を占めていたセファルディ系ユダヤ人コミュニティのほぼ全員（およそ五万人）がアウシュヴィッツに送られた。生き残った者はごくわずかに過ぎない。全盛期に「マルカ・イスラエル」（イスラエルの女王）と謳われたコミュニティは消滅した。

コミュニスト・非コミュニストを問わず、武装部隊は一九四二年の春から夏にかけて山間部に移動した。レジスタンスの潜在的な軍事力は、一九四二年十一月、テッサロニキ―アテネ間の鉄道に架かるゴルゴポタモス川高架橋破壊工作で発揮された。これは占領下ヨーロッパのレジスタンス運動最大の偉業に数えられるが、その実行者は、イギリス特別作戦執行部の助力でパラシュートでギリシャ入りした破壊工作員と、ＥＬＡＳとＥＤＥＳ双方から選ばれたゲリラだった。イギリスはその後もレジスタンス活動の足並みを揃えようとしたが、イギリスの公式の政策がギリシャ解放の際には国王の復帰を支援するということだったので、その工作は基本的に阻害された。占領下のギリシャで、国王の復帰を待ち望む空気はほとんどなかった。とくに国王の復帰問題にこだわったのがイギリス首相ウィンストン・チャーチルだった。チャーチルは最悪の冬だった一九四一年一月、ゲオルギオス国王をとりわけ信頼の置ける同盟者と見なした。当時、ギリシャはヨーロッパにおけるイギリスの唯一の積極的な同盟国だったからだ。ほとんど最初から、共産党支配の部隊とそうでない部隊の間には軋轢があった。占領下の他のヨーロッパと同じように、ギリシャのレジスタンス劇の主人公たちも、その多くが長期的な政治目的を持っていたからだ。ＥＡＭはまぎれもなく民衆の支持を得ていたが、レジスタンス活動を独占するため、敵対者にはためらわずテロ行為を加えた。ＥＡＭの際立った強さは、一九四三年七月の「国民軍」協定で認められた。これを受けて合同総司令部が組織され、その構成員は非コミュニストの抵抗組織やイギリスの軍事派遣団よりも、ＥＡＭ／ＥＬＡＳから指名された者が多くを占めた。

さまざまなレジスタンス集団と指導者気取りのイギリスが協調するという（決して強くない）見込みは、一九四三年八月、カイロにゲリラ代表団を送りこんだ失敗によって、当面ほとんどありえない話となった。ゲリラ代表団はにわか仕立ての滑走路から飛び立ったという事実からも、当時ギリシャ山岳地帯のかなりの地域がレジスタンスの支配下に置かれていたのが分かる。ゲリラ、イギリスの軍・政府当局、国王と亡命政府の三者の間に心が通い合うことはなかった。ゲリラ代表団には基本的な要求が二つあった。第一に、今やギリシャのかなりの地域を掌握している以上、代表団に亡命政府の重要な閣僚ポスト（内務相と法相を含む）を提供すること、第二に、国王は国民投票で賛成を得てからギリシャに戻ることだった。二つの要求はともに拒否され、代表団はただちに山岳地帯に送還された。彼らは、イギリスがギリシャ国民の意志にかかわらず君主制復興政策を押し進めようとしていることを確信した。

カイロでの失敗直後の一九四三年十月、ＥＬＡＳはＥＤＥＳに占領当局と通じている疑いをかけて攻撃し、抵抗運動内部の緊張は頂点に達した。ユーゴスラヴィアやアルバニアのように、明らかに共産党は、国内唯一の組織された武装勢力としてのＥＬＡＳの存在を確実にしようと努めていた。そうなれば、解放の暁に、彼らが権力を操作する上で有利な立場にたてることはかなり確かだった。一九四三年から四四年の冬に生じたこの内紛で、イギリスはＥＬＡＳに対する補給を断ち、ＥＤＥＳの維持に努めた。しかし、この対応策も限られた効果しか挙がらなかった。一九四三年九月、ギリシャはイタリアと停戦し、イタリア兵数千が降伏したが、この結果ＥＬＡＳはギリシャに配備されたイタリア軍の兵器類を徴発できたからだ。レジスタンス内部での戦闘発生に当然ながら喜んだドイツ占領当局は、第五列政府の権威のもとに武装「防衛軍」を組織し、ナチス協力者やナチスへの嫌悪感より共産主義への恐怖感のほうが強い連中を誘い込んだ。一九四四年二月、内戦状態にあったレジスタンス集団は、大きな困難を経てやっとの思いで休戦協定を結び、ＥＤＥＳの勢力基盤はイピルス地方に制限された。

しかし、ＥＡＭは決して政治目的を放棄したわけではなかった。国民解放政策委員会が結成され、この委員会は解放された「山間部」ギリシャで政府の役目を果たすものとされた。政策委員会の設立は、無能で他人に迷惑ばかりかけている亡命政府への直接の異議申し立てであり、これに刺激されたエジプト駐留ギリシャ軍内のＥＡＭシンパは反乱を企てた。反乱者は政策委員会を軸とする国民統一政府の組織を求めた。反乱はイギリス軍に鎮圧されたが、チャーチルはギリシャが戦後共産主義者に支配されかねないという懸念を深刻に受け止めざるを得なくなった。その懸念はＥＬＡＳ部隊（たぶん一匹狼）による非コミュニストの小レジスタンス集団のリーダー、プサロス大佐の暗殺によって強まり、赤軍がバルカン諸国降下に備えていた事実からも強められた。これらの展開に促されたチャーチルは、ソビエトの首領スターリンと取引じみたものを企てた。それは、戦後のギリシャのイギリス支配を保障し、見返りとしてルーマニアではロシアの覇権を受け入れるというものだった。核心となる交渉は一九四四年五月に行われた。一九四四年十月、アメリカは留保したものの、チャーチルとスターリンはモスクワで名高い「パーセンテージ」協定を締結した。この高レベルの取引は、ギリシャで抵抗劇を演じていた主人公たちには知らされていなかった。ギリシャ史の通例にならい、ギリシャのゆくえを決めるのは大国の利益であり、本国の現場ではなかった。

バルカン諸国における私たちの問題に決着を付けましょう。貴殿の軍隊はルーマニアとブルガリアにおられる……小さな点で誤解のないようにします。イギリスとロシアに関する限り、貴殿はルーマニアを九十%支配し、私たちはギリシャを九十%支配する、そしてユーゴスラヴィアについては五分五分ではいかがでしょう。

チャーチルからスターリンへ、モスクワ、一九四四年十月

先の反乱から直接生まれた成果の一つとして、亡命政府の首相にギリシャから逃れた政治家ゲオルギオス・パパンドレウが就任した。パパンドレウの背後には好戦的な反共勢力と連携したヴェニゼロス派があり、イギリスには大きな利点だった。イギリスの庇護を受けたパパンドレウは、レジスタンス勢力と政治勢力の全代表が出席したレバノン会議で、国民統一政府の構築に入った。共産党は本来の軍事的・政治的力量に比べてかなり控え目な扱いを受けた。共産党代表団は先の反乱の後で守りに入り、ＥＡＭの代表は新政府の重要でない閣僚のポスト五つを受け入れたが、この譲歩はただちに山岳地帯の共産党指導部から

却下された。指導部は政府に参加する代償として、重要な閣僚ポストとパパンドレウの辞任を求めた。

八月、EAM指導部が譲歩してレバノン協定の実質受け入れに合意すると、膠着状態は解消した。この突然の転向は、思いがけず山岳地帯にソ連の軍事使節団が到来した数日後に生じた。合意の原因について明らかな証拠はないが、チャーチルとの申し合わせに歩調を合わせるスターリンの立場に鑑み、使節団が強硬路線を和らげるように助言したのは確かだろう。この推測が当たっているかどうか定かではないが、いずれにせよEAMの共産党指導部は、パパンドレウ政府内で一歩下がった地位を受け入れ、その軍事組織ELASをずっと小規模なEDES軍とともにイギリスの管理下に置かせた。そのため、当時指導部幹部の数人が議論したように、一九四四年十月のドイツ撤退の混乱に乗じて権力を奪取する絶好の機会を自ら放棄した。

十月十八日、パパンドレウ政府は解放されたアテネに戻ったが、火曜日の上陸を避けるため、到着を二十四時間遅らせた。コンスタンティノープルがトルコ人の手に落ちた日である火曜日は、ギリシャ世界では常に不吉な日だ。パパンドレウはイギリス軍の小部隊に付き添われていた。共産党支配を恐れて確実に復帰を確実にするために組織されていた部隊だった。パパンドレウは共産党による指名者を入閣させ、民族統一戦線内閣をそれらしく演出した。しかし、内閣が直面した問題は多かった。抵抗組織内部の内戦から、恐怖感と疑心暗鬼が生じていた。経済は占領の年月のうちに壊滅していた。交通網は国中のいたるところで途絶え、救援物資の分配を致命的に妨害していた。商船団は全滅に近かった。食糧（金銭で手に入れた者以外）は絶望的な供給不足だった。長年栄養不足が続いたため、病気（とくに結核）が流行した。

占領期間中にすでに天文学的倍率に達していたインフレは、再び跳ね上がり制御できなくなった（価値を持った唯一の貨幣は、イギリスの古い一ポンド金貨だけだった）。

やがて解放の喜びも薄れはじめ、実際的な問題に政治問題が積み重ねられた。パパンドレウ（あるいは、パパンドレウの相談相手だったイギリス）は、敵の協力者の処罰を急がなかったが、ここで一大問題が視野に入ってきた。ゲリラ軍を解体して正規に組織された政府軍に置き換える措置だ。ＥＬＡＳ軍は男女あわせて約六万を数え、単独軍としては飛び抜けた規模を誇り、紙の上ではイギリスの管理下にあった。この軍の存在はまさにパパンドレウ政府当局の潜在的な脅威となった。この処理しづらい問題のさばき方は合意を得ていたとされたが、左翼は昔の約束に戻るようにパパンドレウを非難し、軍の解体を拒絶した。これにはそれなりの正当性があった。十二月一日、高まる危機感の中、ＥＡＭ指名者は内閣を辞任した。三日後の一二月三日、ＥＡＭはアテネ中心部でゼネストの序曲となる民衆デモを組織した。訓練の行き届いていなかった警官隊はアテネ中心部のシンダグマ広場でデモ隊を銃撃、およそ十五人が死亡した。

これを受けてＥＬＡＳ部隊は交番の襲撃を始め、数日のうちにＥＬＡＳ部隊とイギリス軍はアテネで激しい市街戦に入った。しかし、ＥＬＡＳはアテネの外にいた相当数の軍勢を市内に展開せず、本当に権力を握るよりは、むしろパパンドレウ政府を動揺させることに主眼を置いたようだ。危機に陥ったギリシャでは定番だが、クリスマス・イヴにチャーチルは外務大臣アンソニー・イーデンとともに空路アテネに飛んだ。チャーチルの介入はほとんど直接の成果を挙げなかったが、政体に関する国民投票を延期して摂政団を組織する必要を思い知らされた。いくらか苦労した末、チャーチルはまだギリシャに戻っていなかったゲオルギオス国王を説き伏せ、アテネ大主教ダマスキノスを摂政に置くことを認めさせた。首相はパパンドレウから古強者のヴェニゼロス派プラスティラス将軍に交替した。イギリス軍はイタリアから大量の補強を受け、かなりの困難に見舞われながらアテネの戦闘で優位に立った。一九四五年一月半ばの停戦後、二月半ばにヴァルキザ協定が結ばれ、共産主義者の暴徒が招いた危機に政治解決が求められた。

ＥＬＡＳは武装解除を承諾し、その見返りにいわゆる「政治」犯罪に対する特赦が約束された。選挙の前に君主制の是非をめぐる国民投票が行われるのにも同意を得た。しかし、十二月の市街戦の受難は癒しがたいものだった。占領期の政敵に対する左翼テロの記憶の癒えない極右は、首脳部数人をＥＬＡＳに殺されたことに憤激し、左翼に残忍で無差別な復讐を行った。この時期の政府はことごとく力が弱く、このような極端な対立をチェックする気力も能力もなかった。イギリスの圧力を受け、一九四五年も終るころ、八十代の自由党指導者でヴェニゼロス派を受け継ぐセミストクリス・ソフリスの下、見かけは安定した政府が成立した。

ソフリスは、一九三六年から行われていなかった選挙を一九四六年三月三一日に行うと宣言した。国民投票はその後で行われる予定になったため、ヴァルキザ条約で定められた順序とは逆だった。共産党は目下の混乱した状況下ではとても公正な選挙はできないと抗議した。共産党は、ドイツの強制収容所で過ごしたニコス・ザハリアディスの指導下に再び置かれ、いくらか迷った末、棄権を決意した。ソフリス内閣でも棄権した者がいくらか現れた。しかしソフリスは、戦争で疲弊し、ギリシャとのわずらわしい関わりに終止符を打ちたがったイギリスから強い圧力を受けていた。イギリス、アメリカ、フランスを含む同盟国派遣団（ソビエトは参加を断っていた）が見守る中、選挙が行なわれた。左翼は棄権、中道は無秩序、とりわけ地方では混乱が続き、人民党に支配された右翼連合が圧倒的な勝利を収めた（投票数の五十五％を獲得）。外国のオブザーバーは、この選挙は「全体として」自由で公正に行われ、棄権者は登録投票者数のおよそ九％に過ぎないと述べた。この数字は明らかに少なすぎるが、共産党が選挙に参加してさえいれば、彼らがどこまで本当に支持されていたのかがはっきり示せたはずだった。のちに共産党指導者は棄権決定の誤りを認めた。

ギリシャはヨーロッパ唯一の勝利陣営の国家でありながら、今や再びファシスト協力者が占領者、売国奴、反逆者とともに民主主義を窒息させようとしている。レジスタンス運動は概してテロリストによる迫害の状態にある。何百もの者が殺され、殺されかけている。何万もの者が牢屋に入り、何十万もの者が逮捕されている。

ギリシャ共産党中央委員会（一九四五）

ディノ・ツァルダリス率いる新たな人民党政府は、政体問題の国民投票を予定の一九四八年三月から、一九四六年九月に繰り上げた。一九四六年三月の選挙と同じように、この選挙も変則的な状況下で古い選挙登録者名簿を元に行われたが、ずっと大きな結果が出た。国王の復帰に六十八％が賛成票を投じた。うさんくさい結果ではあったが、かつての共和制支持者の相当数が、共産主義体制が成立するよりは国王復帰が害としては小さいと見なした結果だった。中庸な共和制論者は、極右と極左の間を激しく振り回されていた。一九四六年三月の選挙は重要な転回点だった。占領と市民の対立という悪夢から平和な状態に逃れる最後の機会だったからだ。執念深い右翼政府は、すでに進んでいた政治状況の二極分化をさらに速めた。選挙の前にも、かつてのＥＬＡＳのパルチザンは右翼によって山間部に追い立てられた。このプロセスは今やはずみがついたが、共産党指導層部内では、権力抗争を合法的手段によって行うか、武力闘争によって行うかについて、いまだに足並みが乱れていた。

国が内戦の方向に傾きかけているとき、一九四六年八月、ツァルダリス政府は、共産党のゲリラ隊がユーゴスラヴィアとブルガリアから補給を受けていると非難した。十月、共産党はかつてのＥＬＡＳ指導者マルコス（・ヴァフィアディス）率いる民主軍の成立を宣言したが、共産党そのものは一九四七年十二月まで非合法化されなかった。状況は悪化の一途をたどり、イギリス政府は、それまでこの国の問題に行使していた重要な影響力を手放さざるを得なくなった。ここで主な国外のパトロン役は、かつてイギリスのギリシャ介入にひどく批判的だったアメリカ合衆国一国に絞られた。一九四七年三月、トルーマン大統領は議会で、内部崩壊に瀕している「自由な国民」への支援プログラムの一部として、ギリシャに相当量の緊急支援を与えると述べた。このプログラムは、後にトルーマン・ドクトリンの名で知られるようになった。

アメリカの援助の効き目が実感されるまでにはしばらく時間がかかった。その間、巧みにゲリラ戦略を用いていた民主軍は、正規軍に対して著しい勝利をいくつか収めた。一九四七年終りに臨時人民政府の成立が宣言され、首都はアルバニア国境近くの町コニツァに置かれたが、マルコスはこの町を守りきれなかった。民主軍は、近隣のユーゴスラヴィア、ブルガリア、アルバニアの共産主義体制から兵站など相当の支援を受けた。しかし、アメリカによる経済的・軍事的支援の規模とは比べものにならなかった。この支援活動を管理していたアメリカ派遣団の権限は極めて大きく、しかも頻繁に発動された。戦いの流れは少しずつ変わった。制空権を政府軍が完全に握っていたことが決定的となった。共産党の指導者ザハリアディスがマルコスを圧倒し、民主軍はゲリラ戦術を断念して正規軍として戦うように主張したとき、民主軍がもっていた基本的に有利な点は失われた。マルコスは追放され、司令官はザハリアディスに交替した。

政府の圧力が大きくなるにつれて、民主軍は支配下の地域でさらに男性（や女性）を無理やり徴発するようになった。子供は戦争地域から東欧諸国に避難させられた。これは共産主義者によれば身を守るためであり、敵対者は新たなイェニチェリ軍団の徴募《ペドマゾマ》がまた始まったと決め付けた。一九四九年には人民軍の一般戦闘員の四割がスラヴ・マケドニア人だった。事実、共産党は再びマケドニア人の民族自決権を宣言した。両大戦間の不人気な政策へ戻ってしまったため、共産主義者は近年苦労の末に得た領土を昔からの敵に返そうとしていると非難されることになった。

国際情勢もギリシャの共産主義者には不利な方向に向かっていた。世界共産主義の中心モスクワに変わらぬ忠誠を誓っていた彼らは、ユーゴスラヴィアが一九四八年にコミンフォルムから追放されると、モスクワに味方した。ソ連とその同盟国の脅威にさらされたユーゴスラヴィアは人民軍の支援を中断、一九四九年にはゲリラに対して国境を閉鎖した。スターリンはこの亀裂の以前にも、英米による地中海支配を許せば、ギリシャ共産主義運動は敗北するという見解を明らかにしていた。もちろんスターリンは民主軍の勝利を歓迎しただろうが、それを保障するためにアメリカと衝突とするリスクを負うつもりはなかった。その最大の理由は、おそらくソ連がまだ核兵器を持っていなかったからであろう。ユーゴスラヴィアによる「裏切り」は主軍の敗北を正当化する恰好の口実となったが、決定的な敗因はアメリカの軍事支援が装備や訓練の形で大量に流れ込んだためだ。これで正規軍は有能な戦闘集団に変貌し、一九四九年一月に、アルバニア戦線の際の軍司令官パパゴス将軍（後に元帥）が総司令官に返り咲くと、正規軍の士気はさらに高揚した。一九四九年の晩夏、民主軍の残党は険しい山地グランモスとヴィツィの激戦に敗れ、国境線を追われてアルバニアに逃げた。十月、共産党指導部は戦闘の一時中断を宣言した。敗北した民主軍の生き残りは東欧やロシアでさらに数年間厳しい亡命生活を送り、戦時体制を保ったが、内戦はすでに幕を閉じていた。

**軍事法廷で証言するゲオルギオス・ハジアネスティス将軍**

一九二二年十一月、「六人組」軍事法廷で証言するゲオルギオス・ハジアネスティス将軍。他の被告人は前列でカメラに背を向けている。一九二二年九月の「崩壊」に促されて軍部はクーデターを起こした。国王コンスタンディノス二世は亡命、すぐに長男ゲオルギオス二世が王位を継いだ。新しい革命委員会は、小アジアの軍司令官ハジアネスティス将軍を、ディミトリス・グナリスとペトロス・プロトパパダキス首相（前列左から四番目と前列左端の人物）を含む指導的政治家や軍人七名とともに軍事法廷にかけた。彼らは大逆罪で告訴されたが、これは馬鹿げた告訴だった。彼らの失敗がどのような性質のものであれ、意図的な裏切り行為ではなかった。軍事法廷の議長はオソネオス将軍が務めた。オソネオス将軍と仲間の将校は革命委員

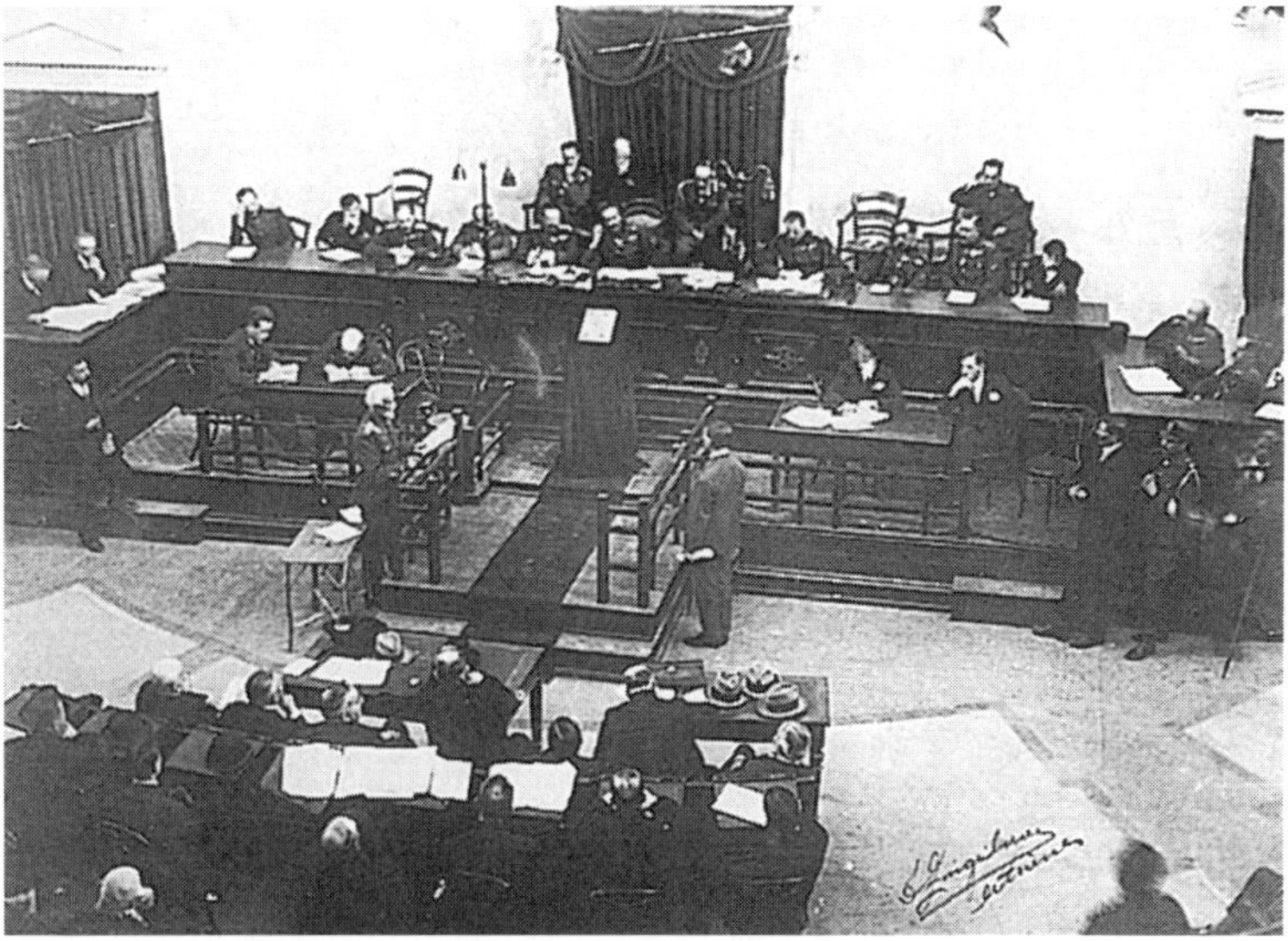

軍事法廷で証言するゲオルギオス・ハジアネスティス将軍

会から選ばれ、身内が身内を裁く喜劇的裁判になったのはほぼ疑いない。十一月二十八日の朝六時三十分、オソネオス将軍は被告八人のうち六人に死刑を宣告した。十時三十分までに刑は執行された。グナリスは公判半ばで発疹チフスにかかったため、刑の執行を避けなければならず、ハジアネスティスはしばらく錯乱したらしい。ハジアネスティスは自分の足が砂糖でできていて、立ち上がろうものならポキリと折れてしまうと思い込んだと言われている。分離公判では第二軍団をしばらくの間指令したアンドレアス王子（エジンバラ公の父）が、同じように奇妙な条件下で不従順のかどで審理された。王子には追放が宣告され、軍位を剥奪された。この「六人組裁判」は両大戦間の時代の政治に長く影を落とし、ヴェニゼロス派と王政派の激しい対立に、血で血を洗うがごとき確執を持ち込んだ。

## 二枚の葉書に描かれたプロパガンダ

作家イオルゴス・セオトカスが小説『アルゴー』（英訳はロンドンで一九五一年出版。日本語訳は鈴木敦也訳『アルゴー・魔神』、講談社出版サービスセンター、一九九六）で述べているように、エレフセリオス・ヴェニゼロスは、ギリシャの半分にとっては指導者、救世主、象徴だったが、もう半分にとっては魔王だった。ここに挙げた二枚の葉書に描かれたプロパガンダは、そんな両極端の見方を表すものだ。上は第一次世界大戦中の国土分裂期のもの。タイトルは「大いなる頭脳」(オメガスヌース)。十九世紀によく見られた顔面拡大図だ。頭部には敵から見たヴェニゼロスの邪悪な性格が書かれ、嘘つき、略奪、裏切り、短気、狡猾、陰謀、面汚し、共謀、馬鹿、臆病、頑固、誇大妄想狂、尊大と読める。下は一九二〇年、少なくとも書面上は驚異的な外交的勝利だったセーヴル条約から数カ月

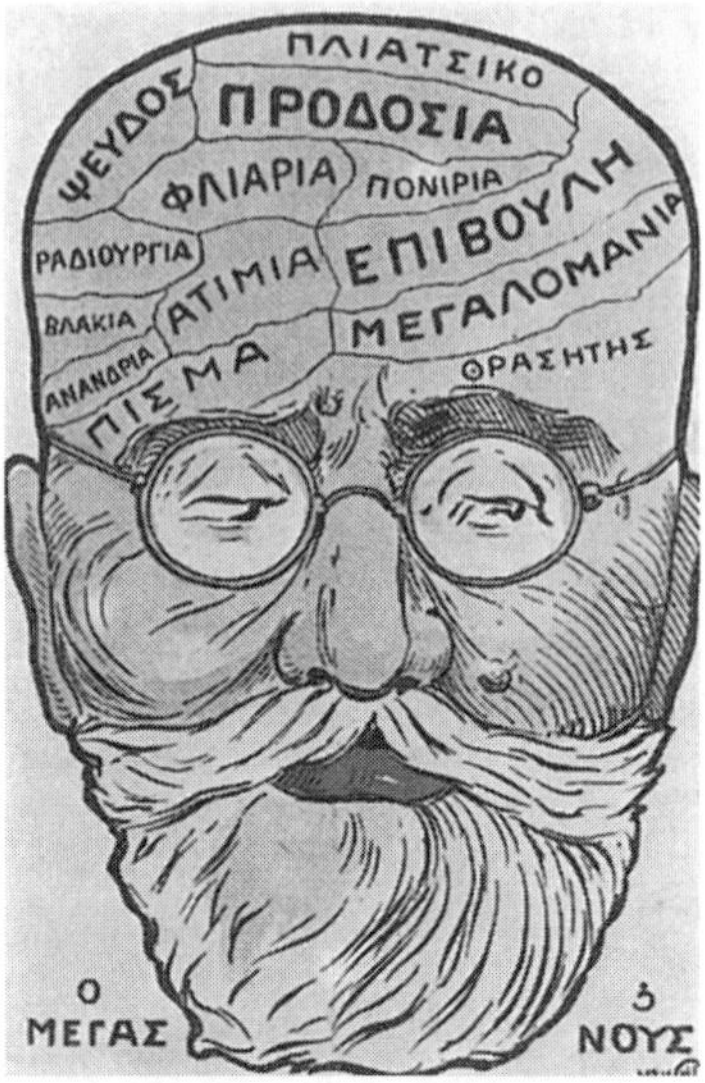

2枚の葉書に描かれたプロパガンダ

もたたないうちに行われた選挙で、ヴェニゼロスが予期せぬ大敗を喫したときに印刷されたもの。この葉書は、「われわれの偉大なる指導者」に反対票を投じた者を非難するために作られ、ヴェニゼロスの守護聖人の日に、解放者としてヴェニゼロスを尊敬していた者が圧倒的多数を占めたスミルナのギリシャ人によって、数千枚がヴェニゼロス宛てに送られた。葉書の印刷者は、前線の軍隊の中で不満をかきたてたために逮捕された。葉書の上方に書かれている文章は、十字架上のキリストの言葉「主よ、彼らをお許し下さい。自分たちのしていることが分からないのですから」。キリスト像の下に書かれているのは、「キリストから天なる父へ」、ヴェニゼロス像の下は、「そして私からは地上の父へ」。この葉書はヴェニゼロスに限らず、カリスマ的な政治家たちが今日に至るまで引き出すことのできる、宗教的な熱狂に近いものをまざまざと伝えている。アテネの自由党クラブ付設の記念館は、ヴェニゼロスを祭り上げた神殿のようなものであり、一九三三年の暗殺未遂事件で銃弾を受けた車や、一九二〇年十一月の選挙の投票に用いられた金の球《スフェリディア》、果てはヴェニゼロスのすいかけた煙草までが、うやうやしく保存されている。

## 孫を連れた老境のヴェニゼロス

エレフセリオス・ヴェニゼロス（一八六四〜一九三六）は、二十世紀前半のほぼ三十年にわたって政治生活を支配した。生まれ故郷クレタ島の政界で成功を収めたのち、一

孫を連れた老境のヴェニゼロス

九〇九年の軍事クーデターによって国家政治の表舞台に投げ出され、一九一〇年から一五年にかけて首相を務めた。はじめヴェニゼロスは一九一二年から一三年のバルカン戦争において、ギリシャの目覚ましい勝利の立役者として国際的な知名度を上げた。第一次世界大戦中にはコンスタンディノス王との確執から国家分裂を招き、国は二つの競合する陣営に分かれた。一九一七年から二〇年には、ヴェニゼロスは再び首相に返り咲き、パリ講和会議では自国の事件を弁舌鮮やかに訴え、あるイギリスの外交官は、ヴェニゼロスとレーニンこそヨーロッパの最も重要な政治家であると評した。一九二八年から三二年にはまたもや首相を務めたが、一九三五年に支持者がクーデターを企てたため、亡命を余儀なくさせられた。写真は孫を連れた老境のヴェニゼロス。ギリシャの政治は王朝支配的な要素が色濃く、ヴェニゼロスの息子や孫たちは政界に入った。二十世紀の政治王朝としては、ほかにラリス一族とパパンドレウ一族がよく知られている。一九八〇年から八一年に首相を務めたネア・デモクラティア（新民主主義党）所属のゲオルギオス・ラリスの場合、父方の祖父（ディミトリオス・ラリス）も母方の祖父（ゲオルギオス・セオトキス）も首相経験者だった。ゲオルギオス・パパンドレウは一九四四年と一九六三〜六四年に首相を歴任した。息子のアンドレアスは、父親の二度目の内閣で大臣となり、一九八一年から八九年まで首相を務めた際には、アンドレアスの息子が祖父のかつての選挙区代表に選ばれて教育相に就任した。ギリシャの生活全般と同じように、政治においても一族のコネクションがすべてだ。

### アンナ・マルセラスとニコラス・ムスコンディスの結婚式

一九二一年、ソルトレイクシティーの「ギリシャ・タウン」のパラダイス・カフェで行われた、アンナ・マルセラス（ピレウス生まれ）とニコラス・ムスコンディス（クレタ島アギアマリナ生まれ）の結婚式。オタワの巨大なギリシャ人コミュニティーは、二十世紀初めに主に鉱業と鉄道敷設工事に従事した。教会が利用できないときは、結婚式や洗礼は家庭やレストランで行われることがあった。クセニティア、つまり海外在住生活は、ギリシャ国民の歴史経験の根幹でありづづけ、移民はふつう母国の貧しい経済状態の安全弁として働き続けた。どこに移住しようと、ギリシャ人は教会、学校、カフェニア、出身地に基づく結び付きを作り、かたくなにアイデンティティの保持に努めた。彼らはおおむね母国と密接なつながりを保ち、政府は在外ギリシャ人のための大臣を置いて、国外ギリシャ人との接触の奨励や場合によっては支援することに関心を示している。ギリシャ人コミュニティは、十八世紀に中央ヨーロッパ、南ロシア、イタリア、オランダ、フランス、エジプト、遠くはインド、短期間ながらフロリダのニュースミルナに生まれた。十九世紀には富裕なギリシャ人コミュニティがイギリス、とりわけロンドン、マンチェスター、リヴァプールで誕生した。一八九〇年代からアメリカに大規模な移民が流れ出し、はじめそれはもっぱらペロポネソス地方の者で占められていた。一九〇〇年から一九一五年の間に、十五歳から四十歳にかけての全ギリシャ人男性の実に四分の一が、アメリカに渡って一旗上げようとしていたとされ、その多くは母国に帰る意思を持っていた。一九〇〇年代、一九三〇年代、一九四〇年代には、移民の流れはアメリカ移民局から厳しい制限を受けたが、一九八〇年までに五十万人以上のギリシャ人（ギリシャ本国以外の地域出身のギリシャ系移民は数に含めない）がアメリカ合衆国に移民した。ギリシャ人はアメリカでは最も上昇志向に富む移民グループであり、移民の第二世代であるマサチューセッツ州知事マ

アンナ・マルセラスとニコラス・ムスコンディスの結婚式

イケル・デュカキスは、一九八八年に共和党大統領候補になった。第二次世界大戦後は、オーストラリアやカナダを目指す新しい移民のパターンが生じた。一九五一年から八一年までに、全人口の十二パーセント以上が移民した。ドイツでガストアルバイターとして職を求めたギリシャ人も数多い。ガストアルバイターの大半は、やがて出稼ぎ先からギリシャに戻り、稼いだ資本で小さな事業を営んでいる。

コンスタンディノス・カヴァフィスのポートレート

**コンスタンディノス・カヴァフィスのポートレート**

カヴァフィス（一八六三〜一九三三）は恐らく最も著名な現代ギリシャ詩人であり、翻訳も数多い（日本ではみすず書房から中井久夫訳『カヴァフィス全詩集』が刊行されている）。写真はアレクサンドリアのレプシウス通りにあったカヴァフィスの住まいで写されたもの。カヴァフィの父はエジプトの裕福な商人だったが、父親の没後一家は没落した。母親が家族をイギリスに連れていったため、若いカヴァフィスは第一言語として英語を話した。その後カヴァフィスは三年間コンスタンティノープルに住み、一八八五年、二十二歳でアレクサンドリアに渡って生涯を過ごした。カヴァフィスは灌漑局の官僚として生計を立てた

裁判を受けるヴェニゼロス派陸軍将校

が、細心の注意をこめて何度となく推敲が重ねられた詩こそ、カヴァフィスの生命だった。カヴァフィスのインスピレーションの源は、異教信仰とキリスト教信仰の間で葛藤する衰退を迎えたヘレニズム世界だった。レプシウス通りのようないかがわしい界隈からどうして離れようとしないのか、と姪に尋ねられ、カヴァフィスはこう答えた。「売春宿、許しを乞う教会、死に場所の病院。これら人間という存在の中心をなす三つの場所の真ん中よりも暮らしよいところは考えられないね」

## 裁判を受けるヴェニゼロス派陸軍将校

失敗に終わった一九三五年三月一日のクーデターに加わったため、裁判を受けるヴェニゼロス派陸軍将校たち。彼らのヒーロー、エレフセリオス・ヴェニゼロスが選挙で否認されたことに我慢ならなかった陸軍将校は、一九三〇年代に二度のクーデターを企てた。これは二度目のもの（最初は一九三三年三月）。一九三五年のクーデターには直接関与したヴェニゼロスは、フランスに亡命せざるを得なくなり、亡命先で最も強力な支持者の一人、ニコラオス・プラスティラス大佐と合流した。プラスティラスは一九二二年のクーデターを率いた中心人物であり、失敗に終わった一九三三年のクーデターを組織した。一九三五年の未遂クーデターではほんの数人の死者を出すにとどまったが、ヴェニゼロスとプラスティラスを含む関係者六十人が死刑を宣告された。実際に処刑されたのは二人で、残りの者は大半が国外へ脱出した。千人以上が共犯者として審理され、有罪宣告を受けた将校数人が軍位を剥奪された。さらに陸海空軍の将校およそ千五百人が追放された。このクーデターは失敗したばかりでなく、背後にいた者が最も恐れていた共和制の復活を早め、一九三五年十一月に不正操作を伴う国民投票が行われた。軍の介入は政治シーンにはつきものだった。一八四三年、軍はオトン王に憲法の発布を強要し、一九〇九年のグーディのクーデターではヴェニゼロスに権力を握らせ、一九六七年から七四年にはギリシャを見事なまでの失政に追いやった。将校集団は、庇護のネットワークによって政治家と密接に結び付き、成功するしないにかかわらずクーデターや宣言を頻繁に起こし、両大戦間の政治シーンで主要裁決者の一つとなった。

### イオアニス・メタクサス将軍

一九三六年から四一年までギリシャを支配した小型独裁者、イオアニス・メタクサス将軍。労働部隊と僧侶からファシスト式の敬礼を受けている。メタクサスの後ろに立っている背の高い人物は、アテネ「大臣－知事」コスタス・コジアス。メタクサス自身が好んでいかめしく「一九三六年七月四日体制」と呼んだ独裁政治は、うわべはファシズムの体裁をいくつか整えていた。ヒトラーの第三帝国をまねて、メタクサスは「第三ヘレニズム文明」という概念を編み出した。

イオアニス・メタクサス将軍

第一文明は古代ギリシャ、第二文明は中世ビザンティン、第三文明は本質的に矛盾する価値をもつ二つの文明の混合物であり、自己の体制の価値を祭り上げて永続化を図った。メタクサスはすすんで「プロトス・アグロティス」（第一農夫）、「プロトス・エルガティス」（第一労働者）と称し、ヒトラーやムッソリーニと同じように共産主義、自由主義、議会政治を嫌悪した。しかし、その体制には本物のファシズムが持つダイナミズムと急進性に欠け、人種差別はなかった。メタクサスは一般の支持をまったく欠いていた国家青年組織（ＥＯＮ）を用いて権力の制度化に努めたが、この組織はヒトラー・ユーゲントのできの悪い二番煎じに過ぎなかった。ファシスト独裁者たちの国内実践をいくらかは真似たメタクサスだったが、ゲオルギオス二世国王を強力に支持したイギリスと友好関係を持っても何の疑問も感じなかった。一九四〇年十月、メタクサスはムッソリーニの弱い者いじめに立ち向かう民衆の気運をとらえた。本質的にメタクサスは権威主義的な父子主義者であり、およそ三十年後に現れた「大佐たち」と同じように、同国人の勝手放題な性質とみなしたものを「矯正」しようとする傾向があった。

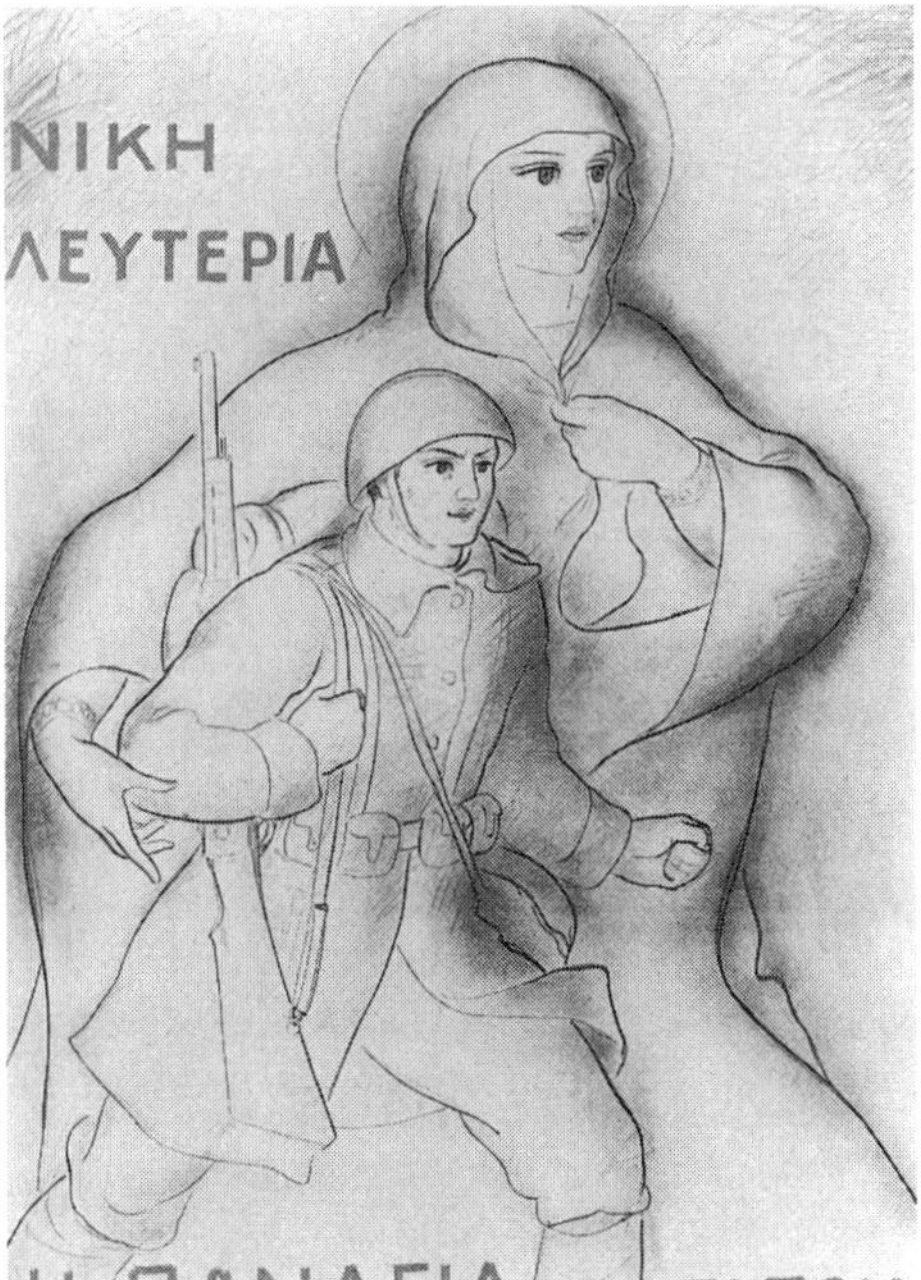

ゲオルギオス・グナロプロスが
作成した著名な宣伝ポスター

**ゲオルギオス・グナロプロスが作成した宣伝ポスター**

「勝利《ニキ》、自由《レフテリア》、聖母《パナギア》マリアは彼とともにあり」。一九四〇年から四一年のギリシャ―イタリア戦争の時期にゲオルギオス・グナロプロスが作成した著名な宣伝ポスター。一九四〇年十月二八日、メタクサスはギリシャ領内の戦略拠点の占領許可を求めたイタリアの最後通告を威厳をもって拒んだが、このポスターはその結果生じた宗教的ともいえる高揚感を伝えている。この最後通告に至るまでにいくつかの挑発行為があった。そのうち最もはなはだしいものは、八月十五日の聖母マリアの眠りの日に、奇跡を起こす聖母マリアのイコンをつけてティノス島で休息していたギリシャ巡洋艦エリ号に対する機雷攻撃だった。ギリシャがイタリアの最後通告を拒絶した十月二八日は、今では国民の祝日となっている。数日のうちにイタリア侵略軍は、ギリシャ人少数民族が住む南部アルバニア地域(ギリシャでは北イピルス地方と呼ばれる)の解放を求める戦闘で撃退された。巨人ゴリアテを破ったダビデさながらにイタリアを破ったギリシャを世界は称賛した。大戦のこの時点で、枢軸国に屈していなかったのは、ヨーロッパではギリシャとイギリスだけだった。十二月初めにはアルバニア南部の三つの主要な町、コリツァ、アルギロカストロ、アギイサランダが陥落し、占領地域はギリシャ領土として管理された。しかし、兵站線の貧しさと悪天候のためにそれ以上の侵攻は阻まれ、一九四一年四月にドイツがギリシャを侵略すると、アルバニア前線の軍は混乱のうちに撤退した。

## 飢饉の沙汰も金次第

写真左は、一九四一年から翌年の冬に襲った大飢饉の際にピレウスの給食施設で撮影された老人。撮影はヴーラ・パパイオアヌ。この占領では大規模な徴発が行われ、小麦輸入国ギリシャに破滅的な結果をもたらした。ドイツの資料によれば、一九四一年十二月には、アテネでは一日に三百人が餓死してゆき、一人あたりの年間パン消費量は、一九三九年の一七九キロから一九四二年には四十キロに落ち込んだ。都市住民の苦境は身の毛のよだつばかりだったため、イギリス政府はためらった末に封鎖を解き、赤十字の輸入管理で食料が供給された。これで占領下最初の冬に起きた飢饉という最悪事態は繰り返されなかった。大多数は極端に厳しい生活を続け、日々の生存競争は天文学的なインフレによって激化した。パン一オカ(およそ一・二キロ)の値段は、イタリア侵攻のころには十ドラクマだったが、一九四四年十月のドイツ軍撤退の際には三千四百万ドラクマに達していた。同じ期間にチーズ一オカは六十ドラクマから十一億六千万ドラクマに暴騰した。このような規模の超インフレの結果、占領末期にはイギリスの（旧）一ポンド金貨が実質的な通貨となった。ヤミ市は栄えた。金さえあればいかに十分に食べられたかを劇的なまでに示すのが、一九四四年十一月初めにライフ誌のカメラマン、ディミトリ・ケッセルが撮影した、あるアテネの食料品店「ト・アグロティコン」（田舎屋）店内の写真（下）。ドイツ軍の退却直後は、まだ食料は極端に供給不足だった。この店では、アメリカ、イギリス、フランス、ドイツの食品がずらりと揃って売られていた。当時ギリシャにいた多くの観察者が、金持ちが享受できたぜいたくと国民の大多数に強いられた深刻な欠乏の強烈なコントラストに目を奪われた。

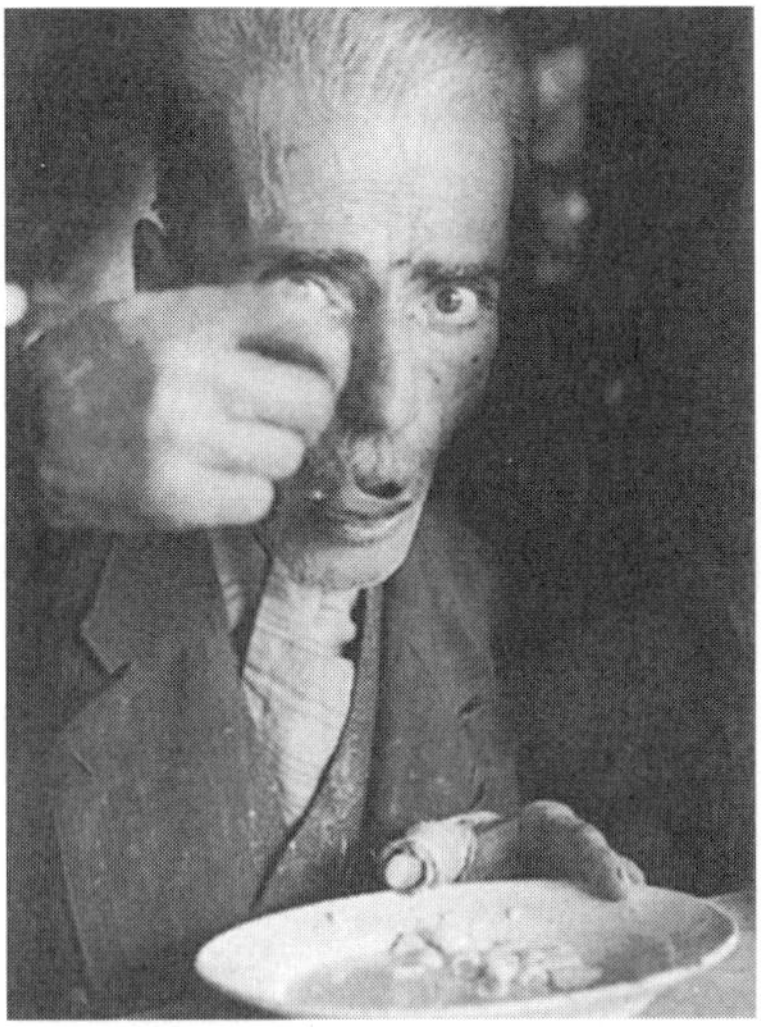

飢饉の沙汰も金次第（上・下）

女性ゲリラ兵士

## 三人の女性ゲリラ兵士《アンダルティセス》

一九四四年、コスタス・クヴァラス撮影。アメリカで学んだギリシャ人クヴァラスは、戦略事務局（ＯＳＳ）からギリシャに派遣され、民族解放戦線（ＥＡＭ）の指導に関わった。中央の女性メルポメネ・パパヘリウは、「シエラ」（嵐）と称し、一九四四年十二月のＥＬＡＳ（民族人民解放軍）とイギリス軍の戦いで戦死した。ＥＡＭは一九四一年九月に共産党のイニシアティヴで設立され、すぐに占領下ギリシャ最大のレジスタンス運動となった。一九四四年には五十万人から二百万人の支持者がいたとされる。ＥＡＭには分派組織がいくつかあり、最も重要だったのはその軍事部門ＥＬＡＳで、一九四四年十月にドイツ軍が撤退するころには六万人を数えた。占領下ギリシャの劇的事件で現れた人物と同じように、ＥＡＭは戦争後の権力掌握を熱望した。国内の敵対者は冷酷に扱われたが、ＥＡＭ／ＥＬＡＳはかなりの民衆から支持を得た。それは古い政治体制によって実現される以上のより良い未来像を示したためだった。ＥＡＭ／ＥＬＡＳは、孤立した山岳地域社会の教育水準の向上、そのような社会の農民たちに政治参加の自覚を植え付けようとし、とくに女性の地位向上に力を入れた。女性が選挙権を得たギリシャ初の選挙は、一九四四年四月、それまでにＥＡＭの管理下に置かれたギリシャ山岳地帯の多くの地域で行われた民族評議会のための選挙だった。

## 四人のギリシャ系ユダヤ人の若者

左から右へ、ダビド・ナーミアス、ダビド・シオン、イサーク・アルガラ。立て膝を付いている人物は氏名不詳。一九四三年二月末ごろ、テッサロニキのヒルシュ男爵病院の敷地に作られた仮設ゲットーで撮影。ユダヤ人はダビデの星の着用を義務づけられ、そのコミュニティは「星」を作るように求められた。写真のすぐ後で四人はアウシュヴィッツに送られた。かつてテッサロニキで栄えたユダヤ人社会の四万六千人（テッサロニキの人口のおよそ五分の一を占める）も同じ運命をたどり、ほぼ全員が殺された。写真の四人の中ではダビド・シオンだけが生き残った。枢軸国の占領期間中、総計およそ六万七千人のギリシャ系ユダヤ人と生命を失ったが、これはギリシャの全ユダヤ人の八十七パーセントに相当した。ユダヤ人の中にはトルコに逃げた者、山岳地帯でゲリラ兵士《アンダルテス》と共に戦った者もいた。また、正教の家庭やダマスキノス・アテネ大主教に保護された者もあり、ギリシャのユダヤ人迫害を防ぐために勇敢に最善を尽くした警察長官アンゲロス・エヴェルトのような人物もいた。一九一二年にテッサロニキがギリシャに併合された当時は、テッサロニキの人口の半分以上をユダヤ人が占め、ギリシャ人はおよそ三分の一、残りがブルガリア人、トルコ人その他だった。これらセファルディ系ユダヤ人は、一四九二年にスペインを追われてオスマン帝国から逃げ場を与えられたユダヤ人の子孫だ。彼らはテッサロニキにあった三十以上ものシナゴーグで礼拝し、ユダヤ系スペイン語であるラディーノ語を話した。この言語は本質的にはヘブル文字で書かれた十五世紀のスペイン語だ。ギリシャでは他にも、起源を古代にさかのぼる「ローマ人」ユダヤ人の小コミュニティがあった。

４人のギリシャ系ユダヤ人の若者

民族解放政治委員会（ＰＥＥＡ）のメンバー
と熱心なＥＡＭ支持者だったコザニ府主教イオアヒム

**民族解放政治委員会（ＰＥＥＡ）のメンバーと熱心なＥＡＭ支持者だったコザニ府主教イオアヒム**

ＰＥＥＡは一九四四年三月、ＥＡＭ／ＥＬＡＳゲリラ軍の管理下に置かれた広大なギリシャ山岳地域を統治するために組織された。写真の人物は左から右に、農民党書記コスタス・ガヴリーリディス（農業）、左派自由党のスタマティス・ハジビス（国家経済）、アテネ大学経済学部教授アンゲロス・アンゲロプロス（経済問題）、マノリス・マンダカス将軍（陸軍）、共産党書記長を務めたゲオルギオス・シアントス（内務）、アテネ大学医学部教授ペトロス・コッカリス（社会福祉）、委員長のアテネ大学法学部教授アレクサンドロス・スヴォロス（外交問題、教育と宗教、民衆啓化）、副大統領エヴリピディス・バキルジス大佐（供給）、人民民主同盟書記イリアス・ツィリモコス（法務）、左派自由党のニコラオス・アスクツィス（運輸）。ＰＥＥＡのメンバーの中で、共産党公認メンバーはシアントスだけだった。しかし、コッカリス、マンダカス、たぶんバキルジス（「赤い」大佐）も隠れメンバーだった。委員会の実質的な監督は、左翼支配のＥ

AMが行った。一九四四年五月、PEEAはエヴリタニアのコリスハディス村で民族評議会の選挙を行った。PEEAは亡命政府に代わる政府として公式に認められなかったが、その存在そのものが、政府当局への異議申し立てだった。PEEAは国民統一政府と左翼レジスタンス軍とのさらなる協調を求め、中東のギリシャ軍内部にいたEAMとPEEAシンパによる反乱を早めた。

ウィンストン・チャーチルとダマスキノス・アテネ大主教

**ウィンストン・チャーチルとダマスキノス・アテネ大主教**

一九四四年十二月二十六日、デケンヴリアナの際に撮影。デケンヴリアナとは、共産党の監督下にあったレジスタンス軍ELASと、ドイツ軍撤退の二カ月前にギリシャに戻ったゲオルギオス・パパンドレウ政府に支持されたイギリス軍との間で戦われた激戦のことだ。その際イギリスの首相自らがギリシャの首都に現れ、大戦末期にチャーチルがいかにギリシャの政治発展に心を奪われ、共産主義者支配の裏をかこうと決意していたかがわかる。これにはチャーチルが一九四四年十月に、モスクワでソビエトの指導者ヨシフ・スターリンと最終的に承認した初期の合意が反映されていた。それが名高い「パーセンテージ」協定であり、イギリスのギリシャ支配とロシアのルーマニアとブルガリア支配を交換するという内容だった。チャーチルは西部戦線の戦争が重大な局面に達すると、アンソニー・イーデン外相を連れて危険を顧みずギリシャに飛び、部下たちをひどく驚ろかせた。チャーチルと対立政党の会談は長引き、チャーチルの巨大な名声をもってしても解決は導けなかった。しかしながらチャーチルは、国王ゲオルギオス二世を国民投票を実施しないうちに復帰させることに対して、いかに強い反対感情があるかをつくづく知らされてロンドンに戻った。チャーチルはそれまで「中世の生き残りの厄介な坊主」だけで片付けていたギリシャ正教会の長老聖職者、ダマスキノス・アテネ大主教を尊敬するようにもなった。今までゲオルギオス王の主張を忠実に支持していたチャーチルはここで王を説き伏せ、憲法問題の解決を引き伸ばすためにダマスキノスを摂政に任命させた。ＥＬＡＳとイギリス軍の停戦合意は、チャーチルの劇的な介入から二週間後、一九四五年一月十一日に発効した。

### パヴロス国王とフレデリキ王妃

一九四六年から四九年の内戦期間中、監獄島マクロニソス島を訪れたパヴロス国王とフレデリキ王妃を写したプロパガンダ写真。「改心した」元共産主義者たちに高々と持ち上げられている。大戦中のレジスタンス政策が発端で生じた内戦は、パヴロス王が一九四七年に没した兄ゲオルギオス二世を継いで王位を継承するころには頂点を迎えていた。マクロニソス島は共産主義者の民主軍支持者を手荒に扱うことで知られ、「悔い改め宣言」を無理強いさせるのにとくに重点を置いた。この宣言によって共産主義者は信条を進んで捨て去り、さらに以前の同志を告発しなければならなかった。あるイギリス将校はよくある控え目な表現を用いて、収容所の状態は「人間性と公平を重んじる英米の考え方とは逆」であると述べた。民主軍の側でも強制的に新兵を駆り出し、反対した者には同じようにむごい振舞いに及んだ。民主軍は、北方のユーゴスラヴィア、アルバニア、ブルガリアなど、ギリシャ共産主義の隣人からは限られた支援しか当てにできず、スターリンはアメリカと正面衝突するのを気に病んでいた。アメリカが政府軍に与えた物質的援助は、のちの勝利に決定的だった。激戦にならざるを得なかった内戦によって、戦後の再構築のプロセスはひどく滞り、社会の内部に大きな分裂が作られ、回復には一世代かそれ以上の時間を要した。ドイツ生まれで頑固なフレデリキ王妃は、内戦期間中論争家ぶりを発揮し、一九五五年から一九六三年のコンスタンディノス・カラマンリス最初の首相在職中にも、カラマンリスとの関わりでしばしば波乱を招いた。

パヴロス国王とフレデリキ王妃

## パパゴス将軍とヴァンフリート将軍

一九四九年の復活祭の日曜にアレクサンドロス・パパゴス将軍（右）と卵を割るジェームズ・ヴァンフリート将軍（左）。ドワイト・アイゼンハウアー将軍から「必ずしも知的なタイプではないが」「率直で力強い」と評されたヴァンフリートは、一九四八年一月に連合アメリカ軍事評議会と計画グループの長に任命された。任務は内戦中の政府軍への軍事支援の調整だった。一九四七年三月のトルーマン・ドクトリン宣言以後、アメリカから軍事・経済の両面で莫大な量の援助がギリシャに注ぎこまれた。これは軍顧問とギリシャ―アメリカの連合幕僚によって支援されたが、戦闘の役目はアメリカ側になかった。ヴァンフリートは、政府軍が運に見放されかけていたときに到着した。装備の改良、訓練の改善、メンバーの優秀さによって士気は全体的に向上し、戦局の流れを変えるのに役だった。一九四〇年のアルバニア戦線の英雄パパゴス将軍（のちに陸軍元帥）が最高司令官に就任すると、政府軍の士気はさらに高まった。パパゴスには政治介入の経験があり、一九三五年十月に当時の首相パナイス・ツァルダリスの辞任を求める宣言に署名した三人の古参将校の一人だった。この宣言はゲオルギオス二世国王復位の道を開いた。内戦が終わると、パ

パパゴス将軍とヴァンフリート将軍

パゴスはドゴールをまねて政党を結成した。アメリカに受けの良かったパパゴスは、一九五二年から一九五五年に没するまで首相を務めた。

# 第五章　内戦の遺産　一九五〇〜一九七四

一九四〇年代の十年は、ギリシャ独立の歴史上最も暗い時代となった。四〇年の冬（〜四一年一月）にイタリア、ドイツの侵略に抵抗した栄光の数々、ドイツ、イタリア、ブルガリアの野蛮な占領に抗した英雄的行為が結果としてもたらしたものは、かつてないほど大規模な物資の欠乏状態だった。そのうえ飢饉、報復行為、完膚なきまでの物質的破壊、ギリシャ系ユダヤ人の殲滅、内紛が相次いで起こり、その内紛は四六年〜四九年には完全な内戦という形で頂点に達した。一八二〇年代の独立戦争と第一次世界大戦中の国家分裂は社会に深い亀裂を生んだ。しかし、この初期の内紛によるもろもろの現象も、内戦の残酷さとは比較にならなかった。内戦のせいで、占領中になめた苦痛は四〇年代終りまでつづいた。さらに、両陣営が犯した残虐行為は、ギリシャ人がギリシャ人を苦しめたという点で、より一層強い恐怖感を植えつけた。かつてヴェニゼロス派と反ヴェニゼロス派、大まかに言えば、共和制支持者と君主制支持者との間でも対立があった。しかしこの対立は今やさらに根本的な対立、共産主義者と反共産主義者の対立によって覆い隠されてしまった。

一九四〇年代の後半、衰弱したこの国の乏しい資産は、他のヨーロッパ諸国と同じように戦争と占領の被害の修復ではなく、「内なる敵」の封じ込めに費やされた。一九四九年には政府の軍事・治安要員はおよそ二五万人を数えた。アメリカの援助は、西欧ではほとんどが経済発展に充当されたが、ギリシャでは軍事目的に注がれた。資本主義体制はときにはひどく脅かされたが、生き残った。しかし、政府は政治的・軍事的生き残りを国外支援に頼ったため、実質的にギリシャはアメリカをパトロンに戴くことになった。アメリカの承認なしには、大きな軍事的・経済的決定、さらには政治的決定さえできないも同然だった。外国の影響力がこれほどまで及んだことは、イギリス支配が最高度に達したときでさえ、ほとんどなかった。

共産主義者の反乱――右派の呼び方に従うなら「山賊戦争」――が壊滅的な敗北を喫したため、バルカン半島諸国ではただ一国、ギリシャは共産主義体制をとることなく第二次世界大戦による苦痛と混乱から抜け出ることができた。しかし、内戦後のギリシャは模範的な民主主義をほとんど築くことはなかった。内戦がもたらした苦しみが五〇年代と六〇年代の政治に長い影を落とすのは、恐らくは避けがたいことだった。ちょうど、第一次世界大戦中の国家分裂により喚起されたさまざまな感情が、両大戦間、ギリシャ政治の道筋をことごとくねじ曲げたように。

内政面であれ外交面であれ、内戦後の政府の第一の目的が、社会改革や社会の再構築に真剣に取り組むことよりも、共産主義の封じ込めにあることはすぐに明らかになった。それにもかかわらず、内戦直後の時期は、話し合いという穏やかなやり方が支配的になるかもしれないという希望があった。一九五〇年二月、四七年以来敷かれていた戒厳令が撤廃され、翌月には三六年と四六年に採用された比例代表制に基づく選挙が行われた。

一九五〇年の選挙は極めて多くの政党が競い合った。四六年の総選挙の勝者だったツァルダリス率いる右派の人民党が辛うじて第一党となった。しかし、いずれもヴェニゼロス派の衣鉢を継ぐと称していた中道政党三党が、合計で二五〇議席の過半数を占めた。これら三党とは、エレフセリオス・ヴェニゼロスの息子で政策継承者を称していたソフォクリス・ヴェニゼロス率いる「自由党」、一九二二年～三三年のヴェニゼロス派のクーデターに参加した古参軍人で、四四年十二月の暴動後に短期間首相を務めたニコラオス・プラスティラス将軍率いる「国民進歩同盟」、リーダーの政治家の名前そのものが付けられても驚くにあたらない「ゲオルギオス・パパンドレウ党」だった。三人の政治家は誰も最左派に共鳴してはいなかった。それにもかかわらず有権者の多数が、程度の差はあれ和解を公約し人民党の執拗な報復主義を拒絶する政党に賛成票を入れたのは、将来への明るい兆しとなった。

内戦後の最初の政府は、中道と中道—右翼の連合政権だったが、内戦の敗北者へどの程度寛大さを示すかによって意見が分かれ、短命だった。次の五一年九月の選挙では二つの新政党が争った。一つは内戦の最終段階で総司令官を務めたパパゴス将軍率いる「ギリシャ国民連合」だった。真相はいまだに不明だが、パパゴスはパヴロス国王と抗争後、絶大な権力をふるっていた陸軍を辞めていた。もう一つは非合法の共産党が実質的な隠れ蓑とした「民主左翼連盟」だった。「ギリシャ国民連合」は右派の人民党に取って替わった政党で、第一党となった。意味深長なのは、分離して集計された陸軍でのパパゴスの得票率が一般のそれより飛び抜けて高かったことだ。しかし、選挙の結果どの政党も過半数を占めるにはいたらなかったため、ふたたび中道連合が結成された。この事態に動転したアメリカ大使は、もしギリシャが選挙制度を比例代表制から小選挙区制に変えなければアメリカの援助（ギリシャはそれまでの五年間にほぼ百億ドルを受け取っていた）を縮小すると、公然と脅した。このような動きは明らかにパパゴスに味方した。パパゴスは、朝鮮戦争の勃発に伴う国際的緊張の高まりを背景に、アメリカから政治的安定と左派に対する断固たる路線を保障する最高の人物と見なされていたからだった。政治家たちはこのような破廉恥な干渉に抗議したが、制度の変更は五二年十一月の選挙から正式に実施されることになった。

この選挙で大勝利を収めたのが「ギリシャ国民連合」だった。小選挙区制により、得票率四十九％で議席総数の八十二％を占めた。ここから一九六三年まで続くことになる右派支配の時期が始まった。新憲法は基本的に政治活動の自由を保障していたが、それは現実には内戦中に導入された緊急立法によってしばしば効力を失った。例えば、一九四七年の五〇九法はいまだに有効で、既存の社会秩序の転覆を唱える者に対して厳しい罰則が設けられ、秘密警察は、民衆についての虚実とりまぜた身上調書の山で武装しながら、左派シンパの疑いのある者を周到に見張っていた。政治管理の決め手となる手段は、警察による人物証明の要求であり、公務員になりたい者、パスポートや免許証が欲しい者でさえ人物証明が必要とされた。このような手段は抑圧的なものだったが、ギリシャ北方の近隣諸国の「階級の敵」が被った過酷な扱いに比べれば穏やかなものだった。五二年四月、内戦以来まだ処刑されていなかった死刑囚の多くは減刑され、政治犯の大半も釈放されるか刑期を短縮された。

政治和解はパパゴス政府の重要な議題ではなかったが、経済の再建には進歩が見られた。戦後初期、経済を農業から工業へとシフトさせる試みが一時的に考慮されたことがあったが、それは事実上放棄された。占領期と解放直後の恐るべきインフレによって通貨に対する信用は致命的に弱くなっていたが、それを取り戻すためにかなりの努力が傾けられた。五三年の平価切り下げは、しばしば重荷となっていた国家管理による規制をある程度緩和する政策ときびしい通貨管理政策を同時に実施することによって、個人事業を推し進め、以後二〇年に及ぶ通貨の目覚ましい安定と経済成長を促進させた。これでギリシャ通貨ドラクマの信用は回復されたが、五〇年代に入っても土地・家屋の価格には金の価値が引き合いに出された。

レンガとセメント、とくに後者以外に投資することははばかられるような状況がつづいた。強化コンクリートで建てられた団地が、アテネ、テッサロニキ、そして多くの地方の町にまでどんどん広がってゆき、しばしばこの国全体が一つの大きな建設現場のような様相を呈したからだ。世界でも指折りのセメント会社がヴォロスにあることは偶然ではなかった。六一年から八〇年、投資額の六十五%が建設費で、そのほとんどは急速に増えた郊外人口のための住宅建設費だった。内戦中には総人口の約十%にあたるおよそ七〇万人が住む家を棄てざるをえなかったが、そのことがきっかけで、戦後の一貫した特徴となった地方から都市への人口流入が始まった。五一年から七一年にかけて、都市と地方の人口は逆転し、前者は三十八%から四十八%に増え、後者は五十三%から三十五%に減った。残りは中間的都市の人口として分類された。六一年から七一年に広域アテネの人口は三十七%増加し、次の十年間にさらに十九%増加した。巨額の軍事費が生産的投資へのブレーキとして働いた。いくつか有名になった例を除いて、既存の工業部門の企業は小規模で家族経営に基盤をおいているものが多く、また食品、飲料、繊維、たばこなどローテク部門に集中していた。しかし、サービス業は盛んだった。

ギリシャ経済はアメリカの援助、昔からの収入源だった移民の送金、海運業の収益に大きく依存していた。クセニティア（外国居住）の魅力は戦後もほとんど衰えず、五一年から八〇年までにおよそ人口の十二％が移住した。アメリカの移民割当制限が一九六〇年代半ばに撤廃されるまで、この移民先の多くはオーストラリア（七〇年代にメルボルンは世界中で最もギリシャ人人口の多い都市の一つに躍り出た）とカナダで、五〇年代後半からはドイツが加わり、ギリシャ人（とさらに多くのトルコ人）はドイツ人がいやがる職業の多くに従事した。これらの「ガストアルバイター」は、結局かなりの数が故国に戻り、小規模なサービス業を営んだ。戦後のギリシャ海運業の富の基盤は、その大半が戦争末期のアメリカのリバティー船を商魂たくましく買い入れたことで築かれた。五〇年代から六〇年代にかけて建造されたスーパータンカーも、たとえその大半が税金逃れを目的とした便宜置籍船としても、ギリシャ船籍だった。このいわばかっこ付きの「ギリシャ」海運業は世界最大のものとして出現した。第二次世界大戦以前には、旅行産業はギリシャ経済において無視できる程度のファクターに過ぎなかった。西欧の生活水準が急速に向上し、大量航空輸送の発達と国内の交通手段の飛躍的向上（その一部は内戦の結果）とともに、旅行産業は五〇年代終りに「離陸」態勢に入った。これはこの国の収支ばかりでなく、習慣やしきたりにも重大な衝撃を与えることになった。戦争と内戦で痛め付けられた経済の荒廃はすみやかに癒され、経済再生の成果はその分配が不均等だったとしても、五〇年代から六〇年代にかけて生活水準はゆっくり、しかし着実に向上していった。一人あたりの収入は五五年から六三年にかけて倍近く増えたが、物価の上昇は十七

%に過ぎなかった。

内戦期にはギリシャは冷戦対立の鍵を握る地域だった。北方の三つの近隣諸国アルバニア、ユーゴスラヴィア、ブルガリアは共産主義者の管理下にあったため、ギリシャが西側防衛体制に利用されることは確実だった。一九五二年、ギリシャとトルコはNATO加盟が認められたが、両国とも「北大西洋」に位置するわけではなかった。四〇年代終りには、共通の外敵という意識を分かち合っていたため、二国間の関係は良好な状態にあり、五三年に両国は、四八年にモスクワと決裂して以来孤立していたユーゴスラヴィアと正式な同盟を結んだ。このありえそうもなかったバルカン三国条約は、すぐに分解してしまった。ユーゴスラヴィアとロシアの関係が改善され、一九五五年九月にイスタンブールでギリシャ人少数民族に対する暴徒の反乱が起こり、ギリシャとトルコの関係は危機的な状況に達したためだ。

NATOの南東部を守る三つの同盟国の間の短いハネムーンが突然終りを告げたのは、ギリシャの国境線の外に残る地域でギリシャ人が多数を占める最後の地域、キプロスで危機が高まったからだ。一八七八年この島がイギリスの統治下に入って以来（この島は一九一四年に正式に併合され、一九二五年に英領直轄植民地になった）何年にもわたって、島の人口の八割を占めるギリシャ人コミュニティは「エノシス」、すなわちギリシャ本土との統一を強く要求していた。イギリスがギリシャ国外のパトロンである限りは、歴代のアテネ政府はこれらの統一主義者の強い願望に応えることはほとんどなかった。いまやアメリカがイギリスにとって替わった。そのアメリカは、植民地支配から逃れようとするキプロス人の願望に共感を抱いているように見られ、イギリスは自分の帝国の解体作業に忙しかった。ギリシャを縛っていたものがなくなったので、パパゴス首相はギリシャ系キプロス人の熱意に支援を与える覚悟を決めた。

予想に反してイギリスがこの島の統治権を手放しそうもなかったので、占領中とその後の時期にとかくのうわさのあった反共組織（「ヒ」の名で知られる）の指導者でキプロス生まれのギリシャ軍将校、ゲオルギオス・グリヴァス将軍は、五五年四月、政治的暴力組織を背後に控えた市民による不服従運動を開始した。この運動はグリヴァス率いるキプロス解放民族組織（ＥＯＫＡ）を介して一元化され、キプロス大主教マカリオス三世から黙認された。ギリシャ系キプロス人の要求に対抗するために、イギリス政府はトルコに対して、この紛争に利害関係があることを主張するように促した。このことが背景となって、五五年九月、極めて破壊的な暴動が起こり、イスタンブールのギリシャ人コミュニティは劇的に衰退した。ほどなくトルコはギリシャの「エノシス」の要求に対抗して、自分たちの要求を「タクシム」（分割）と称するようになった。

ギリシャ－トルコ関係の危機が頂点に達したとき、病弱だったパパゴスは没した。パヴロス国王はその後継者としてコンスタンディノス・カラマンリスを選んだが、後継者として明らかにより有利とみなされていた何人かの競争相手は不満を隠そうとはしなかった。カラマンリスはアテネの政治エリート階級の出身ではなかったが、辣腕の公共事業相として名を挙げていた。このぶっきらぼうなマケドニア人は、その後三十五年間、公職に就く就かないにかかわらず、政界で支配力を振るった。「ギリシャ国民連合」を「国民急進党」として再建すると、カラマンリスは五六年二月新たな選挙を行った。この選挙でギリシャで初めて女性の選挙権が認められた。慣例にしたがい、前政府によって自派に都合よく制定された選挙法はまさにビザンティン的な複雑さを持っていたが、カラマンリスの期待通り、彼の党を有利にする効果をもたらした。国民急進党の得票率は主な野党の得票率の合計よりわずかに下回ったが、議席の過半数を確保した。ギリシャの政権党は、政党の色合いには関係なく、選挙法を自派に有利なように自由に操作できると思っていたし、今も思っている。その政権党が実施する選挙の特異性は、二年後の五八年五月に行われた選挙でいかんなく発揮された。国民急進党の党内が短期間分裂したことがあったが、それをうけて実施されたこの選挙で国民急進党は、得票率は前回よりかなり下回ったが、過半数の議席をさらに伸ばした。

それにもかかわらず、本来は非合法化され国外に追放されているはずの共産党が隠れみのとして使っている「民主左翼連盟」が得票率の約四分の一を占め有力野党として浮上したことに、右派はもちろん中道派も大きなショックを受けた。この最左派に対する支持が高まった原因は、中道派の混乱だけでは部分的にしか説明できなかった。民主左翼連盟は、キプロス事件の際ギリシャを支援しなかったNATO同盟に対して盛り上がった怒りを巧みにとらえた。しかし、この結果はキプロスをめぐる膠着状態を打破するのに大いに役立った。カラマンリスもアメリカ合衆国指導部も、中立主義感情の明らかな高まりを懸念したからだ。五六年スエズでの冒険的行動が悲惨な結末に終わったイギリスは、遅ればせながらようやく東地中海における戦略的利益の確保には、キプロス島にイギリスの主権が及ぶ軍事基地を置くことも役に立つということに気がついた。調停への本格的進展が明らかになったのは、同じ年の五八年秋、当時アテネに亡命していたマカリオス大主教が、エノシスの代案としてキプロスの独立を考慮する用意があることを知らせたときだった。

キプロスのギリシャ本土統合が無理だとすれば、紛争の解決方法はもはや明らかだった。五九年初めチューリヒで開かれたカラマンリスとトルコ首相アドナン・メンデレスとの会談で、この問題についての取決めが迅速に行われた。その後ロンドンでの会議でイギリス、ギリシャ、トルコ政府によって、マカリオス大主教やファジル・クチュクなど、キプロス島のギリシャ人とトルコ人コミュニティの指導者たちに協定の草案が既成事実として示された。マカリオスはかなり躊躇したあげく調印したが、グリヴァスはエノシスの大義を裏切ることになったので面白くなかった。グリヴァスはエノシスのために全能力をあげて頑強に闘ってきたのだった。協定によってキプロスはイギリス連邦内の独立共和国となり、イギリスは二つの基地について無期限に主権を保持することになった。ギリシャとトルコはこの島に小規模の分遣隊を駐留させる権利が与えられ、イギリスとともに協定の共同保障国となった。マカリオスが慎重な態度をとったことは正しかった。この新国家は、束縛が多く実際には機能しない憲法を押しつけられたからだ。この憲法は国会議員と国家公務員の三〇%（警察は四〇%）を全人口の一八%しか占めていないトルコ人少数民族に保障していた。

カラマンリスは、NATOとアメリカの利益のためにヘレニズム運動を裏切ったとして、野党の非難を浴びた。しかしこの協定のおかげで、カラマンリスは他に注意を向ける余裕ができた。首相在任の最初の四年間、カラマンリスはほとんどキプロスに没頭していた。カラマンリスは六一年にヨーロッパ経済共同体と提携協定（この種のものは初めて）を結ぶ交渉に成功した。この協定により、八四年までに正式に加盟できる可能性がでてきた。その条件として、関税と物品税を段階的に引下げ、高い関税障壁によって保護されてきた効率の悪い工業の競争力を高めることを約束した。しかし、カラマンリスの動機が経済的なものであると同時に政治的なものでもあったことは明らかだった。提携は同時に、ギリシャをさらに強固に西洋の同盟関係に結び付け、いまだにどこか確実とはいえないヨーロッパ国家としてのアイデンティティを正当化する手段として認識された。

これまでのところ、カラマンリスの内政面には深刻な問題はなかった。しかし、その命運は六一年十月、通常の四年の任期が切れる少し前に選挙を行う決定をしたために変化することになった。五八年選挙ではぶざまな成績しかあげられなかったので、中道派諸閥政党は一つにまとまり、自由党のベテラン政治家ゲオルギオス・パパンドレウのもとで「中央同盟」を結成した。パパンドレウは最左派への支持の高まりによって、カラマンリスに劣らず狼狽していた。

しかし新しい中央同盟は、カラマンリスに恨みを抱く反体制的な右派から、以前は最左派の支持者だった者まで広範囲におよんでいたため、絶えず分離主義的な傾向に陥りがちであり、結局は分裂した。パパンドレウは六一年の選挙で民主左翼連盟の規模を縮小させ第三党に追いやることで、その主要な目的の一つを達成したが、カラマンリスを追い抜くことはできなかった。カラマンリスの得票率が五八年選挙に比べてかなり伸びたからだった。選挙結果が報じられるとすぐに、中央同盟と民主左翼連盟はともにこの選挙はぺてんだと非難した。それは得票集計の不正操作と陸軍、憲兵隊、地方の保安部隊や他の「闇の勢力」による不当な圧力の結果だというのだ。確かに五八年選挙と比べて六一年の選挙の投票パターンには、日常的な政党支持率の変動ということだけではとうてい説明できない異常な動きがあちこちに表れていた。

野党は陸軍がＮＡＴＯの某計画を実行したと非難した。計画のコードネームはペリクレスといい、その目的は国内安全への脅威に対処すること、つまり右派の権力の保持にあった、というのだ。この件はついに立証されず（六七年〜七三年のギリシャの独裁者ゲオルギオス・パパドプロス大佐はのちに陸軍の関与を認めた）、カラマンリスが、パパンドレウが「選挙一揆」と呼んだこの件について個人的に責任を負ういわれもなかった。この傑出した雄弁家である野党指導者は、すぐに選挙結果を無効にするために「不屈の闘い」と称する運動に乗り出した。この呼びかけは、パパンドレウが新しく結成した中央同盟に人びとを結集するのに大きな効果をあげた。それは当時大都市に移住しつつあった新しい世代の支持をつなぎ止める点でも役だった（五一年〜六一年に広域アテネの人口は三十五％増加した）。この世代は、ギリシャがますます繁栄してきているにもかかわらずその繁栄から疎外されていると感じ、子供たちにはよりよい教育の機会を与えることを望み、もはや内戦期に端を発する一連の抑圧的な法律は必要がないと考えていた。

人びとが、カラマンリス政府は方向を見失ったという認識をはっきり抱いたのは、六三年五月にテッサロニキで行われた平和集会で、民主左翼連盟の国会議員グリゴリオス・ランブラキスが殺害されたときだった。この暗殺は、「パラステート」（準政府機関）として知られていた極右の不気味な闇の組織が引き起こしたもので、その後憲兵隊の高級将校グループが背後にいることが分かった。カラマンリスはまた王室、とくにドイツ生まれの頑固なフレデリキ王妃と衝突した。五五年に無名のカラマンリスをパパゴスの継承者として異例の抜擢を行ったのがパヴロス国王であることを考えれば、これはいくらか皮肉な成り行きだった。カラマンリスは軍隊と王室との間に結ばれた特別な関係に憤りを感じており、また王室のかなりの贅沢もその禁欲的で田舎風の気質の持主には不快だった。王室との関係がますます不安定になっていくなかで、六三年夏、国王夫妻は、二人のロンドンへの元首訪問を延期するように求めた首相の忠告を無視した。これでカラマンリスの堪忍袋の緒も切れた。ロンドンでは夫妻が、獄中にある共産主義者の釈放を求める激しい抗議デモに遭うのは必至だったからだ。やや権威主義的傾向のあるカラマンリスは、その見解によれば首相を犠牲にして議会にあまりに多くの権力を与えている憲法の下で、いらだつこともあった。

カラマンリスは憤懣やるかたなく辞任し、ギリシャを離れた。次にカラマンリスがギリシャに戻ったのは、六三年十一月、六一年の不正選挙の再発防止のための選挙管理内閣が実施する選挙戦を闘うときだった。ゲオルギオス・パパンドレウは自信を失ったかに見えた右派の弱みに巧みに付け込んだ。ギリシャ政治の舞台における二大調停者である王室とアメリカ大使館は、五八年に起きたような最左派の復活を防ぐ最善の策として、今や穏健な改革主義をとる中道政府を喜んで迎える覚悟をきめていた。パパンドレウはカラマンリスに僅差で勝利した。右派に対する極端な批判者たちは、右派が権力の座を自発的に明け渡すことはありえないと主張していたが、パパンドレウの勝利はその主張が偽りであることを証明した。無念のカラマンリスはフランスに去り、最もドラマティックな状況が起こるまで、そこから十一年間戻ろうとしなかった。

しかしながら、新議会の勢力均衡が民主左翼連盟によって保たれているという事実は、右派に反対するのと同じ程度に最左派に懐疑的な政治家には受け入れがたいことだった。パパンドレウはすぐに辞任し、三カ月後の六四年二月、新しい選挙が行われた。パパンドレウの賭けは報われ、その中央同盟は五十三％の得票率を獲得し、戦後にはこれを凌ぐ数字は一度しか記録されず（それも七四年の例外的な状況のもとでかろうじて）、議会におけるゆるぎない絶対多数派となった。

しかし、中央同盟の勝利によってかきたてられた高い（そしてたぶん実現不可能な）望みは達成されることはなく、パパンドレウの在職は十八カ月に過ぎなかった。キプロスをめぐって新たに起こった大危機が首相在任中いつも背景としてあった。この国の歴史にはつきものの、国内政策よりも国外政策を優先する体質が選挙公約の実行を決定的に妨げた。パパンドレウが首相に就任すると同時に、一九六〇年のキプロス協定で定められた手の込んだ権力共有の仕組みは崩壊したが、遅かれ早かれそれは必定だった。六三年十一月、ギリシャ正教の伝統にまさしく則して宗教的指導者と政治的指導者の両方を兼ねてきたマカリオス大統領が、トルコ人少数民族に与えられていた権利の縮小を求めた。トルコ政府はマカリオスの提案を、トルコ系キプロス人に代わって即座に激しく険悪な調子で拒絶した。十二月末、両コミュニティの間で激しい戦闘が始まり、島に直接トルコが介入する危険が差し迫った。これは六四年夏、アメリカ大統領リンドン・ジョンソンのきわめて強硬な発言によってようやく回避された。

……諸君の議会と諸君の憲法。アメリカは象である。キプロスはノミである。ギリシャもノミである。もしこの二匹のノミがいつまでも象をかゆくさせるなら、ノミは象の鼻でひっぱたかれるであろう。それもこっぴどく。

リンドン・ジョンソン大統領よりワシントンのギリシャ大使へ（一九六四）

国連の平和維持軍によって不安定ながらも平和が維持された。この時以来、国連軍はこの島に駐留している。これまで島中に散らばっていたトルコ人の相当数が、ギリシャ系キプロス人を排除した少数民族居住地に集められた。パパンドレウは「二重の」エノシス（統一）案を退けたため、アメリカの指導部からはひどく不興を買った。「二重の」統合とは、キプロス島内にトルコ人の自治州およびトルコ本土によって管理される軍事基地を何カ所か設け、その代わりにキプロスをギリシャに併合する、ただし善意のしるしとしてギリシャは小島カステルリゾ島をトルコに割譲するという内容だった。

これらの成り行きはパパンドレウの短い首相任期の大半に影を落としたが、パパンドレウは改革プログラムを始めることができた。内戦中の活動によりいまだに獄中にあった者は、全員ではないにせよ釈放され、東側陣営諸国との凍結した関係もいくらか雪解けがはじまった。重要な教育改革の法制化も行われたが、もしそれを実行する時間的余裕があったら、古風な学校制度の近代化にいくらかの道が開け、純正語カサレヴサを口語のディモティキに置き換えることが強調されただろう。経済政策の細部には向いていなかったパパンドレウは、長年アメリカ合衆国で経済学者として過ごし、最近帰国したばかりの息子アンドレアス・パパンドレウの助言に大きく頼っていた。アンドレアスは父の政府で閣僚となり、いずれ中央同盟の指導者になることを期待していた党内の者たちからは、自分たちの立場を脅かす存在と見られ、彼らを落胆させた。このような一人にコンスタンディノス・ミツォタキスがいた。ミツォタキスと若いパパンドレウのライバル関係は、二〇年後の一九八四年、アンドレアス・パパンドレウの八年にわたる首相在任中、ミツォタキスが保守党ネア・デモクラティアの党首に就任した際に再び表面化した。

パパンドレウの穏やかなインフレ経済政策は、この国の経済と財政を支配する少数の特権階級を不安におとしいれた。それらの政策が、最初のカラマンリス時代に見事に達成された長期の物価の安定を脅かすようにみえたからだ（実際には六二年の消費者価格は下落した）。さらに不吉なことに、内外の共産主義者の脅威の下で国家の諸価値の守備者として訓練されてきた軍の分子は、パパンドレウ政府をこの国を危険な左翼の影響にさらす恐れのあるトロイの木馬のようなものと見なしていた。とりわけ陸軍の極右分子の恐怖の的は、アンドレアス・パパンドレウだった。パパンドレウの見解は、後年の立場のいくつかに比べれば穏健だったが、父親のものより明らかに急進的だった。極右の疑惑に油を注いだのが、若いパパンドレウが「アスピダ」（盾）という陸軍の陰謀集団のリーダーと目されているという主張だった。アスピダは極右のＩＤＥＡ（ギリシャ将校神聖同盟）の極左版と見てよく、第二次世界大戦中に中東のギリシャ軍内に設立された。

パパンドレウの父には、軍部に対する政治的統制権を全面的に行使する以外にほとんど選択の余地はなかった。しかし、その点でパパンドレウは自分が任命した国防相から妨害された。国防相はパパンドレウが提案した軍の指揮系統の改革を阻み、中央同盟から正式に追放された後でさえ、パパンドレウの辞任要求を拒否した。この危機が頂点に達したのは、六五年七月、首相が国防相兼務の承認を国王から得ようとしたときだった。国王コンスタンディノス二世は父パヴロス国王の後を継ぎ、前年の六四年三月、二十四歳で王位についていた。

若い政治経験のない国王およびその助言者と、政治におけるキャリアが第一次世界大戦にまでさかのぼる七十歳代の首相との間で衝突が始まった。コンスタンディノス国王はパパンドレウの国防相兼務を拒否した。首相の息子がアスピダの陰謀で疑われていた役割の調査中にそうするのは適切でないという理由からだった。とげとげしい公開書簡のやり取りの末、パパンドレウは辞任を申し出たが、それが本当に受け入れられるとは考えていなかった。しかし、国王は辞任申し出をパパンドレウのはったりとみくびり、中央同盟の分断戦略の実行に踏み切った。この党は、中道派、急進派、保守派による不安定な連合体で、他のすべての資本主義政党と同じように、適切な党組織を欠いていた。多大の努力の末、国王は成功を収めたが、パパンドレウの支持者は、カラマンリスの六一年の「選挙一揆」に倣って六五年七月の出来事を「国王一揆」と呼び、大規模な抗議デモを起こした。

コンスタンディノス国王の行動は憲法で定められた権利の範囲内といえたかもしれないが、その戦略が政治的に賢明だったかどうかは別問題だった。たとえ保守の国民急進党の支持を得て議会で過半数すれを確保できたとしても、中央同盟からの脱退者（彼らは党に忠実な者たちからは苦々しく「背教者」と非難された）によって作られた政府は明らかに正当性に欠いていた。パパンドレウから絶え間なく攻撃され、権力の座に坐っているときよりも野党にいるときのほうが気の楽な「背教者」ステファノプロスの政府は、明らかに何もしないのにするふりをする以外になかった。さらに、政治混乱と不安定さが続いたため、議会外の右翼は過度の恐怖と不安を抱き、また国民一般の間にも政治家への幻滅感が広がるという危険な状況がでてきた。

パパンドレウは一貫して、戦後最大の深刻な政治危機から逃れる唯一の道は新たに選挙を行うことだと主張してきた。結局、パパンドレウとカラマンリスの後継者で国民急進党党首のパナヨティス・カネロプロスとの合意に基づき、超党派の選挙管理内閣のもとで六七年五月選挙が実施されることになった。しかし、選挙運動は、アンドレアス・パパンドレウをアスピダ事件の共犯者として告発できるように議員免責特権を取り上げるべきだという要求の影に隠れてしまった。この問題をめぐる論争によって、選挙管理内閣は崩壊した。そこで国王は異例なことではあったが、カネロプロスに選挙の監督を委ねた。しかし、数日後の四月二十一日、比較的下級の将校グループが手際よくクーデターを起こした。その目的は、選挙でほぼ確実に予想された中央同盟の勝利を阻止することにあった。

この戦後初の軍による政治舞台への明らかな介入には、事実上何の抵抗もなかった。国王、右から左までの政治家、軍の最高幹部もみな虚を突かれた。労働組合はばらばらで、政党には組織といえるものはなかった。これらのことが、先立つ十八カ月間、政治家が危機に対して手をこまねいたことと結びつき、すべて陸軍がやすやすと権力を掌握できたことに貢献した。正当な首相であるカネロプロスの請願を無視した国王は、ゲオルギオス・パパドプロスとニコラオス・マカレゾスの大佐二人と、クーデターの指導者スティリアノス・パッタコス准将のトロイカ体制の隠れみのとしてつくられた得体のしれない文民政府をしぶしぶ承認した。

こっけいにも自らを「一九六七年四月二十一日革命」ともったいぶって呼んだこの軍事臨時政府は、まず第一に、古くさい軍事独裁者たちの流儀で、そして一九三六年にメタクサス将軍がつくった先例に従い、切迫していた共産主義者による権力奪取の機先を制する必要があったとして、自分たちの行動を正当化した。しかし、そのような共産主義者の陰謀の証拠はどこにもなかった。実際には左派もブルジョワ政党と同じくこのクーデタには不意をつかれた。このクーデターに備える態勢ができていなかったことが一因となって、翌年（六八年）共産党の国外指導部は二つの派に分裂することになった。一つは揺らぐことなくソ連に忠誠をちかう派、もう一つは広い意味で「ユーロコミュニスト」に位置づけできるギリシャ共産党国内派だった。

軍事体制の指導者のなかには、急速に進んだ戦後の経済・社会の変化に伴って生じた西洋的で世俗的な影響力から、伝統的な「ギリシャ＝キリスト教文明」の価値を守ると自称していた使命を大まじめに考えていた者がいたことは疑いない。軍事体制のイデオロギー的プロパガンダには、メタクサス体制の権威主義と父子主義のなごり——明確な形をとることは滅多になかったとしても——がたくさん見られた。しかし、やがて「大佐たち」——このような呼びかたで知られるようになった——の第一の動機は、それほど高尚ではないことが明らかになった。彼らが恐れたのは、大きな影響力をもつことが予想されるアンドレアス・パパンドレウの中央同盟が政権に復帰することだった。クーデターの背後にいた軍部の極右分子はパパンドレウによって追放されるのがこわかったのだ。農民など地方の人びと、つまり中の下の社会階層に属する人びとは、概して、伝統的な政治エリートの特権的なライフスタイルに反感を持っていた。彼らは、守備隊の駐屯する退屈な田舎の町で、自分たちが国家の敵、共産主義者やスラヴ人から国境線を守っている間に、エリートたちはアテネという豊かな都市の中で手の込んだ政治ゲームにふけっている、と思っていた。

ギリシャの若者よ……諸君は胸にギリシャを抱いてきた。諸君の信条《クレド》の意味するところは犠牲である。「来り、彼らを捕らえよ」のレオニダスの時代から、後には「私の目の黒いうちには、お前らにこの町《ポリ》を与えない」のコンスタンティヌス・パレオロゴスや「否《オヒ》」のメタクサス、そして一九六七年四月二十一日の「止まれ、さもなくば撃つ」……。今日の儀式は、古代の伝統という水源で行う再洗礼である。そして、太陽の下、ギリシャ民族が最高最大の種族であるという民族的信条の表現である。

スティリアノス・パッタコス准将（一九六八）

「大佐たち」は自分たちが見下していた古い政治家たちから、実質的に何の政治協力も得られなかった。実際、伝統的右派も中道や左派の政治家たちと同じような強い嫌悪で報いた。過去の多くの軍部独裁政治の例とは対照的に、「大佐たち」は特定の「パラタクシス」（政治ファミリー）の利益のために口出しをすることはなく、自分たちに都合のいい政府ができるとさっさと政治の舞台から退いた。むしろ彼らはかつてのメタクサスのように、右派から身を潜めている左派にいたるまで、「政治の世界」にいるすべての人間にたいして復讐した。特に共産主義者には、事実かそう思われているかは関係なく、敵意を示した。左翼シンパであるという身上調書によって何千もの人が国内追放され、多くの政治家や反対者が投獄、追放、自宅軟禁に追い込まれた。アメリカの強い圧力を受けて、アンドレアス・パパンドレウは獄中から釈放されて国外退去が認められた。ゲオルギオス・パパンドレウは六八年十一月に没するまでの大半を自宅軟禁の状態で過ごした。その葬儀にはアテネ人口の五分の一にあたる五十万人が参列し、間接的な形ではあるが、この体制の不人気ぶりを強く示した。

一九六七年十二月に国王によって企てられた素人くさい逆クーデターが失敗すると、「大佐たち」のトロイカは、文民の傀儡政府を介した支配という装いをかなぐり捨てた。彼らは亡命した王に代わる摂政団を組織した。ここで体制の実力者として脚光を浴びたのが首相に就任したパパドプロス大佐だった。政治運営の巧みなパパドプロスは次第に権力を集め、首相の他に外務、防衛、教育、政府政策の各閣僚ポストを引継ぎ、最終的にはこれらの閣僚職と摂政団を統合してしまった。六八年には、国の統治における永続的かつ決定的な発言権を軍に与えることによって軍の権力掌握を制度化しようとする明らかな試みとして、ひどく権威主義的な憲法が導入され、詐欺まがいの国民投票で承認された。

この体制が大衆の支持をまったく得られなかったことは間もなく明らかになった。選挙についていろいろ制限条項を設けた反民主主義的憲法の下ですら選挙の実施をためらった事実によって、そのことは裏付けられた。いくつかの小規模なレジスタンス・グループも生まれ、六八年にはパパドプロスの暗殺も試みられたが、組織的な反対運動はほとんど起きなかった。反抗した者の大半は、残酷で効果的な保安組織によって厳しく扱われた。さらに、この体制は、国内外の投資家に対して気前良く借用あるいは提供を促す乱費政策を介して、少なくとも一九七三年の世界的な石油ショックまでは、一九五〇年代終りから六〇年代初めの民主主義政府の下で生じた経済成長の勢いをおおむね維持できた。これが大衆の反対の発生を抑制した。

この体制の残酷でしばしば馬鹿げたやり方は海外から激しく非難されたが、ギリシャのパートナーであるＮＡＴＯ同盟諸国は、たとえ口先では非難しても何からの具体的な行動に出る気はなかった。さらに大半のギリシャ人は、この独裁制をお膳立てした張本人の筆頭はアメリカだと考えていた（もっともその証拠はなかったが）。アメリカは、ますます不安定になっている東地中海地域において、ギリシャ独裁政権はアメリカの言いなりになる安定した砦とみていたので、精神的にも物質的にも支援を惜しまなかった。七年間世界の村八分状態に置かれたこの国を訪れた数少ない外国高官の一人が、ギリシャ移民を父に持つアメリカ副大統領スピロ・アグニュー（生名はアナゴストプロス）だった。臨時政府はパトロンであるアメリカの機嫌を損ねないように気をつかった。とくに権力掌握直後の一九六七年秋、キプロスをめぐるトルコとの対立で屈辱的な敗北を喫した後では、ＮＡＴＯに対するの公約を忠実に実行しようとした。この危機によって、軍事政権とマカリオス大統領の関係は目に見えて悪くなり、七四年七月の崩壊でトルコがギリシャに侵攻するに及んで、破局を迎えた。

一九七三年、圧制的ではあるが見掛けは安定していた軍事政権に深刻な亀裂が走りはじめた。この年のインフレ率が、先立つ二十年間は非常に低かったにもかかわらず、一挙に倍に上昇したのは決して偶然ではなかった。学生たちは反体制運動の先頭に立ち、三月にはアテネ大学法学部を占拠した。五月に起こった海軍の反乱は失敗に終わったが、これは将校グループをたびたび追放してきたにもかかわらず、軍内部にも反体制分子が生き残っていたことを示した。パパドプロスはすぐにコンスタンディノス国王の退位を宣言し、亡命先のローマから海軍の反乱に関わったとして国王を糾弾した。そして「大統領制議会制度共和国」の成立を宣言した。この宣言に伴って茶番劇めいた国民投票が行われ、任期八年の大統領にはただ一人立候補したパパドプロスが選ばれた。パパドプロスは「指導された」民主主義構想の第一段階として総選挙を行うために、二流の政治家スピロス・マルケジニスを選挙管理内閣の首相に任命した。

この選挙が実現しないうちに、大規模な学生デモが起こった。この学生運動は一九七三年十一月のアテネ理工科学校《ポリテクニック》の占拠で頂点に達したが、陸軍によって容赦なく弾圧され、死者まで出た。臨時政府のなかで、とりわけ人びとから恐れられていたのが軍事警察長官ディミトリオス・イオアニディス准将だった。そのイオアニディス准将を中心とする強行派の要求により、パパドプロス大統領とその操り人形マルケジニス首相は解任された。その後、フェドン・ギジキス中将が大統領に就任した。七三年十一月に起こった軍事政権内部の政変と同時に、トルコとの関係が急激に悪化した。その原因は、エーゲ海においてギリシャが自国の大陸棚の一部だと主張していた海域で、トルコが石油探査を行う権利があると主張したためだった。ギリシャ領のタソス島の地域で開発に値する量の石油が発見されたため、この問題へのトルコの関心が急速に高まった。

このエーゲ海紛争に対して、イオアニディス体制はキプロスに向けてますます威嚇的な方針を採用し、ためらうマカリオス・キプロス大統領にアテネをヘレニズムの「民族の中心」であることを受け入れさせた。一九七四年の七月初め、マカリオス大統領はキプロス民族防衛隊内のギリシャ本土出身将校のほぼ全員に除隊を求め、ギリシャ臨時政府がキプロスの情勢を破壊しようとしていると抗議した。その報復としてイオアニディス准将は愚かにもマカリオスに対するクーデターを起こし、マカリオスはキプロスから脱出を強いられた。イオアニディス体制は、キプロスのギリシャ併合という輝かしい民族的勝利をもたらすことによって自分の体制の人気を高めようと必死になっていたようだった。トルコはまさしくこのクーデターが一九六〇年憲法の条項で明確に除外されていた統一《エノシス》の予告であるのを恐れ、七月二十日にキプロス島北部に侵攻した。

ギリシャもトルコも戦時動員を行い、しばらくの間、両国は戦争に突入しかねない状態となった。しかしギリシャの動員は大混乱となり、軍の指揮官たちはトルコ攻撃命令の実行を拒んだ。国内ではいかなる支援もなく、適法性にも欠け、国際舞台にも同調者がいなかったイオアニディス体制は統率力を失った。文民政府の復帰を求める軍部内強力分子の要求がとどめの一撃となった。軍指導者と旧政治体制の年長メンバーとの会合が行われ、独裁政治の解体と民主政府復帰の監督をコンスタンディノス・カラマンリスに求めた。カラマンリスはどこか機械仕掛けの神《デウス・エクス・マキナ》のように十一年ぶりに亡命先のフランスからギリシャへ帰還し、激しい歓喜の声に包まれながら、一九七四年七月二十四日午前四時に首相就任の宣誓を行った。

## 親愛の情を表すのも号令に合わせて

ギリシャ―トルコ関係はギリシャの独立以後ほとんどいつも不安定だった。それを反映するのが、一九五三年にギリシャのテッサリア地方で行われた軍事演習の際に、NATOが撮影したプロパガンダ写真（上）だ。写真はギリシャ（右側のイギリス風軍服）とトルコ（左側のアメリカ風軍服）の小隊が、カメラの前でどこかためらいながら歓迎しあう風景。このころ二国間の関係は、新たにNATO加盟が認められたこともあり、第二次世界大戦以後で最も良好だった。ヴェニゼロスの如才ない外交手腕によって、一九三〇年代にギリシャ―トルコ関係は大きく改善されたが、第二次世界大戦中にイスタンブールのギリシャ人少数民族は差別税を課され、ひどく苦しめられた。両国は一九四〇年代終りから五〇年代初めに同じようにソビエトの脅威を感じたため、密接な関係を保った。しかし、この写真が撮影されてから二年もたたないうちに関係は極めて悪化した。トルコ政府に教唆されて、イスタンブールのギリシャ人コミュニティに対して暴動が起きたからだ。この暴動で多数の死者と大規模な財産の破壊が発生し、四千以上の店舗、百のホテルとレスト

親愛の情を表すのも号令に合わせて（上・下）

ラン、七十の教会が損傷ないしは破壊された。写真下は、アシナゴラス世界総主教が、帽子をかぶらずに廃墟と化したパナギア・ヴェリグラディウ教会を歩いている。この暴動で移民にはずみがつき、一九九〇年代初めには、トルコのギリシャ人少数民族は実質的に姿を消した。ギリシャにトルコ人少数民族がおよそ十二万人も住むのと対照的だ。一九五五年の反乱の原因は、キプロスのギリシャ系キプロス人がギリシャ本土との統一を求めたためだった。一九五五年以来、キプロス問題は常に二国間の争いの種となり、一九七四年七月にトルコがキプロス北部を侵略した際に関係悪化は頂点に達し、ギリシャ―トルコ戦争は間一髪のところで回避された。これ以後トルコ軍のキプロス島駐留は続き、入りくんだ二国間の不和は、絶えざる緊張を招いている。

**キプロス大主教マカリオス（左）、ゲオルギオス・グリヴァス将軍（右）、ニコス・サンプソン（中央）**

イギリス、ギリシャ、トルコ三国が一九六〇年キプロス独立の合意に達した直後の一九五九年、ロドス島で行われた会見の際撮影された。合意の結果は三人を落胆させたが、とくにグリヴァスの気落ちは大きかった。ギリシャ陸軍で兵役に服したキプロス人グリヴァスは、一八七八年以来続いたキプロスに対するイギリスの植民地支配を終わらせ、現在中東で多数のギリシャ人人口を抱える唯一の地域であるキプロスをギリシャに統一するために、一九五五年以来テロや市民の不服従行動を背後から操っていた。マカリオスはキプロスがギリシャとトルコに二分されるのを拒み、唯一の代案としてしぶしぶ独立を認めた。トルコがこの島に関心をもつのは、トルコ人が人口の十八パーセントを占めていたか

キプロス大主教マカリオス（左）、ゲオルギオス・グリヴァス将軍（右）、ニコス・サンプソン（中央）

らだった。キプロス新共和国の大統領になったマカリオスは、ギリシャ正教の慣習にほぼしたがい、宗徒に対して政治・宗教の両面でリーダーシップを発揮した。グリヴァスは一九七四年に没するまで、決して攻撃の手を緩めなかった。ニコス・サンプソンは、グリヴァス率いるEOKA(キプロス解放民族組織)の最も冷酷で有能なメンバーの一人。写真が撮られたのは、サンプソンがイギリス当局によって獄中から釈放されて間もないころだった。マカリオス大統領は一九七四年にアテネの軍事政権がクーデターを起こしたあおりで一時退位したが、そのときサンプソンがキプロス大統領を務めた。サンプソンは一週間足らずで大統領を退いたが、ある合併強硬支持者の不当な要求が一因となって一九七四年七月二〇日のトルコ侵攻を招き、トルコはキプロス島のほぼ四割を占領するに至った。

アテネ理工科学校占拠した学生たち

## アテネ理工科学校占拠した学生たち

一九七三年十一月。ギリシャ国旗のすぐ上にぶら下がっている文字は、「臨時政府反対」(オヒスティフンタ)と読める。このアピールはファシズムの放棄を求め、アメリカ合衆国をナチスと同一視していた。一九六七年四月に「大佐たち」によるクーデターを経て軍事独裁政権が成立すると、学生の間に政権反対を訴える大規模な反対運動が起こった。それは一九七三年三月のアテネ大学法学部の占拠で始まり、五月には海軍で反乱が企てられたが失敗した。これに刺激された臨時政府のリーダー、パパドプロス大佐は、独裁的な一九六八年憲法を批准、「指導された」民主主義を推し進めた。これらの計画は学生によるアテネやパトラスの大学校舎の占拠や、十一月のアテネ・ポリテクニック占拠によって暗礁に乗り上げた。非合法のラジオ放送が、臨時政府打倒に向けた労働者・学生連合を求める声明を放送しはじめると、世論は学生支持に回り、軍当局はひどく当惑した。十一月十六日から十七日にかけての深夜、戦車に先導された軍隊と警官隊が占拠に終止符を打った。正確な死傷者数は不明だが、少なくとも三十人が死亡、負傷者はそれ以上、さらに多数が逮捕された。学生は圧倒的な力の前に潰えたが、その行動はパパドプロスの失脚を早めた。失脚はすでに大いに嫌われていた軍事警察の指揮官で、自由化に向けていささかの歩み寄りも認めなかったイオアニディス准将率いる強硬路線支持者の手で準備されていた。パパドプロスの失脚後、権力は結局扇動者イオアニディスの手に収まったが、イオアニディスは一九七四年七月にキプロス大主教マカリオスにクーデターを企て、独裁政治の失墜を早めた。

『ピンク色の背景の水兵』(1955)

**『ピンク色の背景の水兵』(一九五五)**

画家・舞台美術家・挿絵画家ヤニス・ツァルヒス(一九一〇~九〇)の画。ツァルヒスはフォティス・コントグルの弟子。その作品には、師と同じようにギリシャの伝統に対する強いこだわりがうかがえる。

# 第六章　民主主義の強化とポピュリズムの十年　一九七四〜一九九〇

一九七四年七月、カラマンリスは、その政治的手腕を最大限試される危機に向かわざるを得なくなった。トルコのキプロス侵攻を招いた軍部の愚かしい熱狂的愛国主義《ショーヴィニズム》は、ギリシャとトルコを戦争寸前の状態に追い込み、政府は例のないほどあっけなく瓦解した。七年以上もの間、いかなる規制も挑戦も受け付けなかった軍部に対して、首相が自由に行使できる手段は極めて限られていた。軍部内にはまだ、いままで軽蔑以外の何物も示さなかった政治家に道を譲りたがらない分子がかなり存在した。しかし、臨時政府の明らかな破綻と不人気ぶりは、カラマンリス支持の巨大な高まりとともに、カラマンリスの堅実な影響力と結び付き、軍支配から多元的民主主義に驚くほどスムーズな移行が保障されることになった。次の七年間、政治体制は前後のどの時期よりもうまく機能した。カラマンリスが微妙なバランスをとりながら綱渡りをしていたことは、復帰後数週間、駆逐艦一隻に見守られながらヨットで夜を過ごしていたという事実からも示された。

カラマンリスの最優先事項はトルコとの戦争の危機を緩和することだった。戦争は両国の軍事力の不均衡と軍事独裁末期にイオアニディス准将が命じた動員令の混乱ぶりからすれば、絶対に実現されてはならない選択だった。八月半ばにジュネーヴの和平交渉が決裂すると、トルコ軍はキプロス北部先端地点に上陸し、部隊を展開した。上陸部隊が支配した地域は、西はファマグスタから東はモルフーに至るアッティラ線によって境界を画し、その面積は島の四割近くを占めた。にもかかわらず、カラマンリスは危機を軍事的に解決することは明白に拒否した。さらに、気紛れな同盟国の援助もほとんど期待できなかった。アメリカは弾劾の脅威にさらされていたニクソン大統領の辞任で大きく揺れ、国務長官ヘンリー・キッシンジャーは、マカリオス大統領は東地中海の「カストロ」であると非難して解任を求めていたが、この危機への対応は鈍かった。その植民地政策によってキプロス問題を招き、ギリシャやトルコとともに一九六〇年の政府解決の立役者だったイギリスは、難局から巧みに手を引いた。

キプロス自体にとって侵略の傷は、ほぼ二十万人のギリシャ人が島の南部へ避難したことだ。彼らは、アメリカ合衆国がトルコ側に「味方している」という思いも手伝って暴力的デモを引き起し、その際に、アメリカ大使が射殺された。反米感情を招いたのは、アメリカがトルコに対して影響力を行使しなかったことだけでなく、軍事体制に一貫して慈悲深い寛容の手を差し延べていた点も原因となっていた。カラマンリスはすぐに米軍基地の存続を問題にし、ＮＡＴＯ同盟軍からギリシャ人部隊を引き揚げ、反米感情の高まりに応えた。

七年の独裁制の間、政治家は臨時政府に反対する連合戦線を維持したが、それは、クーデター以前の二極化した政治風土を考えると驚くべきことだった。共産主義者は、戦前のメタクサスの独裁政治下と同じように、弾圧の矢面に立たされていた。敵意と迫害にさらされた経験を共有する共産主義者は、内戦の時期にもっていた敵愾心を鈍ぶらせていた。カラマンリスは素早く共産党の合法化に乗り出し、またとない寛容の季節の到来を示した。共産党は一九四七年以来非合法とされ、一九四九年の内戦終結以来、ギリシャ国内では「民主左翼連盟」を隠れ蓑とした危険な地下勢力として、また東欧諸国やソビエトではしばしば過酷な亡命生活を強いられた何千人もの政治難民たちの間における一つの分派として存在してきた。スターリン主義者の保守派と改革派の対立は、一九六八年のワルシャワ条約諸国によるチェコ侵犯の結果、明らかな亀裂となって噴出した。対立した改革派は、大ざっぱに言うなら「ユーロコミュニズム」政策の支持者であり、共産党国内派と称した。この名称には亡命した党指導部は国内の変化する政治・社会の現実に接していないという見方が反映されていた。それにもかかわらず、政治諸勢力の最左派にいる者の大部分は、共産党主流派に対して忠誠を維持していた。

クーデター以前には共産主義者の天敵だったカラマンリスその人が、今や政治体制の内部に共産党を包含しようとしているという事実は、ある種の皮肉だった。しかし、カラマンリスが進んで共産党を合法化したことは、一般選挙民の左傾化の強まりを表すものだった。独裁制とキプロスの大惨事を経験したため、一九五〇年代と六〇年代の反共主義、アメリカ支持、NATO支持という合言葉は信頼を失っていた。独裁政権の遺産という旧弊を一掃する際、カラマンリスが民衆の幅広い支持の基盤に立っていたのは疑いなかったが、カラマンリスは選挙の実施によって、自分の権力を合法化する意思をすぐに明らかにした。それまでカラマンリスは、その権力を陸軍の一部の好意と支持によって行使していた。

この選挙が実施されたのは一九七四年十一月半ば、独裁政権の崩壊からわずか四カ月後だった。この選挙は、戦後初めて、権威主義的な右翼から共産主義者に至る政治の全勢力に及ぶ政党によって競われた。カラマンリスの政党ネア・デモクラティア（新民主主義党。本質的にはクーデター以前の「国民急進党」を再編成したもの）が一人勝ちすることに大きな疑いはなかった。まさにその通りに、ネア・デモクラティアは五十四％という異例の得票率を獲得し、総議席数三百のうち絶対多数の二百十九議席を占めた。選挙民は安全な舵手に投票したことは明らかであり、「カラマンリス、さもなければ戦車」という暗黙のスローガンに心を動かされていた。さらに驚くべきことは、クーデター以前の政党で唯一その古い色合いの下で運営されていた中央同盟の崩壊だった。その得票率は、一九六七年のクーデター以前に最後に行われた一九六四年の選挙では五十三％だったが、今回は二十一％に下がった。

来たるべき出来事の前触れは、アンドレアス・パパンドレウ率いる全ギリシャ社会主義運動（PASOK）がまずまずの成果をあげたことだった。パソックはネア・デモクラティアとも中央同盟とも異なる新しい政治陣営で、その中核は、全ギリシャ解放運動（PAK）と中道抵抗グループの左派、「民主防衛」から成り立っていた。前者はパパンドレウが外国から指導していた、どちらかと言えば無能な反臨時政府の抵抗グループだった。後者のメンバーは、その多くがすぐにパパンドレウの権威主義的なリーダーシップに反感を持つようになった。一九七四年選挙のパソックの成果（得票率十四％）は、パパンドレウが新党の基盤となる組織を事前に持っていなかったことを考えれば、かなりの好成績と言えた。明らかにかなりの数の投票者が、パパンドレウの民族主義を社会主義のレトリックにくるむやり方や、スローガン「民族独立、民衆主権、社会解放、民主的体制」に魅せられていた。

この選挙から一カ月後、君主制の存続を問う国民投票が行われた。臨時政府の崩壊後、無分別にもコンスタンディノス国王がギリシャに戻っていなかったのは得策ではなかった。イギリスに住んでいた国王は、一連のテレビ番組に出演して事情を釈明した。中道と左翼政党は国王の帰国に反対する論陣を活発に張ったが、カラマンリスは熟慮の上で中立を保った。仮にその大きな権威を復帰支持に投じたとすれば、投票は国王に有利になるのは確かだった。しかし、明らかに一九六〇年代初めに王家との衝突で生じたカラマンリスの傷は癒えていなかった。有権者の三十%しか君主制に賛成票を投ぜず、それも主に伝統的に王政派の拠点であるペロポネソス地方に集中していた。

この国民投票は、二十世紀に行われた君主制対共和制という問題をめぐって実施された六回の投票のうちでは、まぎれもなく最も公正に行われた。そして、七対三で共和制賛成という結果は、他にまともな状況下で行われた唯一の国民投票だった一九二四年の結果のほぼ繰り返しだった。一九七四年以来、君主制の問題は、ときおり突風が吹いて一時的な興奮を巻き起こすことはあるが、事実上消滅した。突風が吹いたのは、一九八一年二月に廃位された国王がタティで母親の葬儀に参列するためにギリシャに数時間戻ることを許されたとき、一九八八年にネア・デモクラティアの指導者コンスタンディノス・ミツォタキスが一九七四年の国民投票の「公正さ《フェアネス》」(ミツォタキスはフェアネスという英語を用いた)に公然と疑問を呈したとき、また、一九八九年の政治的難局の期間に、国民が望むなら自分はいつでも復帰しようとコンスタンディノスが述べたときだ。

ほんの五カ月もたたないうちに、カラマンリスは公正な選挙を通じてその権威を合法化し、国民投票を通じて永遠に続くかに見えた君主制をめぐる議論に決着をつけた。君主制は列強によって独立の見返りとして押しつけられて以来、軋轢の種となっていた。第一次世界大戦の国家分裂以後三十年にわたって、それは慢性的な政治的不安定の源であり続けていた。カラマンリスは今や議会での圧倒的多数を背景に、一九七五年新憲法を公布した。その憲法には、従来の立法府より行政府に有利な力関係を正す必要があるとするカラマンリスの考え方の大半が組み込まれた。新憲法では大統領にかなりの権力が与えられたが、最初に選出された大統領、学者肌の哲学者で保守派の政治家コンスタンディノス・ツァツォス（一九七五～八〇）も、一九八〇年首相の座を手放して大統領になったカラマンリスその人も、その権力を実際に用いることはなかった。

「メタポリテフシ」（一九七四年夏に独裁制から民主主義への移行）からの数カ月間は、カラマンリスはデリケートなかじ取りをしなければならなかった。一方でカラマンリスは、圧制者たちを厳しく処罰すること、そして軍事体制より任命された者および体制協力者からなる全国家機構を「アポフントピイシ」（「脱臨時政府化」）するという要求に応える必要があった。この要求にとりわけ固執したのは、独裁体制に抵抗し、その崩壊のきっかけをつくった学生たちだった。他方、無差別な復讐行為はいまだに軍の中にしっかり根を下ろしている臨時政府シンパの側からの反動をたやすく誘発させかねなかった。彼らが真の危機要因であることを浮き彫りにしたのが、七五年二月に発覚したある計画の存在だった。その実態は当時みえすいた理由で控えめにしか公表されなかったが、目的はカラマンリスとマカリオス（一九七四年十二月にキプロス大統領に復職）双方の打倒にあった。こうした脅威を念頭に置いたカラマンリスは、鍵となる国防相にエヴァンゲロス・アヴェロフを任命した。非の打ち所のない保守派・反共主義者として保証付きのアヴェロフなら軍内部の強行分子も安心するだろうという計算があった。

一九七五年を通じて多くの裁判が行われた。それはテレビ中継されたために、人びとにより大きな衝撃を与えた。被告たちが追及された主な責任とは、独裁政治の樹立、反体制者に広く行われた虐待と拷問、一九七三年十一月アテネ理工科学校《ポリテクニック》を占拠した学生に対する残酷な制圧、だった。有罪とされた者は長期の禁固刑に処せられた。その中には、大いに恐れられた軍事警察の前長官イオアニディス准将も含まれ、理工科学校の学生占拠を制圧した際の殺人に関与した罪で終身刑を七回宣告された。クーデターの黒幕三人組、パパドプロス大佐、マカレゾス大佐、パッタコス准将は死刑を宣告された。政府は急いで死刑を終身刑に減刑した。一九二二年の小アジアの「崩壊」の後、政治家や軍事指導者が処刑され、そのことが両大戦間のギリシャ政治に致命的な害毒を与えた。カラマンリスはそうした事態を繰り返す危険を恐れたのでだろう。にもかかわらず、彼ら主だった軍の陰謀者たちが十六年後（一九九一年現在）も獄中にあるという事実は、これらの判決が民主主義制度の転覆を図る者に有益な警告を与えているということを表している。また、札付きの臨時政府協力者たちは一掃され、とくに大学では学生の圧力に配慮して、彼らの公職追放が宣告された。

民主化はトルコとの緊張が継続するなかで進められた。一九七四年夏の一触即発の危機は回避されたが、根底にある敵対関係はそのまま続いた。一九七三年、エーゲ海におけるギリシャとトルコの大陸棚の地形確定をめぐって燃え上がったもともとの論争（その場所で発見される可能性のある石油の権利）に、

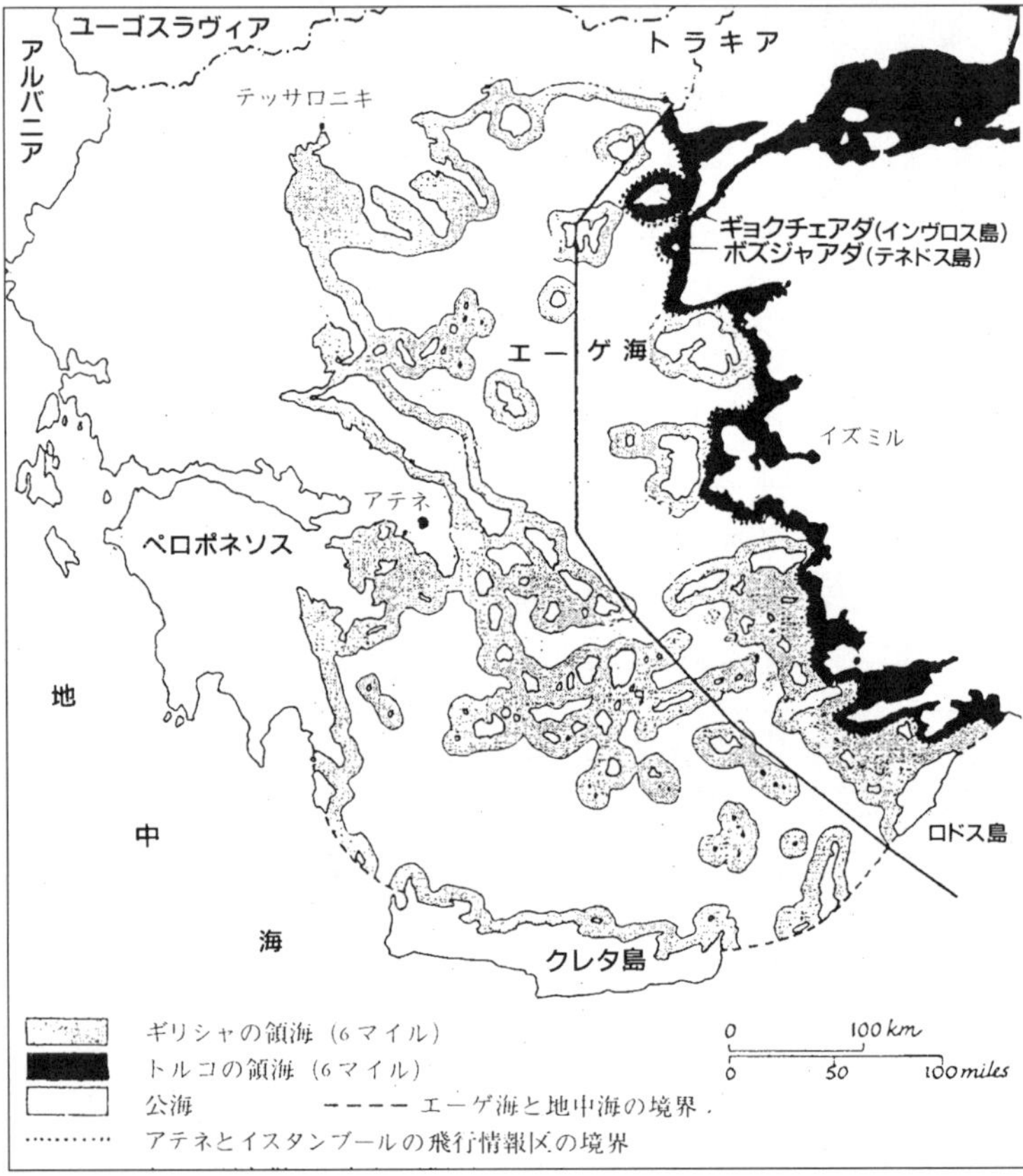


一九七四年の危機から生じたもろもろの問題すべてが付け加わった。トルコのキプロス侵攻の結果、ギリシャはエーゲ海の島々の防備を強化した。その多くはトルコの海岸線からほんの数マイルしか離れていなかった。トルコは、この措置がローザンヌ条約（一九二三）とパリ条約（一九四六）に違反すると主張した。条約では、島々に対するギリシャの統治を正式に認めるに際して、島々の非武装化を条件とするということになって

いた。ギリシャは一九三六年のモントルー協定に照らし、これらの条項の有効期限について異論を唱え、さらに、いかなる場合であれ主権国家は自衛権を放棄できないと主張した。

他にもいくつか論争があった。一つはエーゲ海の航空管制をめぐる問題で、トルコは現状維持に異論を唱えていた。また領海六マイルを一般的な十二マイルに延長できるとギリシャが主張する理論上の権利（今まで実際に行使されたことはなく、その確かな見込みもない）について、トルコ側は、領海十二マイルとなればエーゲ海はギリシャの湖となり、戦争になると反論した。さらに、それぞれの国の少数民族の扱いをめぐっても対立していた。北部キプロスのトルコ占領は続き、これがともにＮＡＴＯ加盟国である両国の関係を一層悪くしていたが、カラマンリスはかねがねキプロスは厳密にいえば両国間の問題ではないと主張していた。せっかちな部外者は、ギリシャがトルコからの攻撃に対して抱いている恐怖は大げさに過ぎると考えたが、それは過去の重荷と過去のさまざまな悪い出来事――真実であれ想像上のものであれ――の思い出が、いかに相互の認識に影響を及ぼしているかを考慮していないからだ。さらに、超大国間の緊張緩和の登場によって、ギリシャとトルコが共産主義の近隣諸国に抱いていた恐れは減少し、一九四〇年代終わりから一九五〇年代初頭に二国間で良好な関係を築こうとした力強い勢い、つまり両国が団結しなければ、それぞれ首を締められることになるという恐れは取り除かれた。

ギリシャ―トルコ間が一触即発の危機にあることは、一九七六年夏、トルコ政府が紛争海域で海底調査をするために調査船シスミク一号を送ったときに示された。パソックのアンドレアス・パパンドレウ党首はシスミクの撃沈を要求したが、こうした行為は疑いなく向こう見ずな戦争を引き起こしただろう。カラマンリスは、国連安保理事会とハーグの国際司法裁判所に助力を求めた。しかし、両者ともに紛争解決に建設的な貢献はできなかった。

エーゲ海紛争がとりわけ先鋭な問題となるのは、海底で石油が見つかる望みがあるからだった。両国ともほとんど自前のエネルギー資源を持たなかったため、一九七〇年初頭のエネルギー危機でとりわけ厳しい打撃を受けた。商業開発に足りる量の石油がタソス島沖で発見されたが、産出量はそのピークでさえ、ギリシャ全体の石油消費量の五%を超えることはなかった。エーゲ海海底に有望な石油資源を埋蔵されているかどうかは、今も議論の余地がある。トルコがギリシャへの脅威になっているという意識は、ギリシャに深刻な経済的困難をもたらした。軍備の強化は、たとえ将校団に純粋な使命感を与え、政治活動から彼らの気をそらすという付随的な利点があったとしても、予算歳出の五分の一を消費したからだ。軍の装備に対する巨額の出費は、例えば教育や厚生など焦眉の急となっている基本的部門の改革が後回しにされることを意味した。軍事政権時代の経済的遺産のなかで将来性のあるものはなかった。クーデター以前にあった勢いは軍事政権時代の初期は維持されたが、それはでたらめな借入れを行ったり、外国人投資家にたいしてあまりにも寛容だったからにすぎない。一九四〇年代の悩みの種だったインフレは、五〇年代と六〇年代には賢明な通貨政策によりかなり沈静化したが、軍事政権末期には再び大問題となった。ネア・デモクラティア政府が自由主義経済体制と固く結びついている政府であることは紛れもなかったが、奇妙なことに銀行やその他の企業の国有化をひどく好み、直接あるいは間接に国家による大量の雇用者を増やした。

しかし、カラマンリスは国内問題にほとんど力をいれず、それはついに右派勢力の将来に深刻な結果をおよぼすことになった。六年の首相任期を通じ、カラマンリスは専ら外交問題に精力を集中した。その最優先事項はギリシャのヨーロッパ共同体（EC）早期加盟だった。一九六一年の提携条約により一九八四年には加盟できることになっていた。しかし、カラマンリスはこのプロセスのスピードアップを決意した。ECへの加盟は、ギリシャの伝統的なパトロンであるアメリカ合衆国との関係弱体化を埋め合わせ、新たに再建された民主政治体制を保障し、トルコの脅威に対する防波堤になると考えていた。ここで重要なのは、加盟により経済的利益がもたらされる可能性については、ほとんど強調されなかったことだ。もっともやがてそのことは明らかになるのだが。ヨーロッパ人でありたいと願う多くのギリシャ人は、口にこそ出さないが、加盟によって自分たちのなんとなく不安定なヨーロッパ人としてのアイデンティティに保証書が与えられるとみなしていた。彼らはギリシャがあたかもヨーロッパ文化の一部ではないかのように、「ヨーロッパに旅行する」という言い方をしていた。

ブリュッセルの欧州委員会は、ギリシャの経済（と肥大し、扱いにくい官僚制度）が共通市場の競争の激しさに堪えられるかどうかについて、いくらか疑いを持った。したしカラマンリスは巧みにも軍事政権当時のヨーロッパの無関心ぶりをつき、ギリシャに対する罪の意識を引き出した。既存の加盟国――ヨーロッパ文明の起源としてなにかとギリシャなる国を称賛したがる――は、すぐにギリシャのEC加盟への道を容易にさせようと懸命になった。一九七九年五月カラマンリスの説得は報われた。八一年一月一日から共同体の正式加盟を認める協定がアテネの国会議事堂《ザピオン》で調印された。しかし、翌月、協定の承認が議会で議論されると、パソックと共産党は議事をボイコットした。

カラマンリス時代のもう一つの重要な外交政策の次元——ここではカラマンリスは「大佐たち」によって始められた政策にずっと従っていた——は、バルカン半島諸国に対して「扉を開くこと」であり、カラマンリスはこの地域をくまなく訪れた。一九六〇年代初め、ギリシャと近隣の共産主義諸国との間には雪解けの兆しもみられたが、内戦後の両者の関係は一般的そして必然的に悪くなっていた。例外は、一九五〇年代半ばにユーゴスラヴィアと短期間の同盟条約を結んだ程度だった。カラマンリスが外交政策でこのようなイニシャティブを発揮した目的の一つは、明らかにエーゲ海とキプロス問題について、各国からギリシャ支持を取り付ける点にあった。各国との二国間関係は顕著な改善がみられたが、一九七六年カラマンリスがスポンサーになってアテネで開かれたバルカン・サミットでは、具体的な成果はほとんどあがらなかった。

この国の独立の歴史の特徴ともいえる内政より外交優先の姿勢は、憲法で定められた任期より一年早く、一九七七年に選挙を行うという決定に表れた。カラマンリスはこの国の政治バランスを回復するという点で成果をあげたが、この選挙ではカラマンリス自身がある程度その成果の犠牲になった。七四年には、民主主義と独裁政治の間で確固として立ちうるのはカラマンリスだけであるという認識が人びとの間にひろく存在した。七七年の投票行動にそのような制約はなかった。ネア・デモクラティアの投票支持率は十二％落ち、五十四％から四十二％になった。「強化された」比例代表制の下では、これでも議会でゆうゆうと多数派を占めるに十分だった（三百議席中一七二議席）。しかし、この結果は、ネア・デモクラティアが力を保つためには、もはやカラマンリス個人のカリスマ性や権威にいつまでも依存できないという明らかな警告だった。

一九七七年の選挙で驚くべきことは、パパンドレウのパソックへの投票が一九七四年の十四％から一九七七年の二十五％と、事実上倍増したことであり、この変動はおおむね「民主中央同盟」（七四年の中央同盟）の犠牲の上に立っていた。この党は、ネア・デモクラティアかパソックにはあった党内規律を欠いていたために、急速に崩壊して互いに相いれない小分派になってしまった。六十議席を占めたパソックは、今や正式に対立党になった。ネア・デモクラティアの後退は、一九七四年当時の支持者の一部が今回は極右の「国家行動党」へ流れたとみることによって説明できる。国家行動党は王政派、獄中の指導者たちの恩赦を求めるかつての軍事政権支持者、カラマンリスを社会主義者（ありそうにないことだが）とみなす者たちなどを寄せ集めたグループだった。このグループの出現は、民主主義的な右派と権威主義的な右派との間に明確な一線を引こうとしたカラマンリスの努力が実ったことの証明でもあった。最左派については、共産党は得票率九％を確保し、共産党「国内派」はいくつかの左翼小グループと連合し三％を獲得した。

パソックの成果は、一九七四年結成という新しい党としては見事なものだった。その民族主義の主張、とくにトルコに対する非妥協的な政策の主張は、社会主義者のレトリックと結び付き、初期の急進的な「第三世界」解放者が宣伝に使っていたレトリックから貰ったものではあるが、選挙民のかなりの層に力強い共鳴を呼んだ。レトリック以上に重要なことは、たぶん組織だった。パソックは必ずしも民主主義的とはいえないものの、共産党以外に党組織を全国的規模で発展させた初めての政党だった。正式な対立党としてのパソックの劇的な出現は、戦後一貫して権力を握ってきた右派が今後もその権力を維持するつもりなら、ネア・デモクラティアも近代化や組織化を図り、パソックのイデオロギーのアピールに対抗しなければならないということを気づかせた。

ギリシャは西洋に属している。

コンスタンディノス・カラマンリス

ギリシャはギリシャ人のものである。

アンドレアス・パパンドレウ

結局カラマンリスはこのことばを実現できなかった。一九五〇年代と六〇年代にイメージを傷つけた権威主義的要素から党を遠ざけ、本物の複数党政治体制にするネア・デモクラティアの公約を分かりやすくする点には成功したカラマンリスではあるが、党組織の現代化と民主化、そして信頼できるイデオロギー的基盤をつくる努力をどれほどしたかははっきりしなかった。七九年の第一回ネア・デモクラティア党大会（パソックの最初の全体会議は八四年に初めて開催された）で、カラマンリスは「急進的自由主義」を唱えたが、これは支持者を混乱させただけだった。一方、ネア・デモクラティアの議員グループによってカラマンリスの後継者を決める選挙の準備が始まった。これはブルジョワ政党にしては大胆な改革だった。相変わらずカラマンリスの時間はほとんど外交問題、とりわけEC加入の最終条件の交渉にとられていた。七八年にトルコ首相ビュレント・エゼヴィットと頂上会談を開いたが、結果は要領を得ず、両国関係の雰囲気はいくらか改善されたものの、両国を隔てている根本的な対立は何一つ解決に近付くことはなかった。

カラマンリスの最優先目標だったEC加盟が確実になったので、カラマンリスは広く期待されていたように、一九八〇年五月、コンスタンディノス・ツァツォスの五年の任期満了をうけて大統領に就任したが、憲法で定められた議会での信任に必要な最小得票数一八〇より三票だけ多く確保できただけだった。空席となったネア・デモクラティア党首の選挙戦は接戦となり、母方の祖父も父方の祖父も首相経験者であるダークホース的候補者ゲオルギオス・ラリスが、より保守的な競争相手エヴァンゲロス・アヴェロフに僅差で勝利した。

ラリスは、本来カラマンリスが一九八一年十月に行われる予定の次の選挙までは党首として頑張るべきだったと思っていたが、それは十分に根拠があったことが明らかになった。ラリスの上品ながら生彩を欠いたリーダーシップの下で、カラマンリスというカリスマ的存在を失ったネア・デモクラティアは、カラマンリスが改革に努めた派閥主義と追従主義に逆行してしまったからだった。そのためにパパンドレウの挑戦をかわさなければならない党の力は弱くなった。カラマンリスの大統領昇格はもう一点、しかもより重要な点でパソックを利することになった。カラマンリスは非の打ち所のない保守派として保証書付きの人物であり、しかも力強くカリスマ的な存在だった。また、一九七五年憲法では大統領職はいざとなれば発動できる多くの権限によって防御されていた。そのカラマンリスが大統領についたという事実は、パパンドレウがくりだす性急な民族主義、人民主義的デマゴギーと社会主義的レトリックの混合物に引きつけられる一方、急進的なパソック政府になればすべてが制御不能になるのではないかと恐れていた選挙民を安堵させた。

パパンドレウ自身は、政治勢力地図の中央に幅広く存在し、ネア・デモクラティア支持からパソック支持への乗換えに魅力を感じているかもしれない選挙民を安心させる必要があると考え、そのための気配りは怠らなかった。一九七七年選挙以前にはパソックの政策にそれとわかる穏健化の兆候はみられなかったが、七七年と八一年の選挙の間、穏健化ははっきりとした形で現れた。皮肉屋はこれを「ネクタイ時代」と呼んだ。その間にパパンドレウがロールネックのセーターを脱ぎ捨て、上品なカラーとネクタイを着用したからだった。階級制度にたつマルクス主義政党であるというパソックの初期の主張はいつのまにか捨てられたばかりか、社会主義を強調することさえトーンダウンしてしまった。経済活動を行っている人口のおよそ六割が自営業者で、給与生活者は四割ほどに過ぎない社会で、将来面倒になりそうなことをあえて行うことは賢明にも避けたのだ。パパンドレウは家一軒、店一軒、車一台を持つ「平均的」ギリシャ人に対して、あるいはそのような地位を熱望する人びと（こちらのほうがより重要）に対して、選挙でパソックが勝ってもいかなる脅威も与えることはないと保証した。「特権」階級の利益に対して「非特権」階級の利益を代表する党であるという主張のなかで、パパンドレウは「特権」階級を、経済分野における特定の支配階級を構成し、外国の利益のためにはいつでも祖国を売りかねない一握りのファミリーと定義した。

かりにパソックが勝利しても外交方針に劇的な変化は起きないと予想されたことも、やはり安心感を与えた。ECを資本主義者のクラブとして、またギリシャのような資本主義の周辺にある国家を多国籍企業の前線として利用しようとしていると非難する時代は終わった。共同体加盟の是非を問う国民投票の要求もだされたが、それが実施される見込みはなかった。国民投票の請求は大統領の特権であり、加盟実現に自らの威信の大半をかけてきたカラマンリスが、加盟反対の結果が出る可能性が少しでもあるような国民投票を認めることはほとんどありそうもなかった。同じように、NATOからの早期脱退を求める初期の要求も放棄された。今やNATO脱退は国際的な力の相対的配置次第で決められるべき戦略的目標であると言明され、アメリカ基地の将来は同じように閉鎖を急ぐよりは交渉の問題となった。ためらっている中道主義者をさらに安心させたのは、パソックの公認候補者名簿にクーデター後の短い間伝統的な中道政党の党首を務めたゲオルギオス・マヴロスを付け加えたことだった。

このような問題をうまく処理する自由を維持するのに気をつかったとしても、パパンドレウは急進的な社会変革の展望を提供していた。その展望は、観念の上での主権国家にすぎないこの国の歴史を特徴づけてきた従属のサイクルを打破しようとする断固たる決意と結びついていた。パパンドレウの綱領は「国民との契約」に細かく述べられているが、その範囲は、「客観的な」歴史教育の保証から、ほとんど年中アテネを覆っているネフォス（スモッグ）の除去にまで及んでいた。これらの公約はすべて「アラギ」（変革）という一切合切を詰め込んだパソックのスローガンに要約されていた。これはギリシャ政治の文脈では決して新奇なものではなかったが、「変革」は、戦後右派に支配されてきた若者たちが特に渇望していたものだった。

疲労の色濃いネア・デモクラティアは、ご立派ながらカリスマ性に欠けるラリスのリーダーシップの下で、パソックの挑戦に応えられないことがはっきりした。ネア・デモクラティアも、仮に権力を手放さずにすむチャンスがあるとすれば、中道の浮動者層にアピールしなければならなかった。しかし同時に、一九七七年に国家行動党を離脱し不満を抱いている極右を説得し、ふたたび仲間として迎え入れなければならなかった。結局、この二つのことをうまくバランスをとりながら行うのは不可能だった。選挙運動費用は膨れ上がり、ギリシャ選挙史上最高になった。パソックに大変有利だったのは、親パソックの新聞の発行部数が親ネア・デモクラティアの新聞のほぼ倍もあったことだ。投票日が近付くにつれて、新聞報道は対立を深め、宗教との比喩を使った奇妙な解説記事も現れた。アンドレアス・パパンドレウのパトラス（ペロポネソス半島にあるギリシャ第三の都市）入りを、キリストが受難を前にエルサレム入りした聖枝祭（復活祭直前の日曜日。キリストが受難を前にしてロバに乗ってエルサレムに入ったとき、群衆がシュロの枝をふって歓迎した出来事にちなむ）になぞらえたのだ。八一年十月、別の親パソック派の新聞が「聖なる日」と呼んだ投票日が訪れると、パソックの得票率は七七年の二十五％から四十八％に倍増、前回に引き続き（七四年の得票率は十四％）二回連続得票率倍増という離れ業を演じた。この結果、パソックは定数三百議席のうち百七十二議席を獲得した。対照的にネア・デモクラティアの得票率は四十二％から三十六％に下がり、共産党は投票は十一％とほぼ現状維持だった。

結党間もないころ、パソックは地方の不満の声を代表する党とみなされる傾向があったが、一九八一年選挙の得票率分布は、都市と地方の間でも、男と女の間でも差はなかった。七四年の結党から権力を握るまでのパソックの「短い行進」は、アンドレアス・パパンドレウの政治的カリスマ性、熱意をはっきり表現する力、さらに明確に言えば、急速な経済と社会変化の一時期にあって、選挙民のかなりの部分、とりわけ若い世代が抱いている数々の欲求不満や思い込みを組織する力を顕著に指し示すものだった。とりわけパパンドレウは、戦後に都市に移住し、高インフレと劣悪化する物理的環境の中で、教育・福祉・厚生の分野で十分な施策の恩恵を受けていないにもかかわらず、やりくりに努めている数十万人の人びとの状態について話した。大衆に呼びかける形で、彼らの問題は内外の反動分子による悪辣な策謀のせいだと非難するパパンドレウのやり方は、明らかに人びとの琴線にふれた。彼の挑戦はどの階級にもアピールしたが、右派政治家は、彼らの唯一のカリスマ的指導者カラマンリスのリーダーシップが失われていたため、結局その挑戦に応えられなかった。ネア・デモクラティアが提供できたものは以前と大同小異だった。右派が政権を握っていた当時、確かに生活水準は全般的に向上したが、新たに獲得された富の配分は不公平だった。多くの人は、この国がどんどん豊かになり消費社会が出現しているにもかかわらず、そこから疎外されていると感じていたため、当然パソックを支持した。

権力の右派から中道左派へのスムーズな移行は、政治体制の成熟と、クーデター後の右派の多元的民主主義を守るという公約が本物だったことを実証した（あるいはそのように見られた）。一九八一年の政治体制の進展は、六七年の軍事クーデターによって無理やり転換されたが、六〇年代半ばに定められていたコースへ立ち返ったといえるかもしれない。その通りかどうかはともかく、パパンドレウへの期待感は確かに高まった。パパンドレウは、次のように述べて、この期待感を鎮めようとした。その言い分——ある程度は正しい——とは、前ネア・デモクラティア政府の放漫財政の後遺症と経済構造の根本的弱さのために行動の自由が厳しく制限されていること、また自分の野心的な綱領を実行するには四年の任期二期分を必要とすることの二点だった。

しかし、パパンドレウはいくつかの改革を実行することによって、政府のスタイルの変化をすぐに悟らせることができた。もっとも、その改革の多くはコストがかからず、大半は長いこと延び延びになっていたものだった。パパンドレウの「民族の融和」政策は次のようなものを含んでいた。第二次世界大戦中の枢軸国の占領に対するレジスタンスの正当性を公式に認めること、内戦の終わりに東側諸国に逃げていた共産主義者に帰国許可を与えること（この譲歩はギリシャ民族出身者に限られ、内戦終結の段階で共産主義者の民主軍のほぼ多数派を占めていた大多数のスラヴ・マケドニア人は除外された）、内戦で共産主義者に打ち勝った国軍の勝利を祝う記念セレモニーを廃止すること、などだった。

ギリシャ語のアクセント記号を一種類に限定するシステム「モノトニコ」が採用され、書き言葉で用いられていたアクセントの仕組みはひどく単純になった。離婚は合意で行えるようになり、教会の強い反対を押し切って民事婚が導入された。姦通罪は犯罪リストから削除され、「プリカ」(結婚持参金制度）は、少なくとも建前上は廃止された。いくつかの本当の進歩は、家族法の改正と女性の地位向上に現れた。とはいえ、パソックの女性国会議員の割合はネア・デモクラティアに比べて際立って大きなわけではなかった。大学では民主化に向けた改革が導入された。大学の組織はドイツのひな形を模していたが、今までは全権を握っていた教授団に対し、地位の低いスタッフや学生の力を大きくした。実際には、これらの改革はすでに混乱していた状況にさらに輪をかけ、さらに政治色を加えることになりがちだった。地方の文化生活を向上させるさまざまな試みも行われた。これらの努力と平行して、行政の脱中央集権化をもたらす試み、アテネによるこの国の管理機構の完全支配を打破する試みが行われた。しかし、その試みはほとんど成功しなかった。地方の行政組織が独自の財政収入を得る手段を持たなかったためだ。もっとも、種々の政策の結果、歯止めがかからないとみられていた地方から大都市への人口流入傾向に、わずかながら、しかし確実に逆転現象が起こった。それには、都市における公害の深刻化、全般的な生活環境の悪化という事情も手伝っていた（公約どおりにアテネからスモッグが右派とともに消えることにはならなかった）。医師たちの激しい反対に直面したが、国による医療福祉サービスも導入された。地方では診療所や病院（および文化センター）が数多く建設され、そのためパソックが政権にあった八年間、都市より地方の支持率のほうが高いという傾向はますます強まった。ギリシャにおける人口一人当たりの医者の数はEC諸国のどの国よりも多いが、金の余裕がある者は海外で治療を受けようとした（深刻な心臓病を患った首相自身もそのひとり）。

これらの事業にはそれほど費用はかからなかったが、パソックが目標の一つとした現代的な福祉国家の建設を本当に望んでいたとすれば、経済基盤の強化、とりわけ生産性の向上が不可欠だった。パソックは政権につくとただちに前右派政権時代にすでに膨れ上がっていた国営部門の賃金・給与を引き上げた。賃金・給与の物価スライド方式は、長年にわたって二ケタのインフレ率を記録していた国にあって、党の最も魅力的な公約の一つだったが、それはすぐに厳しい支払い抑制政策や国家部門就労者のストライキ権の制限に道を譲った。

野党時代のパソックは、ギリシャの経済の基幹部門の「社会主義化」と自主管理に基づく、脱中央集権主義的な社会主義を約束していた。社会主義化とは単なる国営化（右派政権の下でさえ経済のかなりの部分が直接的間接的に国家の管理下に置かれていた）とは大きく異なり、労働者の高度な参加を目差していた。この概念は理論的にもいくらかあいまいだったが、実践になるとさらにあいまいになった。社会主義化の実践に参画しようとする志願者の多くは、いわゆる「問題のある」企業、大部分が国家管理となっている銀行からの多額の負債を抱えている企業から引きぬかれた。社会主義化は生産性の向上を少しでももたらすことはなく、給与支払総額を水増しすることによって支持層に恩恵を施すだけだった。

内政分野でパソックによって引き起こされた変化が実質というよりはスタイルにあったとすれば、このことは外交分野でもまったくあてはまった。伝統的な外交方針に実質的な変化は何も起きなかった。NATO同盟とECからの脱退や米軍基地の閉鎖など、野党時代パソックが使っていたレトリックは、実際にはことばだけに終わった。パパンドレウは政権につくとすぐにNATOに対してトルコとの国境線を保障するよう求めたが、各国から無視されると、その要求はそれとなく外された。ギリシャは、トルコによるエーゲ海領空のたび重なる侵犯、一九二三年のローザンヌ条約を楯にレムノス島の非武装化を求めたトルコの要求に抗議し、東地中海におけるNATO軍事演習をしばしばボイコットした。しかし、同盟からの完全な脱退はまったく問題にならなかった。

ＥＣ加盟問題に関しては、加盟の是非を国民投票にかけるべきだという要求は暗黙のうちに放棄されたが、ギリシャは加盟条件について再交渉をしようという素振りをみせ、ＥＣからいくつかの譲歩をかちとった。一九八四年のパソック党大会で、パパンドレウはＥＣ脱退はギリシャ経済に有害な結果をもたらすと明言した。時がたつにつれてギリシャはＥＣの農業補助金の重要な受益者であることがますます明らかになり、一九八五年と八九年の選挙でパソックが地方で比較的強かった一因は、そのような補助金のおかげであると見る評論家もいた。実のところ、一九五〇年代にいくつかの相互協定に基づいて設置されたギリシャの米軍基地もパソックを延命させた。一九八三年には新しい協定が締結され、四つの基地は一九八八年まで五年間存続することになった。この協定が調印されたとき、協定が一九八八年で「期限が切れる」のか、単に「期限切れにできる」のかについて混乱が生じ、各政党がそれぞれ都合のいい解釈をした。一九八八年の期限が近付くと、協定更新をめぐって長く面倒な交渉が行われた。交渉はパソック政権の幕が降りた一九八九年の選挙が行われたときにもまだ終わっていなかった。

野党時代のパソックの大げさな発言につきものだった、対外政策の急進的な転換という公約は実行されなかったが、この国の対外政策を実行するスタイルという点では決定的な変化があった。保守的な前任者が従属的だとと言われたのとは対照的に、パソック政府は公約通り「民族の誇り高き」スタンスを保ち、ＮＡＴＯとＥＣのなかでしばしば派手に足並みを乱した。パパンドレウはバルカン半島諸国の非核地域化という考え方を支持し、軍備削減交渉により時間をかけるために、ＮＡＴＯのヨーロッパにおける巡航ミサイルやパーシングミサイルの配備計画を遅らせるよう促した。ギリシャはときおり際立ってヨーロッパ共同体の隊列を乱した。パパンドレウは戒厳令発令後のポーランドの軍事体制に対する制裁措置に加わるのを拒んだが、それはヤルゼルスキ将軍の軍事独裁体制に親近感をもっていたからだ。パパンドレウは一九八四年にポーランドを公式訪問し、ポーランドの孤立を破った最初の西側首脳となった。

ヨーロッパのパートナー諸国との列を乱した最も華々しい例は、一九八三年後半ギリシャが議長国となって開かれていたEC会議中に起こった。ソビエトが大韓航空機747便を撃墜した際、ヤニス・ハランボプロス外相は対ソ非難を押さえ付けたのだ。パソックは世界の急進的運動を支持したが、それが象徴的に示されたのが、一九八四年の党大会にチリのサルバドール・アジェンデの未亡人オルテンシア・アジェンデとニカラグアの民族解放戦線サンディニスタの代表たちが出席したことだ。パパンドレウはまた一九八二年のイスラエルのレバノン侵攻を堂々と非難し、ヤセル・アラファト議長とパレスチナ解放組織への支持を率直に述べた。アメリカとの関係は、パソック政府がアテネにおけるアラブのテロリスト集団の活動に目をつぶる用意があると断言したこと、また自国のテロリスト集団「十一月十七日」の壊滅に失敗したことによって、さらに緊迫した。「十一月十七日」による犠牲者は多数にのぼり、その中にはギリシャの主だった実業家や政治家、さらにアメリカの役人も含まれていた。

トルコとの劣悪な関係は、依然として対外政策を支配し、パソック下の防衛政策を決定づける要素となっていた。それはちょうど一九七四年の軍事政府の崩壊に続く七年間の保守支配の時期とまったく同じだった。しかしパパンドレウは、ギリシャのエーゲ海に対する主権問題と切り離してトルコと交渉しようとしていた前任の右派政権を激しく非難していた。パパンドレウは、これ以上トルコと交渉すべきことは何もなく、交渉は本質的には無意味であると主張した。八一年の選挙の準備期間中にパソックの外交路線はかなり穏健なものに変わったが、トルコに対する非妥協的な態度は一切緩和されなかった。このことは、パパンドレウが七六年にトルコの調査船シスミクの撃沈要求に端的に表れた。八二年、パパンドレウはキプロスを訪れることで、トルコとの対決が対外政策の最優先事項であることを示した。この訪問は現職のギリシャ首相による初めてのものだった。八三年十一月、トルコ系キプロス人会議が一方的に独立「北キプロス・トルコ共和国」を宣言すると、ただでさえ悪いトルコとの関係はさらに悪化した。しかしながら、これを正式に承認したのはトルコだけだった。

四カ月後の一九八四年三月、演習中のトルコの艦隊がギリシャ領海から監視していたギリシャ駆逐艦に向けて一斉射撃を行ったという主張から、新たな危機が勃発した。ギリシャは軍隊を警戒態勢に置き、協議のためアンカラのギリシャ大使を召還した。危機は吹き荒れ、状況の深刻さは、八四年末に公表された新防衛綱領の公表によってさらに強調された。この綱領によれば、ギリシャの領土保全に対する主な脅威は、ワルシャワ条約ではなく、ギリシャのNATO同盟国であるトルコに由来するものだった。

一九八六年十二月、エヴロス川に配備されたギリシャとトルコの国境防衛隊が衝突し、ギリシャ兵一人とトルコ兵二人が死亡したた。三カ月後の一九八七年三月、両国の関係は一九七六年のシスミク危機以来最も深刻な危機を迎えた。一九七六年と同じように、一九八七年の危機再燃も、紛争の種だったエーゲ海水域の石油探査をトルコが提案したためだった。両国の軍隊は警戒体制に入り、パパンドレウはあらゆる手段を用いてギリシャの主権を死守すると宣言した。この危機の責任はＮＡＴＯ諸国とりわけアメリカであるとみなしたパパンドレウは、ネアマクリの米軍基地の通信機能の一時停止を命令し、外相をソフィアに派遣してブルガリアの共産主義トドール・ジフコフ首相と危機について協議するという前例のない一歩を踏み出した。アテネのワルシャワ条約国の大使たちはＮＡＴＯ加盟国の大使よりも先に克明な状況説明を受け、後者は故意に冷遇された。この緊張はトルコのトゥルグート・エザル首相がトルコの調査船の活動はトルコ領海内に限定すると述べてようやく和らぎ、ギリシャも紛争海域での掘削を避けることを約束した。

一九八七年三月の危機によって、エーゲ海紛争がいつでも爆発する可能性と両国の御し難い対立が再び示された。その対立は、深く横たわる歴史の記憶に根ざすものと同じくらい目下の現実にも根差したものだった。しかし一年もたたないうちに、当時、両国関係の歴史的突破口と称賛された出来事が起こった。一九八八年一月、スイスでパパンドレウとトルコのエザル首相との会談が行われた結果、パソックがその特徴をとらえて「非戦協定」と呼んだダヴォス協定が結ばれた。両国関係の環境を抜本的に改善する幕開けという見地から、両首脳はアテネ―アンカラ間の「ホットライン」開設に合意し、少なくとも年に一回は会談して互いの国を訪れることを約束した。二人はあらゆるレベルにおける接触の増大を求め、とりわけ観光と文化交流が強調された。政治経済関係をより緊密な関係にするための作業を行う合同協議会も作られた。

ダヴォス協定以後数カ月間は、合意はかなりの勢いで進展するかのようにみえた。トルコ政府は在トルコ・ギリシャ人の財産権を制限した一九六四年法令を撤回し、それに応えてギリシャは一九八〇年のトルコの軍事クーデター以来凍結されていた、ECとアンカラの間の一九六四年提携協定の再活性化に対する反対を取り下げた。ギリシャ人はヴィザなしでトルコ入りができるようになったため、トルコを訪れるギリシャ人の数は目立って増加した。ギリシャとトルコ外相の相互訪問に続いてエザル首相が公式にアテネを訪れたが、トルコ首相のギリシャ訪問は三十六年ぶりのことだった。

ところがほどなくかつての軋轢が表面化した。ギリシャは繰り返しトルコの領空侵犯に抗議し、一九八八年終わりには自慢の「ダヴォス精神」に明らかに陰りがさしはじめた。十一月にはある公開論争のなかで、トルコは、二国間に存在する唯一の問題はそれぞれのエーゲ海大陸棚の地形を確定することだけであるとするギリシャの主張に異議を唱え、ギリシャの領空範囲、エーゲ海島嶼の軍備、西トラキア地方のトルコ系少数民族の状況も争点であると主張した。さらなる軋轢は一九八九年の第一回の選挙運動期間（この年は二回選挙が行われた）に起こった。ギリシャが、トルコ政府はトルコ系少数民族のなかで運動する特定の候補にあからさまな肩入れをしていると苦情を述べたのだ。二人の無所属のトルコ系議員の選出は、トルコ系少数民族から出た候補者は既成政党の公認を受けて運動するという先例に逆らうものだった。八九年の政治的停滞のため、ギリシャ―トルコ関係についての責任ある発言はますます少なくなった。

一九八一年の選挙後すぐに、保守の野党は、パソックのいう「歴史との出会い」とは「現実との出会い」のことではないかと揶揄しながら、パソックは口と行いとの間に大きなギャップがある点に人びとの注意を喚起した。野党は八四年の欧州議会選挙の機会をとらえ、この選挙では単にヨーロッパの問題だけでなく、「すべての命題」を争点とするよう要求した。しかし、パソックを第二党に追いやりたいというネア・デモクラティアの望みはかなえられなかった。とはいえ、一九八一年の国政選挙に比べてネア・デモクラティアの得票率は七パーセント上昇し、その分パソックの得票率は下がった。この選挙で、ネア・デモクラティアは一九八四年当時のパソックの支持層に決定的に食い込むことに失敗したため、七十五歳の党首エヴァンゲロス・アヴェロフは辞任することになった。アヴェロフは一九八一年選挙の敗北でゲオルギオス・ラリス党首が辞任して以来党を引っ張ってきたが、彼の伝統的な保守主義はパパンドレウのカリスマ的な魅力の前には敵ではなかった。

一九八四年の欧州議会選挙は二極化した政治的雰囲気の中で闘われたが、その熱気はアヴェロフの後にコンスタンディノス・ミツォタキスがネア・デモクラティア党首として選出されたことによって高まった。ミツォタキスはかつて中道派に属し、パパンドレウの父ゲオルギオスが率いる中央同盟政府の将来の指導者としてパパンドレウの主要なライヴァルの一人だった。六五年七月の一大政治危機の際に政府から離反したいわゆる「背教者たち」のなかでは傑出していた。ギリシャの政治は長い記憶の上に成り立つ。ミツォタキスがネア・デモクラティアのリーダーシップを握ると、パパンドレウはミツォタキスを反逆者呼ばわりし、父親を裏切り、その後七年の軍事独裁やキプロス侵略の主要な責任を負う者であると激しく非難した。二人の相互不信は、八九年の二回の行き詰まった選挙から生じた政治的停滞に深刻な結果をもたらすことになった。

一九八五年に予定された国政選挙の選挙運動は、実質的には八四年の欧州議会選挙とともに始まった。

八一年の選挙綱領で、パソックは単純比例代表制の導入を約束していたが、このやり方はその制度から最も利益を受ける共産党などの小政党が以前から要求していたものだった。しかしパソックは右派の先例にならって選挙法を自分の都合の良いように操作する誘惑に勝てなかった。パソックは、得票率でたとえ小差でも比較多数を獲得できれば議席の過半数を獲得できるという制度を採用した。ネア・デモクラティアがよろこんでこの制度を支持したのは驚くにあたらないが、共産党は二大政党のなれあいによる裏取り引きだと声高に非難した。しかし、その選挙が行われないうちに、ギリシャは憲法制度を揺るがす危機が発生した。発端は一九八五年三月カラマンリス大統領の任期五年が終わったときのことだった。一般的には、カラマンリスが七十八歳の高齢にもかかわらず、二期目も立候補すると予想されていた。ネア・デモクラティアの支持は当然だった。パパンドレウも折にふれてカラマンリスの大統領としての手腕を称賛し、カラマンリスが引き続き大統領のいすに坐るのをみるのは幸せだ、と語っていた。

三月初め、ネア・デモクラティアは予定通りカラマンリスの立候補支持を発表した。パソックも後に続くと大方はみていたが、パソックが発表した推薦候補はカラマンリスではなくフリストス・サルゼダキスだった。パパンドレウの支持者は驚きながらも熱狂的に歓迎した。サルゼダキスはカラマンリスより二十歳以上も年下の最高裁判事で、一九六三年に左派代議士グリゴリオス・ランブラキスを殺害した犯人を裁判にかけた若い予審判事として六〇年代に名声を博した。大統領特権を弱めるために一九七五年憲法を改正する意思があるとパパンドレウが宣言したために、政治熱はさらに高まった。確かにカラマンリスもその前任者コンスタンディノス・ツァツォスも大統領特権を行使することはなかったが、野心家の大統領によって選挙で選ばれた議会の意思を妨害するためにいつその特権が行使されないとも限らないと、パパンドレウは主張した。

パパンドレウがなぜ自分の再選のチャンスをつぶすかもしれないこのような行動をとったのか、その理由ははっきりしない。しかしそれらの行動は一般党員の間では好評であり、またパパンドレウが一九七五年憲法を当時全体主義的だと批判したことの再現でもあった。それらは確かにパソックが既成支配層の恩義を受けない急進党であるというパパンドレウの主張を強めた。この予期せぬ事態の急変に傷ついたカラマンリス自身は、任期が切れる数日前にさっさと辞任した。今やパソックが指名した大統領候補の当選を確実にするための闘いが加わった。これは決して既定の方針ではなかった。なぜならパソックの議席数は一九七五年憲法で明記された大統領選出に必要な最小得票数一八〇を割っていたからだ。しかし、十三人の共産党議員支持は当てにできた。彼らには、古くからの紛れもない政敵である右派に好意を示す理由はほとんどなかった。

サルゼダキスの得票は、第三回目の投票でようやく憲法で定められた最小得票のきっかり百八十に達した。キャスティングボートを握ったのは議長（パソック所属）の一票で、議長はカラマンリスの辞任後大統領代行を務めていた。ネア・デモクラティアは議長の一票は無効であると主張し、またパソックが所属議員に対して結束を乱さぬよう圧力をかけたのに異議を唱え、サルゼダキスの大統領宣誓をボイコットした。いまやパソックが憲法を修正する意図があることは明白で、事実それは次の国会で実現し、首相の権限は大統領の権限に比べて正式に強化された。

このような憲法の危機を背景に、一九八五年の選挙が極度に対立した雰囲気のなかで闘われたとしても驚くにあたらなかった。ある年輩のパソック閣僚は、この選挙は「オレンジとトマト」(外見はちがっても基本的には同じ仲間のたとえとしてよく引用される)をめぐる闘いではなく、「二つの世界の対決」であると述べたとき、その語気を強めた。これら二つの世界とは、パパンドレウの説明によれば、太陽の光(パソックのロゴはやや神秘的な緑色の太陽)と、暗黒と従属の勢力(ネア・デモクラティア)だった。パパンドレウは右派についておぞましいイメージ――一九五〇年代左派を弾圧するために用いた抑圧的な手段一式を復活させ、この国の進歩的な勢力に対して復讐をたくらんでいる頑固な連中だとする――を描いてみせた。そのあまりに容赦ないイメージに、共産主義者たちでさえ、一九八〇年代の右派は五〇年代の右派とは違うと抗議するほどだった。やたらと大惨事を予言する点ではミツォタキスも同じだった。ミツォタキスは、今度の選挙は多党制にもとづく政治体制をまもり、一党専制国家への不可避的な転落を阻止する最後の機会だと主張した。しかし、ミツォタキスは「新自由主義的」経済と国営事業部門の縮小を唱えたため、直接的にせよ間接的にせよ国家が大雇用主であるこの国では、その訴えに耳を貸す人は限られた。

一九八五年六月の選挙におけるパソックの得票率は四十六%で、八一年の結果からほんの僅か(二%)下降したが、長く政権を担当することによって必然的に生ずる目減りを考慮すれば、悪くない成績だった。ネア・デモクラティアの得票率は四十一%で五ポイント増すことができた。劣悪な経済状態は、選挙の間はそれほど大きな問題とはならなかったが、選挙が終わると、パソックは厳しい緊縮政策をとらざるを得なくなった。その目的は、輸入の抑制、公共出費の削減、財政収入の増加によってギリシャの膨大な国外および国内の債務を縮小することにあった。ＥＣからの巨額の緊急借款による支援を受けたこれらの措置は、公共部門で大規模なストライキを引き起こした。高まる社会不安は、一九八六年十月の地方選挙における野党の立場を有利にし、アテネ、テッサロニキ、ピレウスの三つの大都市でネア・デモクラティアの市長が誕生した。

経済不振がますます深刻になるなかで、二期目のパソック政府は当初の改革主義的な勢いに欠け、パパンドレウががっちり握っていた党内で意見の対立が表れた。それにもかかわらず、ミツォタキスが指導するネア・デモクラティアは説得力のある代替案をだすことができず、最左派（数の上では取るに足らない共産党国内派を例外として）は内戦とその余波により閉じ込められた政治的ゲットーを突き破って出てくる兆候はほとんど見せていなかった。そのため、一九八八年のダヴォス条約がギリシャ―トルコ関係の突破口を（少なくとも一時は）約束するかに思われたとき、パパンドレウは先例のない三期目を目指すかに見えた。

しかしながら、一九八八年の夏、パパンドレウの命運すなわちパソックの命運に劇的な変化が生じた。八月、パパンドレウは突然医師の治療を受けるためにロンドンに赴き、入院し二カ月間療養した。パパンドレウが入院したロンドンの病院の病室には閣僚たちの出入りが絶えなかった。パパンドレウは公式には代理人を立てて権力を委任しなかったため、野党は「ファックスによる政府」とからかい、権力の空白が生まれた。病状の程度をめぐって混乱が存在したうえ、この六十九歳の首相は、当時首相の側近のなかで影響力のある人物となったばかりだった三十四歳のオリンピック航空のスチュワーデスと結婚するため、ヘアフィールド病院から、三十七年間連れ添ったアメリカ人の妻でかなりの政治的地位にもついているマーガレットと離婚する旨を告げ、問題はさらに錯綜した。ディミトラ・リアニを連れてパパンドレウが公共の面前に姿を表すと、マスコミは蜂の巣をつついたような騒ぎとなり、パパンドレウの家族と苦いやり取りがあった。

手術が成功してパパンドレウはギリシャに戻った。しかし、勝利の帰国となるはずだったものが、ある金融関係者のスキャンダルの発覚によってすっかり影が薄くなった。このスキャンダルは政治的事件としてさらに大きく騒がれ、この国の歴史上かつてない大規模なものだった。中心人物はギリシャ系アメリカ人ジョージ・コスコタスだった。コスコタスは巨大な銀行と出版帝国を築き上げていたが、その背景は謎に包まれていた。パパンドレウが帰国するとすぐに、警察の二十四時間監視体制のもとにおかれていたコスコタスは、横領、非合法な通貨取引、文書偽造の告発が下される前にアメリカに逃れた。コスコタスが所有するクレタ銀行の帳簿から少なくとも一億三千二百ドル相当の不足額が発見された。型破りの報道で有名なある新聞は、この一件や他のスキャンダルにからんだ記事を虚実かまわず猛烈派手に書き立てた。

伝えられるところによれば、国営企業は現金をクレタ銀行に表面的には低金利で預けることが奨励され、その低金利と市中金利との差額分の利息が不正に流用された。パソックの役人が不正行為の調査を妨げたとか、ある役人は賄賂として五千ドラクマ札がぎっしりつまったナプキン入れの箱を贈られたという主張もあった。さらに、いわゆる「世紀の買い物」(フランスのミラージュ戦闘機六十機とアメリカのF―

16戦闘機四十機の購入）の際の不正な手数料、国有兵器産業による不法販売、ECに対する詐欺行為などの主張もあった。首相が政敵や友人（リアニ嬢を含む）の電話盗聴を是認していたという主張もあった。

毎日のように新たなスキャンダルの報道が続く中、解任される閣僚あり、辞任する閣僚あり、入れ替えられる閣僚があった。衰えた党内の士気を高めるために、パパンドレウは、どこの国とは明示しないが「政府の弱体化をねらう国外の中心的人物たち」の策動に自分の諸問題は起因すると主張した。このような非難は、コスコタスがギリシャ政府からの犯人引き渡し要求に抵抗するためにタイム誌に掲載されたインタビューで、パパンドレウが一連のスキャンダルに直接関与していると主張したときに繰り返された。野党は異口同音に、難局から抜け出る唯一の方策として即刻選挙を行うことを要求した。しかしパパンドレウは八八年十二月と八九年三月の議会で信任されてゆうゆうと生き残り、二期目の四年が終わるまでこの困難を切り抜けた。次の選挙でのパソックの支持率の低下は免れないことが分かっていたので、政権にあったパパンドレウが最後に行ったことの一つは、より純粋な比例選挙制の導入だった。その目的は、ネア・デモクラティアがかなり得票率を上げないかぎり、議会で過半数を獲得することはなるべく困難にしようとすることだった。

この昔ながらの操作は、ネア・デモクラティアに対しては狙い通りの成果をあげた。ネア・デモクラティアは一九八九年六月の選挙で得票率四十四％にもかかわらず、百四十四議席しか確保できず、過半数に七議席足りなかった（一九八五年の選挙でパソックは得票率四十六％で、過半数の百六十一議席を獲得した）。首相の個人的そして健康上の問題、山積するスキャンダルにもかかわらず、パソックは三十九％

の得票率を記録した。諸状況を考えればこれは大した数字であり、百二十五議席を獲得した。この結果、得票率十三%で二十八議席を得た「左派進歩連合」(共産党と「ギリシャ左翼」〈以前の共産党国内派〉の連合)がバランス・オブ・パワーを握ることになった。サルゼダキス大統領が、第一党の党首ミツォタキスを始め三政党の党首を順に組閣の権限を委任しようとしていた十日間、消耗するような駆け引きが続いた。

普通なら右派に対抗してパソックと「左派進歩連合」の協力が論理的帰結となったかもしれない。しかし、状況は普通とはほど遠かった。ミツォタキスが組閣に必要な多数派の形成に失敗すると、パパンドレウが指名される番となった。パパンドレウは共産主義者たちに閣僚のいすを提供しようとしたが、パパンドレウが首相の座から降りるのを第一に求めた共産主義者たちに応ずるつもりはなかったのは、驚くにはあたらなかった。次は「左派進歩連合」リーダーであるハリラオス・フロラキスの番になった。七十五歳のフロラキスは戦時中の抵抗運動(ミツォタキスと同じように)とその後の内戦で活躍した老練な共産主義者で、十八年間を国外や牢獄の中で過ごした。フロラキスも同じように成功せず、組閣権限を大統領に返した。

選挙のやり直しが必至とみられた。たとえ再選挙が行われても、スキャンダルに関与したと非難されているパソック幹部が告発される可能性はなかっただろう。しかし土壇場になってミツォタキスとフロラキスの間に暫定政権をつくる協定がむすばれ、ネア・デモクラティアを主体とする内閣に共産党から選ばれた数人の閣僚が加わることになった。不思議にも一九四三年カイロで抵抗運動の代表たちの出した要求

（亡命政府の主要閣僚のポストを要求したが拒否された）の再現となったのだが、こんどこそ共産主義者たちは内相と司法相という重要なポストを握った。ミツォタキスは党首在任中ザニス・ザネタキスに首相の座を譲った。ザニス・ザネタキスはネア・デモクラティア議員で海軍将校時代に軍事政権に反対したため広く尊敬されていた。新連合が明言した目的はただ一つ、浄化、すなわちパソック政権時代の後半におけるスキャンダルに関わった者を法に照らして処罰することであり、それが終わりしだい新しい選挙が行われる予定だった。二つの政党の間にすべての問題にわたって存在した溝を考えれば、長期の連合は問題外だった。しかし短期の連合は驚くほどうまくいった。政府に保守主義者とならんで共産主義者が直接に参画したのは、四十年前の内戦以来ふさがらなかった傷口がようやく癒えたことをまさに象徴していると言っていい。歴史家のなかには残念がる者もいたが、秘密警察に保管されていた膨大な量のファイルの少なくとも一部分が焼却され、和解のプロセスはさらに早まった。しかし注目されたのは、古い世代ほど和解を進めたがっていたように見えたことだ。例えば共産主義青年運動のかなりの部分は、右派との取り引きを憎むべき右派への寝返りであるとかたくなに反対した。彼らは正統派共産主義者がグラスノスチとペレストロイカの理論を控え目に採用するのに歩み寄ることさえ困難を覚えていた。政治信条としての共産主義が東欧の大部分で大々的に拒絶されつつあったまさにその時に、共産主義者がギリシャで初めて内閣入りしたという事実は、なんとも皮肉だった。

議会にスキャンダルを調査する委員会を設けられ、浄化のプロセスがひとまず確かな軌道に乗ると、一九八九年十一月五日にまた選挙が実施されることになった。五カ月間で二度目とあって、選挙運動は落ちついた闘いとなったが、一匹狼の左翼作曲家ミキス・テオドラキスがネア・デモクラティア公認に固執したとき、興奮の嵐が少しの間巻き起こった。政府が選挙法を操作しないと誓約していたので、選挙は六月と同じ比例代表制のもとで行われた。この選挙の結果も前回と同じく決定的ではなかった。ネア・デモクラティアは僅かに得票率票を伸ばし（前回の四十四％から四十六％）、百四十八議席を得たが、惜しくも過半数にわずか三議席及ばなかった。しかしこの選挙で本当に驚いたことは、パソックが党最高幹部の腐敗を告発されているなかで、得票率を三十九％から四十一％に伸ばすことができたという事実だった。その原因を求めるなら、右派に対する強い嫌悪感をかき立てるだけでなく、自分に対する忠誠心を鼓吹したアンドレアス・パパンドレウの能力のおかげだった。その議席数は百二十五から百二十八議席に増えた。反対に「左派進歩連合」の得票率は十三から十一％に落ち、議席数は二十八から二十一に減った。ネア・デモクラティアにとって、与党だった「左派進歩連合」が減らした分は、パソック支持者の一部をひきつけることによって十二分に補われた。「左派進歩連合」の支持率が下がったのは、六月の選挙後、右派と暫定的に連携したことを不愉快に感じた一部の支持者が離反したからだ。三人の無所属候補者も選ばれた。一人はほとんどパソックと同一歩調をとり、一人は環境保護派、一人はトルコ人だった。

ネア・デモクラティア党首のミツォタキスは、すぐに次のように指摘した——ネア・デモクラティアは過半数を占めてはいないが、西欧のどの支配政党より高い国民の支持率を確保し、もし一九八五年の選挙法で行われていれば、明らかに絶対多数を獲得していた、と。これに対してパパンドレウ側は、パソックはヨーロッパのどの社会主義政党よりも高い支持率を達成し、パソックと「左派進歩連合」の支持率を合わせると、この国の「進歩的」勢力が明らかに絶対多数派であることを示していると主張した。サルゼダキス大統領はまたもや、議会多数派を占める政党連合が成立するかどうか、各党の指導者たちに打診するはめになった。それがうまくいかなければ、また選挙のやり直し必要だった。

各政党が順に予備的に組閣権限を委任されたが、込み入った交渉の末、どのような形の連合も生まれなかった。半年もたたないうちに三度目の選挙を行わざるを得なくなったようだった。しかし、この不本意な可能性に直面すると、土壇場になって、非政治的人物で前ギリシャ銀行総裁クセノフォン・ゾロタスを首班とする超党派内閣を組閣するという協定が交わされた。ゾロタスは八十五歳であり、三党の指導者たちがすべて七十代だった。このことは、ギリシャでは年齢そのものは政治的な前進の障害物に決してならないという事実をあらためて確認させた。協定では、この「国家的要請」に基づく「世界教会政府」の任期は一九九〇年四月までとなった。その直前の九〇年三月にサルゼダキス大統領の任期五年が切れる。もし大統領後継者についての話し合いが各党間でつかなければ、新たな選挙が実施されることはほぼ確実だったからだ。八人の閣僚がネア・デモクラティアに、七人がパソックに、三人が「左派進歩連合」に割り当てられた。外交、国防、経済などの重要な閣僚職は、超党派で運営され、三党の党首ミツォタキス、パパンドレウ、フロラキスが定期的に会合を開き、行政の進行状況について検証するという協約が交わされた。

一年もたたないうちに三回目の選挙が一九九〇年四月、同じ選挙制度のもとで予定通り行われた。ネア・デモクラティアは得票率を四十七％と僅かながら増加させ、議席のちょうど半分の百五十議席を獲た。パソックは支持率を落としたが、依然としてかなりの得票率三十九％（百二十三議席）を得た。明らかにされたことは、この八年間、パソックはその権力を巧みに使って利益配分をした結果、選挙民の約四割をパソックの固い忠実な支持者とすることができた、という事実だった。「連合」の得票率は僅かながら落ち、十％（十九議席）となった。保守の分派「民主更新」が獲得した一議席の参加により、ネア・デモクラティアはかろうじて過半数を制することができた。この選挙の一月後、コンスタンディノス・カラマンリスは大統領に選ばれ、二期目の五年を務めることになった。そのためパソックの時代は、当面は終わりを告げた。ミツォタキスは、一九八九年から九〇年にかけての三回の選挙運動に際して、この国が直面する経済状態は悲惨であり、自分が唱える「新自由主義」政策は、公共部門の莫大な赤字を抑制し、外国からの借款の重荷に直面する点で決して安易な道をとることはないと率直に述べた。ミツォタキスが過半数ぎりぎりの議会でその厳しい政策を強行し、提案した通り経済の若返りを果たすことができるかどうかは、今後の判定にまつことになった。

## 二大カリスマ、カラマンリスとパパンドレウ

一九八一年十一月、大統領コンスタンディノス・カラマンリスの前で、アテネ大主教セラフィムに首相就任を宣誓するアンドレアス・パパンドレウ。ギリシャの政治においては、カリスマ的な政治指導者が中心的な役割を果たしてきた。二十世紀後半の政治シーンを支配したカラマンリスとパパンドレウは、十九世紀後半のハリラオス・トリクピスとセオドロス・ディリヤニスによく似ていた。保守派のカラマンリスは、一九五五〜六三年と一九七四〜八〇年に首相、一九八〇〜八五年には大統領を務め、さらに一九九〇年には五年の任期で再選を果たした。人民主義的社会主義者のパパンドレウは、一九八一〜八九年に首相を務め

た。一九六七年から七年間ギリシャ政治を不当にも支配した軍事独裁政権は七四年にギリシャを悲惨な状況に陥れて崩壊した。カラマンリスの政治手腕が最も問われたのは、その後始末を託されたときだった。カラマンリスの最大の功績はは、八一年、この国の歴史始まって以来の社会主義政権に権力を平和的に委譲したことだった。その政権

2大カリスマ、カラマンリスとパパンドレウ

を率いたのがアンドレアス・パパンドレウだった。八九年の選挙で敗北を喫したとき、パパンドレウは七十歳だった。カラマンリスは九〇年に七十三歳で大統領に再選された。ギリシャでは高齢は決して政治的野心の障害にならない。セミストクレス・ソフリスは四八年に首相在任中八十八歳の高齢で亡くなり、八九年の二度目の選挙で当選した挙党政府の首相クセノフォン・ゾロタスは八十五歳だった。当時の三政党の指導者、保守党ネア・デモクラティア（ND）のコンスタンディノス・ミツォタキス、全ギリシャ社会主義運動（パソック）のアンドレアス・パパンドレウ、「左派進歩連合」（アリアンス）のハリラオス・フロラキスはすべて七十歳代だった。

**呉越同舟**

一七九七年、ギリシャ独立の最初の殉教者リガス・ヴェレスティンリスは、ギリシャ帝国の再興を求め、「現代ギリシャ語や古典ギリシャ語を話す者ならば、たとえ地球の裏側に住んでいようと、ギリシャ人でありギリシャ市民である」と述べた。ヴェレスティンリスは、二世紀もたたないうちに三十万人以上ものギリシャ人がオーストラリアに住むようになるとは、夢にも思わなかっただろう。メルボ

ルンは一九八〇年代に世界有数のギリシャ人都市となった。写真は、メルボルン近郊の町コブルグのギリシャ祭に参加するオーストラリア首相ロバート（ボブ）・ホーク（写真中央の人物）。オーストラリア労働党の下情に通じた政治家はみな少数民族コミュニティと友好関係を結ぶことを強く望んでいた。ホークの左側はメルボルン主教エゼキエル、右側はパソック所属の北ギリシャ相ステリオス・パパセメリスとND所属の前任者ニコラオス・マルティス。二人が呉越同舟でオーストラリアに駆けつけているのは、第二次世界大戦後の移民は多くがギリシャ・マケドニア出身という事実のためだけではない。オーストラリアのスラヴ・マケドニア・コミュニティでは、ギリシャ北部の大半はスラヴの「エーゲ海マケドニア」に属すると主張する声が強く、その分離主義的活動にパソックもNDも重大な関心を寄せていたからだ。海外のギリシャ人コミュニティはどこでも母国の政治や民族対抗意識を持ち込む傾向が続いている。

呉越同舟

# 第七章　終わりに

一九九〇年代を迎えたギリシャの空気は、八〇年代を迎えた当時とは異なった。八〇年代初めには、楽観的になれる理由は十分に存在した。権威主義的な軍事独裁から複数政党制による民主主義への移行は、困難ではあったがきわめて整然と達成された。もっとも、キプロスの住民は依然として軍部が犯した愚行に対して高価な代償を払いつづけてはいたが。第二次世界大戦後のヨーロッパの非共産主義国で唯一生まれた独裁政権は、奇妙なほど時代錯誤的であり、軍人だけが物事を処理できると勝手にきめこんでいた両大戦間の時期に逆行したようだった。「メタポリテフシ」（一九七四年の政変）の結果、軍部が新たに介入する見込みはなくなったようにみられた。共産党の合法化にともない、最左派勢力は政治に参加することでかつての孤立から抜け出し、内戦のむごい傷口を癒すのに大きく貢献した。この間、右派は権威主義的かつ反民主主義的な勢力をようやく排除し、不快な独裁政治期にも民主主義という価値を守ろうとした証拠を十分に示した。

ＥＣ加盟促進の運動が成功したのは、七年の独裁政治期に無関心なままでいたヨーロッパ全体の罪悪感につけこんだ結果という側面もあった。しかし運動の成功により、ギリシャのあいまいだったヨーロッパとしての、とくに西ヨーロッパの一国としてのアイデンティティは、地理的さらには歴史的論理に反しながらも保証された。確かにギリシャは共同体加盟から大きな利益を得ることを望み、そして実際にその利益を得たが、願望の背景にあった推進力は、明らかに政治的あるいは心理的とさえいえるものだった。ギリシャ人はいまだに自分の国が正式にはヨーロッパの一員ではないかのように「ヨーロッパへ旅行する」という言い方をするかもしれない。しかし、今やヨーロッパ国家としての資格を否定するのは難しくなった。

一九八〇年から八一年にゲオルギオス・ラリスは短期間ながら首相を務めたが、独立ギリシャの歴史上、この期間ほどギリシャの政治制度が議会制民主主義に対して、言葉だけでなくその精神にも強い敬意を払って機能した時期はなかっただろう。八一年十月、政治権力は戦後政治を支配した右派から社会主義を名乗る急進的政府へ平和裡に受け渡され、ここに政治制度の新たな成熟が示されたように思われた。「短い行進」を経て権力を得たパソックは「変革」を公約に掲げ、大いに求められていた構造改革と外交政策における新たな自主路線を組み合わせた。一九八一年の選挙でパソックは確かな勝利を収め、幅広い選挙民にはっきりした訴えを明示した。その訴えに、右派政党はほとんど太刀打ちできなかった。確かに一九八一年は驚異の年に思われた。二、三カ月の間に、ギリシャは十番目のＥＣ加盟国となると同時に、史上初の「社会主義」政権が誕生したのだから。

ＥＣ加盟はこの国の諸問題に対する万能薬になると説いた熱心な推進者の思惑は外れたとしても、共同体に加盟して最初の十年にギリシャが得たものは、とくに地方では大きかった。しかし、パソックの勝利によってかきたてられた高い望みは実現されなかった。サービス部門に大きく偏った経済では社会主義といってもつかみどころがなかった。就業者人口のほとんどは自営業者で、ブラック・マーケット市場は恐らく全経済活動の四割を占めていた。国内政策にも対外政策にもさまざまな変化は起こったが、どれもうわべだけのものになりがちだった。文化・科学相に就任したどこか並外れた女優メルナ・メルクーリは、「ルスフェリ」(いみじくもトルコ語から入った単語だ)——よくいえば利益の相互分配、悪くいえば要するに正真正銘の賄賂——の時代は終わったと宣言したが、政治制度は相変わらず利益分配に決定的に依存していた。パソック体制になって変わったことといえば、かつては国会議員一人ひとりを通じて行われていた利益分配が党を通じて行われるようになっただけだった。

当世風の美辞麗句、マスメディアを上手に活用した草の根参加や党内民主主義の力説にもかかわらず、政権党パソックはギリシャ政党の伝統を大きくひきずっていた。パソックは指導者アンドレアス・パパンドレウの個人的カリスマ性(それは一目瞭然であった)に決定的に依存しつづけた。外交政策の変化も、同じように実質ではなくうわべだけに過ぎなかった。一九八一年以前の急進的な口先とはうらはらに、ギリシャはECからもNATOからも脱退せず、パソックが権力を失った八九年にも米軍基地は健在だった。パソックが政権を引き継いだときにはすでに弱体化していたギリシャ経済は、年を重ねるごとに着実に悪化した。八〇年代の終わりには、財政赤字、公共部門による借入の要請、インフレはすべて制御できなくなっていた。とはいえ、パパンドレウ政権の最後の数カ月、パソックは党組織の最高レヴェルにまで達したスキャンダルで苦しめられたが、八九年の二度の選挙でかなりの支持を集め、保守党ネア・デモクラティアは九〇年の選挙でようやく僅差で勝つことができた。

一九九〇年代初めにネア・デモクラティアが直面した情勢は、楽天的に構えるにはほど遠いものだった。経済は極度の難局にあり、九一年初めには、ＥＣからの大幅な借款によって支援されなければならなかった。しかし、今や全ヨーロッパの情勢が劇的な変化を迎えていた。ヨーロッパ大陸が東西に分割され、それは厳しくはあるが安定しているという確かさは失われた。ギリシャのヨーロッパとしてのアイデンティティの正当性が認められて十年後、北方の近隣諸国では、すでに起きたものであれ近い将来起こりそうなものであれ、共産主義は崩壊を迎え、ギリシャは大きくバルカン半島諸国に引き戻された。イデオロギーの教条主義に対する歴史の復讐を考えれば、一九一四年にバルカン半島諸国をヨーロッパの「火薬庫」にした諸問題は、ふたたびギリシャ北方地域を戦場に戻しかねない危険性を確実にはらんでいた。かつてのオスマンによる平和《パクス・オスマニカ》、その後はソビエトによる平和《パクス・ソビエティカ》、すなわち無慈悲な共産主義体制の押しつけがかつて民族紛争の代名詞とされたバルカン半島諸国の緊張をともかくも食い止めていたが、今やその抑止力は取り除かれた。地域の安定はふたたび長年の敵対関係によって脅かされた。

ギリシャ－トルコ間の危機は、時間的には東欧諸国の共産主義体制支配の崩壊よりもずっと先行していたが、冷戦の雪解けにも大きく影響された。緊張緩和時代を迎え、ギリシャ・トルコ両国ともに近隣の共産主義諸国への懸念が減少したのを受け、古くからの敵対意識が結局、共通の外敵に対する脅威という意識を打ち負かしてしまった。バルカンの共産主義諸国では、最初にユーゴスラヴィアで民族的緊張が噴出してあからさまな衝突が生じ、九〇年代初めには国土分割の危機に瀕した。セルビア人とクロアチア人の敵対関係やコソボ問題はこの地域全体の安定の脅威となった。アルバニアで鉄のように固かったスターリン主義的体制が消滅したことも状況をさらに悪化させた。なぜなら、誰が後を継ごうとアルバニア政府は、コソボとユーゴスラヴィア・マケドニアに多数居住するアルバニア人の主義主張を擁護するため、さらに攻撃的な方針をとることはまずまちがいなかったからだ。さらにアルバニアが解放されるという展望は、ユーゴスラヴィアとアルバニアの国境沿いにまとまった形で居住するアルバニア人を強く引きつけるはずだった。

アルバニアで緊張緩和が始まったため、地理的には最も近くにありながら、ごく最近まで最も孤立していた国外のギリシャ人居住地域、すなわちアルバニアのギリシャ少数民族が焦点となった。ギリシャ当局の主張では四十万人(アルバニアの公的な数字では六万)を数えるこの少数民族は、アルバニア=ギリシャ国境の「北イピルス地方」にまとまった形で住んでいる。一九九一年初頭、突然数千ものアルバニア系ギリシャ人が大量脱出を図ったため、アルバニアが少数民族を退去させるために圧力をかけているのではないかとの懸念が生じた。これに刺激されたギリシャ政府は、彼らアルバニア系ギリシャ人に、国にとどまり将来の好機を待つように勧めた。その見込みがもてるような先例は一九九〇年のクリスマスにあった。一九六七年以来、一切の宗教活動が禁じられきたアルバニアで、初めてギリシャ系少数民族が礼拝に参加できたのである。

アルバニア系ギリシャ人は戦後を通して閉鎖された国境を越えて危険な集団移住を行ってきたが、その彼らがもう一つの避難民の流れと合流した。これは、住民を受け入れるよりは送り出す方にずっと多く関わっている国では珍しい現象だった。もう一つの避難民とはソ連から逃げてきたギリシャ人で、これまでは埋もれていた少数民族だった。最新のソ連の国勢調査によればおよそ三十五万人を数えるこのギリシャ人は、その大半がポンドスのギリシャ人の末裔であり、十九世紀から二十世紀初め、彼らを喜んで迎え入れてくれたコーカサスや黒海北部沿岸に移住した。ソビエト体制の初期には、彼らはかなりの文化的自治権を得て、ポンドス方言のギリシャ語で自由に出版活動を行った。しかし、不幸にもスターリンから「侵略的な」国の少数民族の一つとみなされたため、彼らの知的指導者は粛清され、人口の大部分が居住に適さない中央アジア共和国の荒野に追放された。スターリンの死後、彼らは次第にかつての故郷に戻り、ペレストロイカの成果の一つとして民族的自覚が一般的な高まりをみせると、はじめて無名の存在から浮上した。改革的な元モスクワ市長ガヴリール・ポポフも、そのようなソビエト系ギリシャ人だ。ソビエト系ギリシャ人文化は復興した。しかし、ソビエトという背景のなかでは彼らはごく小さな少数民族に過ぎず、多くの者は彼らと共存する大きな民族がまた独断専行に走りはじめた事に脅威を感じるようになった。そのため、祖先の言語を必ずしも身に付けていない者を含め、相当数が移民の道を選んだ。九〇年代初頭だけで、およそ十万人がギリシャに移住すると見られていた。

アルバニア系ギリシャ人とソビエト系ギリシャ人の本国流入と同時に、ギリシャは自国内の少数民族――バルカン諸国の基準からすれば無視できる程度の規模だったが――の問題について、ふたたび神経をとがらさざるをえなくなった。七〇年代初頭から始まったギリシャとトルコの急速な関係悪化によって、両国の少数民族の立場に再び注目が集まった。九〇年代初めには、インヴロス島とテネドス島在住のギリシャ人は数百人を割り、かつて繁栄を誇ったイスタンブールのギリシャ人コミュニティは三千人以下に減少した。それに対して、ギリシャ・トラキア地方のムスリム少数民族はおよそ十二万人を数えた。ギリシャ政府は、彼らをトルコ少数民族ではなくムスリム少数民族と呼ぶことを主張した。しかし九〇年代初めの時点では、彼らの大多数は明らかに自分たちをトルコ人と見なしていた。ユーゴスラヴィアでさらに強い分離主義的傾向が現われたのに呼応して、ユーゴスラヴィア・マケドニアの首都スコピエから発信されるプロパガンダは、「エーゲ海マケドニア」つまり北部ギリシャでスラヴ語を話す住民がいかに不当な扱いを受けているかを訴え、国境解放とマケドニアの「精神的統一」を求めた。このようなプロパガンダは着実に執拗さを増していった。九一年初頭、アメリカ国務省がこの主張を支持するようにみえたとき、ギリシャは激しく反発した。その反発の強さは、少数民族問題が必要以上に神経をとがらす問題になっていることをまざまざと示した。

しかし、ギリシャの外交関係の中で最も扱いにくい問題は、疑いなくトルコとの厄介な関係だった。エーゲ海問題と今も続いている北部キプロスのトルコ占領がからみあった問題は解決の兆しを見せなかった。クウェートの主権問題に対する関心と、九一年の湾岸戦争の予備工作として米英から出された国連決議による制裁に対する熱意をめぐって、皮肉にもキプロスとギリシャは対照的な態度を見せた。主権の原則と国連決議の順守という同じ性格をもつキプロス問題は、すでに十五年以上も放置されていたからだ。さらに、トルコは湾岸戦争で目覚ましい役割を演じたため、ギリシャはこの東の隣国に対する脅威を改めて強く感じた。

一九九〇年代初めにギリシャが直面した情勢は、十年前よりもずっと重苦しいように見えた。しかし、国内外におけるギリシャの問題がいかに深刻なものであれ、ギリシャと同じくビザンティンとオスマン支配、正教キリスト教という遺産をもつ北方の近隣諸国に比べれば、その深刻さは取るに足らなかった。ギリシャは、四〇年代の政治混乱では流血と苦痛という高い代価を支払ったが、九〇年代に市民社会と経済をゼロから立ち上げ直さなければならないという問題は少なくとも経験しないですんだ。内戦終結以来、この国は物質的に著しい進歩を遂げた。制度面の基本的整備によりギリシャが適応力と改革能力を持っているかどうかは未知数の部分を残している。

## 〔日本語版への追記〕

一九九〇年、政権を握ったコンスタンディノス・ミツォタキスはただちに緊縮政策を打ち出した。その目的は、ミツォタキスによれば、内戦後最悪の経済危機を克服すること、とくに公営部門の莫大な赤字を削減することにあった。首相はまた国家管理下にある巨大企業部門を縮小するために民営化計画をたてた。これらの措置で実行されたのはほんの一部だけだったが、野党は激しく抗議し、長期ストが起きた。カラマンリス大統領でさえ、緊縮政策による重荷は国民各層で公平に負担されるべきだ、と要求した。

「浄化」路線の一環として、パソック政権時代の最後の数年間を混乱させたスキャンダルを裁くための公判が続々と開かれた。告発された者のなかにはアンドレアス・パパンドレウ自身も入っていた。しかしパパンドレウは法的手続きをボイコットし、結果的に横領と不法な電話盗聴の罪を免れた。二人の元パソック閣僚が有期刑を宣告された。もう一人、アガメムノン・クツォゲオルガスは公判の途中心臓発作で死んだ。クツォゲオルガスは前クレタ銀行オーナー、ジョージ・コスタコスを保護する法律をつくった見返りとして百三十万ドルを収賄した容疑で起訴されていた。コスタコス自身は横領とパパンドレウを不利にする証拠として使われた文書偽造の罪で服役していた。

ミツォタキスはカリスマ性に欠け、また極めて多くの人が公営部門で働くことを期待している社会では、その訴えは限られた範囲でしか通じなかった。さらに、彼の党は内紛で弱体化した。九二年六月、外相のアンドレアス・サマラスが、隣国マケドニアに対してあまりにも非妥協的な政策をとりすぎたとして罷免された。一年後の九三年、サマラスは自身の政党「政治の春」（ＰＡ）を結成し、ネア・デモクラティア党内のサマラス支持者に政府支持をやめるように呼びかけた。ネア・デモクラティアから三人離党したが、それだけで、かろうじて過半数を維持していたミツォタキス政権を弱体化させるには十分であり、通常の期日より約十八カ月早く選挙が行われることになった。

選挙運動の泥仕合が始まった。ミツォタキスは、あからさまには言わなかったが、パパンドレウが明らかに病弱であり、対照的に自分は丈夫であると訴えた。これに対して、パパンドレウはミツォタキスの経済政策を攻撃し、マケドニア問題に対する弱腰を弾劾し、さらにパソックの初期の急進主義に回帰しパソックこそ真の社会民主主義政党であると主張した。

結局、パパンドレウは政権に復帰した。得票率四十七％は、パソックが八一年に大勝したときより、ほんのわずか下まわっただけだった。ネア・デモクラティアの得票率は三十九％、「政治の春」とギリシャ共産党はそれぞれ五%だった。パパンドレウの側近のなかで妻ディミトラ・リアニの影響力はますます強くなっていたが、パパンドレウの個人事務所の責任者に任命されたことにより、その影響力は正式に認められ、パパンドレウと接触する人物はすべてリアニを通すことになった。ミツォタキスは選挙後すぐに党首を辞任し、その後を俗受けをねらう政治屋でミツォタキスを一貫して批判していたミルティアディス・エヴェルトが継いだ。パパンドレウが一九八九年選挙の敗北後、告発されたの全く同様に、ミツォタキスも電話の違法盗聴と収賄の容疑で告発されたが、最終的には告発は取り下げられた。

一九九〇年代前半の大部分、ギリシャの中心的問題は近隣諸国と新たに独立したマケドニアとの関係だった。それらの国と比べればギリシャは経済が強く政治組織も安定していたため、バルカン近隣諸国の共産主義体制の崩壊で得たものはとくに大きく、またこの地域で伝統的に持っていた経済的影響力を取り戻すことができた。しかし共産主義体制後のマケドニアとアルバニアとの関係は始めから悪かった。しばらくの間マケドニア問題はギリシャ外交が直面する最大の問題となり、長年続いていた反トルコ感情よりもっと強烈な敵対感情を巻き起こした。

ユーゴスラヴィア連邦が分解すると、旧ユーゴスラヴィア共和国は一九九一年の独立に際してマケドニアを名乗ったが、ギリシャはマケドニアという名前の使用に反対した。ギリシャの見解では、この名称はギリシャの北部地域である「マケドニア」にのみ使用されるべきであった。ギリシャはまたマケドニア王フィリッポス二世(アレクサンドロス大王の父)の墓から発見された「十六条の光芒を放つヴェルギナの太陽」を、マケドニア共和国が国章として採用したことに抗議した。さらにマケドニア憲法にはギリシャ領土に対する野心を示唆する条項があると主張した。

ギリシャはこの新生国家を各国が承認しないようにかなり努力したが、結局は無駄だった。パパンドレウの政権復帰後まもない一九九三年十二月、アメリカに続いて、ギリシャのヨーロッパにおけるパートナー諸国もマケドニアを承認し、ギリシャではそれに抗議する大規模なデモが起こった。九四年二月、パパンドレウは医薬品を食料を除き、マケドニアに対する経済封鎖を発表した。ギリシャ以外のEU加盟諸国は欧州司法裁判所に、この措置は通商に対する違法な規制であり、EC法違反であると提訴した。

ヨーロッパで共産主義体制が最後に崩壊したアルバニアとの関係も悪かった。不和の原因は、アルバニア内のギリシャ人少数民族の地位をめぐる問題にあった。両国の関係は、ギリシャにアルバニア人が大量に流入してきたことによってさらに複雑になった。彼らの大半は不法移民で、ギリシャにおける安い労働力の供給源となっていた。時おりとくに緊張が高まると、彼らの多くは一斉検挙され、国境の向こうに容赦なく送還された。九四年四月、ギリシャ語を話す一団が国境近くのアルバニア陸軍部隊を攻撃したとき、アルバニアとの関係は最悪の状態に陥った。アルバニア当局は急きょギリシャ人少数民族組織「オモニア」の主要メンバー五人を武器の不法所持とスパイ行為の容疑で逮捕して裁判にかけ、長期の禁固刑を宣告した。この判決を受けて、ギリシャはただちに国境を閉鎖してアルバニア移民労働者を遮断し、ティラナから大使を引き揚げた。

トルコとの関係も悪化したままだった。西部トラキア地方におけるトルコ人少数民族の地位をめぐる論争、またエーゲ海の空域、ギリシャのエーゲ海島嶼の要塞化をめぐる論争が果てしなく続いた。九五年六月、ギリシャが国連海洋法条約を批准したとき、緊張は頂点に達した。条約の批准によって、ギリシャはその気になればいつでも領海を六カイリから十二カイリに拡張する権利を確保した。トルコは今までたびたび、ギリシャの領海拡張はエーゲ海がギリシャの湖となることを意味し、その行為は必ず両国間の戦争の引き金となるだろうと宣言していた。

近隣諸国ではブルガリアとの関係だけが良好だった。九〇年代、ギリシャはブルガリアにおける主要な外資投資国となった。旧ユーゴスラヴィアでボスニア危機が勃発すると、ギリシャは、同じギリシャ正教の信徒であるセルビア人――もともとセルビアにいるかボスニアにいるかは関係なく――への同情を隠そうとはせず、EC諸国間の共同歩調を乱した。世論は明らかに抗争中のセルビア人に味方した。ギリシャ人もセルビア人も「兄弟のいない民」という共通意識を抱いていた。バルカンにおける「正教枢軸」の出現という見方をする人もいた。ギリシャはときどきボスニア危機の調停者になろうとしたが、ほとんど効果はなかった。

一九九五年、アメリカの圧力もあり、ギリシャのマケドニア、アルバニア両国との関係は大きく改善された。欧州司法裁判所の裁判長が、マケドニアに対する経済封鎖の一件は当該裁判所の審理能力を超えているため、審理を打ち切るべきだと進言した。このことにより、ギリシャは勇気づけられた。さらに同じ年の秋、長時間の交渉の結果、ギリシャとマケドニアの間で「暫定協定」が結ばれ、両国間の手詰まり状況は打破された。マケドニアはヴェルギナの太陽を国章として使用しないこと、そしてその憲法にギリシャに対する領土的主張を意味する条項はないと確言することに同意した。両国が係争していた「マケドニア」の名称使用という最も厄介な問題は解決には至らなかったが、関係改善は進展し、ギリシャは九五年十月、マケドニアとの国境封鎖を解いた。

同様にアルバニアとの関係も大幅に改善された。九五年初頭、獄中にあったオモニアのメンバーの釈放をうけて、ギリシャ外相カロロス・パプリアスがティラナを訪れた。そして、アルバニアにおけるギリシャ人少数民族の扱い、ギリシャで働いている数万人に及ぶアルバニア人の地位など、両国間で係争中の問題を検討する共同委員会を設置する協定が結ばれた。

パパンドレウはミツォタキスの緊縮政策を厳しく批判していたにもかかわらず、三度目の首相在任中、ヨーロッパ友邦との経済的統合をより緊密にすべきであるという見地に立って、ギリシャの莫大な負債の削減、公営部門の赤字の縮小、インフレの抑制を正式に認めた。これらの政策はある程度効果をあげ、九五年初めまでに、インフレ率は過去二十年間で初めて十%を割った。

しかし、パパンドレウの初期の政治には存在した改革の勢いはほとんど見られなかった。病弱であることはまぎれもなく、パパンドレウは一日二、三時間しか執務できなかった。権力はますます妻と少数の側近に集中するようになった。彼の妻は政治的野心があることを公然と示すようになり、さらにパパンドレウが後継者問題を取り上げようとはしなかったため、パソック党内では不満が高まった。多くのパソック有力メンバーが首相の退任を要求した。

一九九五年十月、パパンドレウが腎臓疾患に加えて肺炎で入院したとき、問題は頂点に達した。生命維持装置がつけられたパパンドレウは、人工呼吸装置の助けをかりなければ長時間呼吸ができなかった。著名な海外の専門家たちは治療について意見を求められた。妻は、聖油や霊験あらたかなイコンや占星術師にすがって祈っているとも伝えられた。病院の外では、熱烈な支持者たちのなかに移植手術に必要な腎臓の提供を申し出る者さえいた。病状が絶望的にもかかわらずパパンドレウが権力にしがみついていた七週間、ギリシャの政治は実質的に舵取りを失った。その非凡な政治的経歴も結末は見苦しかった。しかし九六年一月十五日、パパンドレウはついに説得されて首相を辞任したが、パソック党首としてはとどまった。すぐにパソック議員団のなかで闘いが始まった。党内部の改革派リーダー、コスタス・シミティスが、大衆の間ではきわめて人気の高い内相アキス・ツォハゾプロスを僅差で破って新首相に選ばれた。

パパンドレウが政治活動から実質的に引退して二、三カ月後、コンスタンディノス・カラマンリスの二期目の大統領任期が終わった。九五年三月、その後を継いで大統領になったのはコスティス・ステファノプロスだった。ステファノプロスを大統領候補として指名したのはアントニス・サマラスの「政治の春」だった。パソックが支持したため、選出は間違いなかったが、三回目の投票でようやく三百票のうち百八十一票を獲得し、かろうじて憲法が規定している最小得票数を一票上回った。

パパンドレウが身を引いたのは七十六歳、そしてカラマンリスが大統領の任を終えたのは八十八歳だった。二十世紀後半の大半の政治を支配していた二人は、十九世紀後半の政治シーンで活躍したハリラオス・トリクピスとセオドロス・ディリニヤスとよく似ていた。パパンドレウが辞任し、コスタス・シミティスに替わったために、パソックの支持者以外の間にも、楽観的な空気が広がった。なぜなら、「恐竜」の時代——自分たちの支配者である長老たちに愛情を抱いているギリシャ人は決してそのようにはいわないが

――はついに終わり、若い世代の政治家がこの国の改革を監督する時代がやってきたようにみえたからだ。

しかしシミティスが権力を握ると、すぐにギリシャ―トルコ間に七四年のトルコのキプロス侵攻以来最も深刻な危機が発生した。この危機の発端は、九五年十二月末、トルコ本土とカリムノス島の間にある岩だらけの小島イミア島にトルコの船が座礁したことだった。最初トルコ船は、イミア島はトルコ領であるという理由で、ギリシャのサルベージ船による救援を拒否した。しかしギリシャは、イミア島は一九四七年にドデカニサ諸島とともにイタリアからギリシャに引き渡されたと主張し、トルコがイミア島の統治権をイタリアに明確に移譲した一九三二年条約を引き合いにだした。

カリムノス島の市長は、イミア島にギリシャ国旗を掲げるために、聖職者を含む一団を派遣した。これに対抗して、トルコのある強烈な民族主義者の新聞は、ギリシャ国旗をトルコ国旗に替えるために記者とカメラマンを送った。トルコの政情不安も事態を悪化させた。トルコでは総選挙の結果イスラム福祉党が第一党に進出したが、どの政党も組閣できず政局は混迷していた。両国の世論は燃え上がり、最初はややくだらない原因で始まりながら、極めて深刻な抗争に発展する可能性がでてきた。ギリシャの特殊部隊が係争中の小島の一つを占領し、トルコ国旗を撤去しギリシャ国旗を掲げると、トルコの特殊部隊も別の島に上陸し、両国の軍艦が威嚇しながら島々を周回した。極度に高まった緊張状態は、ホルブルック米国務次官補が強い圧力をかけたて鎮まった。この圧力は、両国とも問題の地域から兵力を引き揚げるというものだった。ギリシャではこの撤退は国辱として受けとめられ、新シミティス政府は厳しい非難にさらされ、参謀総長のフリストス・リンベリスは解任された。アメリカの行動はトルコに肩入れしているとして、ギリシャ人の怒りはアメリカに集中した。一方、リチャード・ホルブルックは、危機の間知らぬ顔をしていたEUを非難した。ギリシャもヨーロッパのパートナー諸国の支持が不十分だったと感じた。アメリカはまず第一に九六年のキプロス危機を解決しようとしていたが、イミア島事件の結果、その問題はかすんでしまった。

この一九九六年危機はとりわけ不気味だった。それは大陸棚の地形や領海・領空の拡張をめぐって起こった危機ではなく、初めて領土をめぐって起こった危機だったからだ。この衝突は、双方の敵意のぶつかりあいによっていつ爆発してもおかしくない爆発物がこの地域に存在することをくっきり示した。その爆発がどのような結果を招くかについては、だれも予想できなかった。

# 主要人物略伝（生年順）

**グレゴリウス五世（一七四六～一八二一）**

コンスタンティノープル世界総主教（一七九七～九八、一八〇六～〇八、一八一八～二一）にして「民族の殉教者」。ペロポネソス地方のディミツァナで生まれ、アテネと恐らくパトモス島の聖ヨハネ修道院で学ぶ。一七八五年にスミルナ府主教となり、教育問題に大きな関心を示し、聖金口イオアン（?三四七～四九七。コンスタンティノープルの司教を務め、ギリシャ教父中最大の説教家）の著作のいくつかを現代ギリシャ語に翻訳。世界総主教を三期務め、啓蒙運動思想を決然と批判する。一八一九年にコンスタンティノープル正教会の聖務会院で発した回勅においてグレゴリウスは、若いギリシャ人たちの話し言葉が野蛮であり、彼らが宗教問題に無知であり、その道徳が荒廃している以上、科学や数学の学問から彼らが恩恵を被ることはありえないと述べている。オスマン当局と同盟関係を結び、西欧思想やフランス革命からの影響に異議を唱え、信徒に当時のオスマン権力への服従を求めた。総主教管区の印刷局を督励して正教信仰を西洋の異教徒による汚染から守るための宗教文献を出版させた。一八二一年、ドナウ川流域の属国でギリシャ独立戦争が起こると、グレゴリウスと聖務会院はアレクサンドロス・イプシランディスとミハイル・スツォスとその追従者らを破門に処する回勅を何回も発した。回勅のおかげでコンスタンティノープルのギリシャ人は虐殺をまぬがれたとみられるが、グレゴリウス自身は一八二一年四月十日総主教座の門の入り口で絞首刑に処せられた。オスマンの目には、正教会の活動にかなりの自由を与える見返りとして期待された、正教信者がスルタンに忠誠であることを保証する義務をグレゴリウスが果たせなかったように見えたからだ。金角湾から回収されたグレゴリウスの遺体はオデッサに運ばれ、一八二一年六月に同地で埋葬された。処刑から一世紀を経た一九二一年、グレゴリウスは公式に聖人に列せられた。

**コライス、アダマンディオス（一七四八～一八三三）**

独立以前の知的復興に貢献した中心人物。ヒオス島出身の商人の子としてスミルナに生まれる。コライスはヒオス島との結び付きに固執したが、島を訪れたか否かははっきりしない。スミルナでオランダ人プロテスタント牧師ベルンハルト・クーンにラテン語と西洋古典学の手解きを受ける。一七七一年から一七七八年までアムステルダムで商人として不幸な時期を過ごしたが、そこで経験した自由からトルコ人への嫌悪の念が生じた。一七八二年から一七八六年にかけてモンペリエ大学で医学を学ぶが、コライスの主な興味は西洋古典文献学にあり、すぐに当時有数の学者の仲間入りを果たす。一七八八年から一八三三年までパリに住み、フランス革命、革命戦争、ナポレオン戦争などの激動の出来事を直接目の当たりにした。「中道」支持者だったコライスは暴徒の支配に警戒感を募らせ、ナポレオンを「暴君のなかの暴君」とみなすようになった。コライスは堅物で憂鬱症気味の男やもめで、パリでの関心といえば西洋古典学の追求、同胞の教育水準の向上、同国人たちに文明化されたヨーロッパでは普遍的に敬われている栄光ある過去という自覚を注入することだった。この目的に向けてコライスは「エリニキ・ビブリオシキ」(ギリシャ双書)を刊行するアイディアを思いついた。これは古代ギリシャ作家の著作シリーズであり、とくにギリシャ人読者を対象を想定して読者のためになるような導入部分を前書きに付けるというものだった。再生ギリシャにふさわしい言語のあり方についてギリシャの知識階級たちが行った論争に積極的に参加したコライスは中庸をゆき、通常の言語としては口語(ディモティキ)を採用、外来語や構文法は「純正語」を用いることを提唱した。コライスはギリシャの中世であるビザンティン時代を排除し、聖職者の無知と彼らのオスマン権力隷属を激しく批判したが、「迷信というスキュラと不信心というカリブディスにはさまれながら(スキュラもカリブディスもギリシャ神話の怪物)」慎重に身を処した。コライスは独立戦争の勃発は一世代早い未熟な行為であり、ギリシャ人はまだ必要とされた教育水準に達していないと信じたが、同胞が行ったことは単に支配者をオスマンの大君主からギリシャ人の圧政者に置き換えることではなかったという事実を確実なものにするために、士気高揚の文書を刊行する努力を重ねた。同じ文脈で初代ギリシャ大統領イオアニス・カポディストリアスについても声高に批判した(カポディストリアスの項目も参照)。コライスにとってカポディストリアスは暴君であり、大統領の辞職を一貫して求めた。(コライスの自叙伝の翻訳は、Richard Clogg, ed. and trans., The movement for Greek independence 1770 ~ 1821: a collection of documents, London, 1976 に掲載されている。)

**ヴェレスティンリス、(フェレオス) リガス (一七五七〜九八)**

ギリシャ独立運動に最初に殉じた。テッサリア地方ヴェレスティノ生まれ。ギリシャ化したヴラフ人で、何らかの事情で強制的に移住させられた。民間伝説によれば、原因はヴェレスティンリスがあるトルコ人を殺したためといわれる。コンスタンティノープルでオスマン政府の主任通訳官アレクサンドロス・イプシランディスの秘書として働き、その後すぐにワラキアでファナリオティスとして君主を務めた。一七九六年、(二度目の) ウィーン訪問の際に秘密革命組織を結成したとみられる。これは確実ではないが、ヴェレスティンリスの革命声明が現れるのはこの時期からで、そのような声明書として『人権宣言』『スリオス(戦争賛歌)』と最も重要な『ルメリア (ヨーロッパ大陸のトルコ)、小アジア、エーゲ海、モルダヴィアとワラキアの住民の新しい政治制度』がある。この資料は明らかに一七九三年と一七九五年のフランス革命憲法の影響を受けており、ヴェレスティンリスが望んだオスマン帝国を引き継ぐ国家の青写真が描かれていた。ヴェレスティンリスが夢見たものの本質はある種のビザンティン帝国復興で、ただし帝国の専制機構は共和政体 (フランスのひな型に従ったもの) に置き換えるというものだった。リガスは宗教と言語を問わずトルコ人を含む帝国内の民衆すべての平等を説いたが、新国家の公用語はギリシャ語としたため、新国家ではギリシャ人が特権的な地位を占めることになるのは明らかだった。リガスは自らの革命に関する小冊子を秘密裏にウィーンで三千部印刷させてトリエステに送らせた。予定ではリガスはバルカン諸国を旅して革命の福音を説くはずだった。一七九七年にフランスがイオニア諸島を占領し、島では表面的には革命的「解放」がすべて実行されていたため、リガスはオスマン帝国に従う諸民族の解放にフランスがさらに関心を持つ兆しを認めた。しかし一七九七年十二月、トリエステ到着直後にリガスは仲間の一ギリシャ人に裏切られてオーストリア当局に拘束され、当局はベオグラードの城塞でリガスとオスマン市民だった仲間の共謀者たちをトルコ人に引き渡した。そこで彼らは一七九八年六月に絞殺刑に処され、サヴァ川に投げ込まれた。バルカン諸国に革命をもたらそうとしたリガスの努力は現実にはほとんど実らなかったが、その死は後の世代のギリシャ民族主義者への力強いシンボルとなった。

**コロコトロニス、セオドロス (一七七〇〜一八四三)**

独立戦争期の傑出した軍事指導者。独立以前にはクレフテス（山賊戦士）、アルマトロス（オスマン行政下のキリスト教徒による非正規軍の兵士）、カポス（ペロポネソス地方のギリシャ人士豪に雇われた武装民兵）などを次々に務める。羊泥棒で富を築き、富裕なペロポネソス地方の士豪の娘と結婚。一八〇五年から〇六年にかけてオスマンがクレフテスに猛攻撃をかけたため、ザキンソス（サンテ）島に逃げた。多くのクレフテスと同じように、冬をやり過ごすため、そしてオスマンの追撃から逃れるため、しばしばペロポネソス地方からイオニア諸島へ渡った。ザキンソス島がイギリスに占領されると、コロコトロニスはヨーク公のギリシャ軽歩兵隊に入って貴重な軍事経験を積み、一八一〇年に少佐に昇進する。この軽歩兵隊の指揮官リチャード・チャーチはフィレリネスの義勇兵で、一八二七年にギリシャ軍総司令官となった。ゲリラ戦争の経験とチャーチの下での訓練は独立戦争の間に大いに役だち、コロコトロニスは「軍事」党や「民主」党の指導者の一人となった。この政党はペロポネソス地方の高位聖職者、「船員の島」の士豪、ファナリオティスの政治家によって率いられていた「市民」党あるいは「貴族」党と対立し、しばしば武力抗争にまで発展した。独立戦争の際の内戦でコロコトロニスは短期間投獄され、命も危なかった。コロコトロニスはカポディストリアス大統領の支持者であり、オトン王の摂政団と衝突したため死刑を宣告された。しかし刑の執行は猶予され、その後将軍の位が与えられた。老年になるとゲオルギオス・テルツェティスに実に興味深い回想録を口述筆記させた。その一節を以下に引用しよう。コロコトロニスの評価によれば、「フランス革命とナポレオンの行動に世界は目を開かれた。それ以前には世界の諸国民は何も知らなかった。王は地上の神であると国民は考え、王の行為はすべて正しいと言う義務があると考えていた」（参考文献、[E.M.] Edmonds, Kolokotrones, the klepht and the worrior..., London, 1992.）

**コレッティス、イオアニス（一七七四〜一八四七）**

独立国家の初期に影響力のあった政治家。もともとはヴラフ人で、ギリシャ北西部ピンドス山地のシラッコスに生まれた。ピサで医学を学び、イオアンニナ総督で一八二一年以前に広大なギリシャ人居住地域を管轄下に置いたムスリム系アルバニア人ムフタル・パシャ（アリ・パシャの息子）の侍医を務める。一八一九年、友愛協会（フィリキ・エテリア）に入会。独立戦争では政治や軍事方面で指導的な役割を果たす。バヴァリア人摂政団支配の時期に公務に就いた後、パリ駐在大使を任命されて政治舞台から遠ざけられた。パリでは民族衣装フスタネッラ（キルト）の着用を主張して物議を醸した。ちなみにコレッティスはフスタネッラを生涯着つづけた。フランスでコレッティスは政治家フランソワ＝ピエール・ギゾーと密接な関係をもつようになり、コレッティスの存在によってフランス人は絶えずギリシャに対して関心をもつようになった。一八四三年九月三日のクーデターを受けてギリシャへ戻り、オトン王に課せられていた憲法の試案作成をめぐる制憲議会の審議で重要な役割を果たした。イピルス地方出身のコレッティスは、国外出身のギリシャ人（ヘテロフソン）の運動に傾倒し、独立当時の地域の先住民（アフトフソン）との間で論争を招いた。国外出身のギリシャ人も先住民と同様に扱われるべきであるという主張を擁護するため、コレッティスは「メガリ・イデア」の標準的定義を行った。一八四四年から四七年にかけて首相を務め、オトン王の黙認を得て「議会制独裁政治」を確立し、一八四四年憲法の自由主義的条項を蹂躙した。山賊まがいの行為をはたらき、利益の配分、賄賂、選挙操作などを駆使して自らの権力を固めたが、コレッティスの反トルコ政策は民衆から強く支持された。

## カポディストリアス伯爵、イオアニス（一七七六～一八三一）

ギリシャ初代大統領（在職一八二八～一八三一）。コルフ生まれ。パドゥアで医学を学ぶ。一八〇〇年から一八〇七年にかけてイオニア諸島がロシアの保護領となった際に、エプタニシア（イオニア）共和国の国務相を務める。その後ロシア大使館に入る。ウィーン会議でロシア代表に加わる。一八一六年、三十九歳のとき、ネッセルロード伯爵とともにロシア皇帝アレクサンドル一世の外相となり、主に近東問題に携わる。一八一七年、その三年前にオデッサでギリシャ革命への土台作りを行うために結成された秘密革命組織、友愛協会（フィリキ・エテリア）の指導者となることを求められる。この要請は二度（二度目は一八二〇年）あった。反乱者たちの計画が極めて非現実的であると信じたカポディストリアスは要請を断り、当面は好機を待ち、戦争勃発は時間の問題と考えていた露土戦争の結果をみた上で、ある種の自立的立場の確立を望むように同胞を諭した。独立闘争が勃発すると、カポディストリアスはロシア皇帝に仕えるのをやめ、ジュネーヴからギリシャの運動推進に尽力した。カポディストリアスは優れた外交手腕の持ち主で、解放闘争の錯綜した政治の外側にいたことも手伝い、ギリシャ初代大統領（キヴェルニティス）として白羽の矢を立てられた。一八二八年一月、カポディストリアスは大統領に就任したが、当時はギリシャはまだ独立国と正式に承認されず、国境も確定されていなかった。カポディストリアスのエネルギーと外交の才は、できる限り有利な国境線の確保、そして長年の苦しい戦闘で荒廃した国土に新国家に必要なインフラストラクチャーを築くことに費やされた。カポディストリアスの父子主義的なやり方は農民には好まれたが、トレゼネの民主憲法を廃棄して国民議会を直属の小評議会パンエリニオンに改組したため、独立闘争の指導者たちの反感を買った。すぐにカポディストリアスは独立以前の時期にもっていた影響力の回復を望むギリシャ社会の伝統的なエリートと対立、その専制的支配に対抗する反乱もいくつか起きた。一八三一年十月、カポディストリアスは教会に入ろうしたところを暗殺された。暗殺者はカポディストリアスを嫌った有力者の一人、マニのペトロベイ・マヴロミハリス家の息子と親族だった。(参考文献、C.M.Woodhouse, Capodistrias: the founder of Greek inependence, Oxford, 1973.)

**オトン(オットー・フォン・ヴィッテルスバッハ)(一八一五〜六七)**

ギリシャ国王(在位一八三二〜六二)。一八一五年、バヴァリア王ルートヴィヒ一世の次男としてザルツブルクに生まれる。十七歳でギリシャを保護する列強(イギリス、フランス、ロシア)から国王に選出される。一八三三年一月、イギリスのフリゲート艦に乗りギリシャ到着。およそ四千人のバヴァリア人を従えていた。王は年少だったため、一八三三年から一八三五年まで新王国はバヴァリア人で組織された摂政委員会が統治した。一八三三年から四三年までの間、オトンは絶対王政を敷いた。一八四三年九月三日の無血クーデターによって憲法の批准を強いられたが、一八四四年憲法の自由主義的条項はイオアニス・コレッティスによって蹂躙され、コレッティスは国王とともに議会制独裁政治のような形で支配した(コレッティスの項目も参照)。オトンは熱心にメガリ・イデアを支持、かなりの人気を博した。この人気は一八五〇年のドン・パシフィコ号事件、一八五四年から五七年までのイギリスとフランスによるピレウス港封鎖など、列強がギリシャに内政干渉するたびに高まった。オトンは新世代の政治家たちの熱意に同調できず、政治の操作を続けた。オトンは正教に改宗せず、一八三六年にオルデンブルク家のアマーリアと結婚したが、跡継ぎにも恵まれなかった。さらに、一八五九年〜六〇年にガリバルディらイタリア民族主義者党と対立したオーストリアの立場を支持して、反王室感情を生む要因を作った。一八六一年九月に起きたアマーリア暗殺未遂事件によって、学生の間に不穏な状況が生まれた。一八六二年に散発的な蜂起が起きてオトンは王位を覆され、入国のときと同じようにイギリスの軍艦に乗って、かつて彼を迎えた国を去った。バンベルクに亡命したオトンはギリシャの伝統的キルト衣装フスタネッラを着つづけ、ギリシャへの思慕を表わした。(参考文献 Leonard Bower and Gordon Bolitho, Otho I, king of Greece: a biography, London, 1939.)

**ディリヤニス、セオドロス(一八二六~一九〇五)**

十九世紀後半の著名な政治家。孤児。苦学の末アテネ大学法学部を卒業。一八六四年憲法を起草したので知られる一八六二~六四年の国会でゴルティニア地方代表として最初の議会入りを果たす。ベルリン講和会議(一八七八)でギリシャ代表団団長を務める。大衆主義者のデマゴーグで、ルスフェリ(利益の相互配分)に長けたディリヤニスは、好敵手の欧化主義者ハリラオス・トリクピスよりも巧妙に民衆の感情をつかむことができた。十九世紀最後の二十年はディリヤニスとトリクピスがほぼ交互に権力を掌握、ディリヤニスは呆れるほど率直に「トリクピスが賛成する物事すべてに私は異議を唱える」と述べた。一八八五~八七、一八九〇~九二、一八九五~九七、一九〇二~〇三、一九〇四~〇五年に首相を務める。一八八五年、東部ルメリア地方に危機が生じたため、ディリヤニスは経費のかかる総動員令を発し、民族主義者の熱狂に応えた、しかし経済は深刻な打撃を受け、一八八六年に列強はピレウスを封鎖、ディリヤニスは辞任した。また一八九七年一月、クレタ島島民が「大いなる島」クレタ島とギリシャ王国との「統一(エノシス)」を求めた際には、クレタ島に軍を派遣、再度民心をつかんだ。このときは列強もギリシャのオスマン帝国の戦争を回避させるたとはできなかった。「三十日戦争」(一八九七年四~五月)はギリシャの大敗に終り、ディリヤニスは首相を辞任した。その後もディリヤニスは政治家として人気を博し、その政党は一九〇二年と一九〇五年の選挙で勝利を収めた。政界で四十年余りを過ごした一九〇五年、賭博反対運動に激怒した一ギャンブラーによって暗殺された。

**トリクピス、ハリラオス(一八三二~九六)**

一九世紀の重要な政治家。首相を七度務め(一八七五、一

八七八、一八八〇、一八八二〜八五、一八八六〜九〇、一八九二、一八九三〜九五)、近代化に最も貢献した。一八三二年、独立戦争の年代記を編んだロンドン駐在ギリシャ大使スピリドン・トリクピスの息子としてナフプリオンで生まれる。トリクピスは父の務める大使館で働いた。その冷静な性格はイギリスで過ごした十四年間に形成されたといわれる。一八六四年憲法を生んだ制憲議会ではロンドンのギリシャ人コミュニティの大多数を代表。メソロンギ代表として正式に政界入りを果たし、アレクサンドロス・クムンドゥロスの第三次内閣で外相を務める。在職中トリクピスは、セルビアのミハイル王子との間で結ばれた一八六七年の同盟条約をめぐる交渉の責務を負う。この条約はギリシャがバルカン諸国の隣国と締結した初の条約で、ギリシャとセルビア/ユーゴスラヴィアの長い協力関係史の第一幕を飾った。しかしトリクピスの主要な業績は内政分野で著しい。一八七四年七月、新聞「ケリ」に掲載された匿名論文「責めるべきは誰か」で、トリクピスは年下政治家たちに憤り、現今の政治危機は少数党政府に権限を与えたゲオルギオス一世国王に大きな責任があるとした。続く騒動でトリクピスは短期間投獄されたが、首相は議会の過半数による支持が「宣言された」者だけが任命されるというトリクピスの要求を国王は受け入れた。しかし、トリクピス自身が初めて明白な多数派を得て近代化プログラムの推進に乗り出せたのは一八八二年だった。トリクピスの経済政策は国際金融市場でのギリシャの信用を高めた。トリクピスは投資資本を外国在住ギリシャ人や離散ギリシャ人の財源に求めた。鉄道建設は速やかに進められた。農業目的でコペス湖を干拓する大胆な計画も実施され、一八九三年にはコリント運河が開通した。汚職減らしのため、トリクピスは選挙区の数を減らし、官僚政治の政治的顧客関係依存を廃止しようと模索し、軍隊の近代化や田舎で広まっていた山賊行為の抑制に努めた。しかし、トリクピスの政策は永遠の宿敵ともいえる大衆主義のセオドロス・ディリヤニスによってしばしばその推進を妨げられた(ディリヤニスの項目も参照せよ)。一八八二年から一八九五年までの間二人は交互に権力の座についた。一八九三年、トリクピスは外国借款の利払いを滞納せざるを得なくなり、その後の緊縮政策によって一八九五年選挙で敗北、自ら進んで国外に退去した。トリクピスは翌年カンヌで没し、その近代化への努力は限られた成功しか収められないまま終わった。

**ゲオルギオス一世（一八四五〜一九一三）**

ギリシャ国王。在位一八六三〜一九一三。シュレスヴィヒ＝ホルシュタイン＝ゾンダーブルク＝グリュックスブルク家のデンマーク国王クリスティアン九世次男。ヴィッテルスバッハ家オットー（初代ギリシャ国王オトン）の後を継ぐ。一八六二年のオトン退位を受けて後継者探しが始められたが、オトンの運命を考えれば容易な課題でなかった。ギリシャで人気のあった候補はヴィクトリア女王次男のアルフレッド王子で、非公式の国民投票で二四万四二〇二票中二三万〇〇一六票を得た（後の国王ゲオルギオス一世はわずか六票）。しかし、アルフレッドはギリシャを「保護」する列強の王家の一員だったため、候補から除かれた。紆余曲折はあったが列強は「ギリシャ人の王ゲオルギオス一世」としてゲオルギオスの国王即位を認めた（オトンは単なる「ギリシャ王」だった）。一八六七年、ロシア皇帝アレクサンドル二世の姪オリガ・コンスタンティノヴナと結婚、七人の子を設けた。ゲオルギオスは外遊を重ね、広範囲にわたるヨーロッパ王族のコネクションを用いるように腐心し、ギリシャの外交目的を促進させた。ゲオルギオスが任命した内閣は議会の少数派だった。そのことが政治的不安を招いているとしてハリラオス・トリクピスと論争になり、一八七五年、ゲオルギオスは「ディディロメニ」の原則を受け入れた。この結果、ゲオルギオスが内閣首班に指名するのは議会多数派から支持を「宣言された」政治家に限られることになり、政治は安定した。一八九七年、トルコとの戦争でギリシャが敗北した際に生じた反王家感情を克服、一九〇九年のグーディーのクーデターの際に王子たちを軍司令官の地位から除くようにとの要求を突き付けられたが、それにも機敏に対処した。一九一三年三月、ギリシャ領に併合されて間もないテッサロニキを訪問中、ゲオルギオスは狂人によって暗殺された。（参考文献、Walter Christmas, King George of Greece, London, 1914.）

**パパディアマンディス、アレクサンドロス（一八五一〜一九一一）**

短編小説家。スキアソス島の貧しい僧侶の子として生まれる。アテネ大学で短期間学んだ後、翻訳家・小説家としてつつましい暮らしを営む（作品は生前には単行本の形で出版されなかった）。若いころに僧侶になる夢を抱いたパパディアマンディスは、長じてその夢を捨て、「コスモカロゲロス」（世俗の僧侶）となった。独身を貫いたパパディアマンディスは、正教の宗教暦に基づく禁欲的生活を送り、正教の伝統を求めたその作品はノスタルジーで満たされている。その宗教的保守性は言語面のそれと平行関係にある。パパディアマンディスは作品を純正語カサレヴサで書き、十九世紀末から流行し始めた文学、口語ディモティキは用いなかった。長短を問わずその小説は歴史あるいは民族誌的なテーマが中心に据えられている。最も著名な作品『イ・フォニサ（女殺人者）』は一九〇三年に刊行された。（英訳されたものに、The Murderess, trans. Peter Levi, London, 1983, Tales from a Greek island, trans. Elizabeth Constantinidis, Baltimore, 1987 など）

### ヴェニゼロス、エレフセリオス（一八六四〜一九三六）

二十世紀前半の最も重要な政治家。通算十二年間首相を務める。クレタ島で生まれ、ギリシャの多くの政治家と同じように弁護士としての訓練を受ける。はじめ当時オスマン帝国に属していた生地クレタ島の政界で注目され、とりわけ一八九七年、クレタ島で島とギリシャ王国の統一を企てた反乱で活躍。一八九七年のギリシャ＝トルコ戦争の結果クレタ島が自治領になると、クレタ島憲法の草案作りを手伝い、島議会の一員となる。統一主義者の運動推進に参加、高等弁務官を務めたゲオルギオス王子と対立した。一九〇九年、グーディーの軍事クーデターに伴い軍事連盟から首相に選出され、一九一〇年十月に首相就任を受諾。その後二年間活発な法制改革、軍事改革、社会改革に乗り出す。隣国のバルカン諸国、セルビア、ブルガリア、モンテネグロと同盟を結び、バルカン戦争でギリシャが勝利を収めた結果、その領土は倍増した。第一次世界大戦勃発とともに、ヴェニゼロスは協商国（イギリス、フランス、ロシア）を熱心に支持、中立を支持した国王コンスタンディノス一世と衝突した。一九一五年、二度にわたる外交政策の失敗により辞任を強いられる。一九一六年九月、ヴェニゼロスは対抗措置として臨時政府をテッサロニキに樹立、ギリシャを「国家分裂」に追い込む。一九一七年、イギリスとフランスの圧力を受けてコンスタンディノス国王がギリシャを去り、ヴェニゼロスが首相に復帰した。当時のギリシャは形式的には元通り一体化されたものの実質的には分裂したままだった。ギリシャを協商国側から参戦させ、パリ講和会議ではギリシャ代表として出席。一九一九年五月、スミルナとその後背地を占領、同盟国の同意を得る。この占領は一九二〇年八月のセーヴル条約で承認され、「二つの大陸と五つの海を持つギリシャ」が誕生した。しかしそれは短命に終わり、その建設者ヴェニゼロスは一九二〇年十一月の選挙で不面目にも敗退、進んで国外に退去した。一九二二年の小アジアにおける敗北後は、ローザンヌ会議のギリシャ代表として活動、会議では破産した「メガリ・イデア」の回復に全力を尽くす。一九二八年に政界復帰を果たすが、一九三三年、世界的な経済危機によってヴェニゼロス政府も打撃を受け、その権力を失う。ヴェニゼロスは生涯に何度かのクーデターを企て、一九三三年三月の親ヴェニゼロス派によるものは失敗。さらに一九三五年三月にもクーデターを企てたがやはり失敗、ヴェニゼロスはフランスへ脱出、同地で翌年一九三六年に没した。死の直前、ヴェニゼロスは信奉者たちに当時までにギリシャへ戻っていた国王ゲオルギオス二世に協力するように促した。（参考文献 Doros Alastos, Venizelos: patriot, statesman, revolutionary ,London, 1942.）

**コンスタンディノス一世（一八六八～一九二三）**

ギリシャ国王（在位一九一三～一七、一九二〇～二二）。ゲオルギオス一世とオリガ王妃の長男。アテネとドイツで軍学を修め、ヴィルヘルム二世の妹ソフィアと結婚。一八九七年、ギリシャ＝トルコ戦争でテッサリア地方のギリシャ軍を指揮。敗北のスケープゴートとなる。一九〇〇年から陸軍高官を務め、一九〇九年のグーディーの軍事クーデターで他の軍職にある王子とともに辞任を強制される。一九一一年、首相エレフセリオス・ヴェニゼロスから最高司令官に任命され、一九一二～一三年のバルカン戦争ではギリシャ軍を率いる。そのため一九一三年に父ゲオルギオス一世の死により王位を継承した際にはかなりの人気を博した。第一次世界大戦中はギリシャの参戦をめぐりヴェニゼロスと論争。ヴェニゼロスは協商国を支持し、コンスタンディノスは中立を主張。この不一致から「国家分裂」を招いた。一九一六年、ヴェニゼロスは中央政府に対抗してテッサロニキに臨時政府を樹立、一九一七年六月、イギリスとフランスの外圧によってコンスタンディノスはギリシャを追われた。コンスタンディノスの正式な退位がないまま、次男アレクサンドロスが王位を継承した。一九二〇年十月アレクサンドロスが死去、翌月の選挙でヴェニゼロスが予期せぬ敗北を喫したのを受け、十二月にコンスタンディノスは不正に操作された国民投票によって王位に復帰した。一九二二年、ギリシャ陸軍が小アジアで敗北すると、ニコラオス・プラスティラス将軍がクーデターを起こし、コンスタンディノスは王位を追われた。王位は長男のゲオルギオスが継ぎ、国王ゲオルギオス二世として統治した。三カ月後、コンスタンディノスはパレルモで客死した。

**メタクサス、イオアニス（一八七一～一九四一）**

ギリシャの独裁者（一九三六～四一）。ベルリンのプロイセン軍事アカデミーで学ぶ。生涯を通じて尊重したドイツ風の秩序と真剣さを同国人の規律のない個人主義の対極に置いた。一九一五年、当時の首相ヴェニゼロスの計画でギリシャ軍をガリポリの戦闘に送り込もうとした際に異議を唱え、参謀総長代理を辞任。一九二〇年には軍隊を退任。アナトリアにおけるギリシャの大敗をめぐる軍事的根拠を強く批判する。両大戦間は極右の小政治家として活動。一九三六年、ゲオルギオス二世によってコンスタンディノス・デメリジスの「暫定」政府の陸相に任命され、デメリジスの急死に伴い首相就任。議会の二大障害物だったヴェニゼロス派と反ヴェニゼロス派の無能に付け込んで対立を助長させ、一九三六年八月四日、ゲオルギオス国王の支持を得て独裁制政府を敷いた。ギリシャが共産主義者の脅威にさらされているとする無根拠な理由を掲げ、憲法の重要な条文を廃止。その独裁的権力によって大いに嫌悪していた「政界」を壊滅させ、共産主義者をとくに敵視した。メタクサスは同時代のファシスト制度の表面的な特徴の多くをそのファシスト風体制に取り込んだが、その権威主義的な家族主義はむしろ一九三〇年代にバルカン諸国各国で生じた「王政」独裁制と大きな共通性がある。メタクサスは「第三ヘレニズム文明」という考えを細かに説いたが、それは古代ギリシャの諸価値観を中世ギリシャのキリスト教ギリシャ世界のそれと融合させる試みだった。死後もその理念を受け継ぐ組織として民族青年組織（ＥＯＮ）を重んじた。ファシストのひな型を真似たメタクサスであるが、外交政策面ではギリシャの伝統であるイギリス寄りの姿勢を崩さず、一九三九年九月に第二次世界大戦が勃発すると、イギリスに向けて好意ある中立を保った。一九四〇年十月二八日、イタリアの屈辱的な最後通牒を毅然たる態度で突き返し、民衆の気分をつかんだ。メタクサスが国防にいかに重大な関心をよせていたかは、イタリアの侵略に抵抗して勝利を収めたこと、さらに国境を越えてイタリア占領下のアルバニアへと反撃に出たことに表れている。一九四一年一月、ドイツ侵略の二カ月前に死去。

**パパニコラウ、ゲオルギオス（一八八三～一九六二）**

医学者。子宮ガン早期検査法であるパプ飛沫標本試験の発明者（パプはパパニコラウの冒頭三文字から取られている）。一八八三年、エヴィア島のキミ生まれ。アテネで医学を学び、ドイツで研鑽を積む。ドイツからアメリカへ留学、コーネル大学でほぼ半世紀にわたり輝かしい業績を挙げる。一九二〇年代に飛沫標本試験を編み出し、全世界で多数の女性の生命を助けている。エレフセリオス・ヴェニゼロスからギリシャに戻るように誘われたが断り、一九二八年にアメリカ市民権を得た。論文・著書多数。ノーベル医学賞候補に挙げられたが受賞しなかった。一九三二年、アテネ・アカデミー初の名誉会員となった（参考文献、D.E.Carmichael, The Pap smear: the life of G. N. Papanicolaou, Springfield, Ill., 1973 .）。

**パパゴス、アレクサンドロス（一八八三〜一九五五）**

軍人・政治家。ベルギーで軍学を修めた後、一九一二〜一三年のバルカン戦争に従軍。一九一七年、反ヴェニゼロス派として追放され亡命。一九二〇年、コンスタンディノス国王の地位復帰とともに復職、小アジア戦線に従軍後一九二三年に再度追放される。一九二六年に陸軍復帰。一九三五年十月、パナギス・ツァルダリス首相の辞任を強要した高位将校三人の一人に名を連ねる。イオアニス・メタクサス将軍の独裁政治下では陸相を務め、その後参謀総長に任命される。一九四〇年から四一年イタリアとドイツに侵略された当時陸軍総司令官を務める。一九四三年から四五年にかけてドイツの強制収容所に収容される。一九四九年一月、内戦の最終時期に広範囲の権力を持つ総司令官に再度任命される。一九四九年夏、共産主義者の民主軍の敗北とともに、元帥に昇進。ギリシャ人将校で元帥を務めたのは唯一パパゴスだけである。一九五一年五月、論争の絶えない状況下で陸軍を退役、同じ年の八月に自身の政党「ギリシャ国民連合」を結成。これはドゴール将軍率いるフランス人民連合を模した政党であり、おおむね右翼の人民党の支持を取り付けた。「ギリシャ国民連合」は一九五二年の選挙では四十九％の得票率を獲得した。この選挙はアメリカの圧力を受けて小選挙区制で実施されたため、パパゴスは三百議席中二百四十七議席を掌握した。パパゴスの首相時代（一九五二〜五五）にようやく戦後再建のプロセスが開始された。

**プラスティラス、ニコラオス（一八八三〜一九五三）**

軍人、政治家。一九〇九年のグーディーの軍事クーデタに関与。バルカン戦争に従軍して輝かしい功績を挙げ、「黒騎士」のニックネームを得る。一九一六年、ヴェニゼロス派の政党「民族防衛」（エスニキ・アミナ）に参加。マケドニア戦線従軍後、ギリシャ軍のウクライナ遠征に参加、ボルシェヴィキと戦う。小アジアの戦闘でその顕著な軍功はさらに大きくなる。一九二二年の大敗北を受けて政府とコンスタンディノス一世国王を追放した軍事クーデターを背後で操る。一九二三年、王政派による対抗クーデターの失敗で重要な役割を果たす。一九三三年三月、心酔するヴェニゼロスが選挙で大敗した反動でクーデターを画策、国外逃亡を余儀なくされる。一九三六年から四一年のメタクサス独裁期には非組織的抵抗を行う。占領期には非共産主義の抵抗運動ＥＤＥＳ（民族共和ギリシャ連盟）の名目上の長を務めたが、フランスに滞在しつづける。一九四四年十二月に生じた共産主義者暴動の鎮圧直後の一九四五年初め、イギリスの圧力を受けて短期間首相を務める。プラスティラスは前任者ゲオルギオス・パパンドレウよりも左翼受けするとみなされたが、大戦当初に書いていた敗北主義的な手紙が出版され、強制的に職を解かれた。国民急進中央同盟のリーダーとして内戦末期に政界復帰。一九五〇年から五二年まで中道連合政府を率いたが、一九五二年十一月の選挙では再選されず、その後間もなく没した。

**パパンドレウ、ゲオルギオス（一八八八～一九六八）**

一九四四～四五年と一九六三～六五年に首相を勤める。アハイア地方のカレジ生まれ。アテネ大学法学部で学び、ドイツへ留学。自由党の政治家エレフセリオス・ヴェニゼロスの薫陶を受ける。一九一七年から一九二〇年にかけて、当時の新領土だったエーゲ海島嶼の知事に就任。一九二三年、ミティリニ代表として議会入り。一九三〇年から一九三二年にかけてヴェニゼロス内閣の教育相を務め、学校校舎建築プログラムを推進。一九三〇年代にヴェニゼロス支持者数人が議会以外の方法に訴える手段を取ったのに幻滅、自己の小政党である民主社会党を結成する。メタクサス独裁下では国外退去、枢軸国占領下では短期間投獄された。一九四四年、中東に逃れるが、一九四四年十月のギリシャ解放に際して国民統一政府の首相に就任して復帰。断固とした反共産主義者だったパパンドレウ率いる政府は、一九四四年十二月の共産主義者暴動で格好の標的とされた。イギリスの介入で政府の存続は保障されたが、パパンドレウは首相の座をプラスティラス将軍に譲った（プラスティラスの項を参照）。一九五〇年、ゲオルギオス・パパンドレウ党を結成、短命に終わった一九五〇～五一年の中道政府に参加。一九五二年の選挙ではパパゴス元帥の公認候補として戦い、その後独立する。一九五〇年代終りの一時期自由党の共同指導者を務め、その後一九六一年に中央同盟の中心勢力再編の立案と指揮を行った。同年の選挙では右派勝利が非合法であることを指摘、その結果を覆すために「不屈の闘い」に乗り出した。雄弁家で、与党よりは野党にいるときのほうが心地好く感じるパパンドレウは、右派の自信過剰を打ち砕いた。一九六三年十一月、国民急進党を僅差で押さえ、パパンドレウの執拗さは報われた。これに続いて一九六四年には確固たる勝利を収め、(戦後)例をみない五十三%の得票率を得た。パパンドレウは教育問題に常に特別な関心を抱き、その中央同盟政府は教育分野でいくつかの重要な改革を達成した。しかしその達成にキプロスの不和が影を落とし、一九六五年七月、国防相の指揮をめぐりパパンドレウと若い国王コンスタンディノス二世が激しく対立して決裂、政府は覆された。その後続いた政治不安定期にパパンドレウは繰り返し選挙の実施を求めた。選挙は一九六七年五月に予定され、パパンドレウが勝利を収めると広く信じられていた。しかしながら一九六七年四月に軍事クーデターが勃発、パパンドレウは大半の期間を自宅軟禁状態に置かれて一九六八年十一月に没した。その葬儀にはアテネ全人口の五分の一が参列、独裁に対する民衆の抵抗を最初に表わすものとなった。

## ゲオルギオス二世(一八九〇~一九四七)

コンスタンディノス国王とソフィア王妃の長男。一九二二年、プラスティラス大佐が起こしたクーデターによって父コンスタンディノスが国王を退位したのを受け、同年九月に王位継承。立憲君主政体が廃止されギリシャ共和国(一九二四年三月二十五日成立)が樹立される三カ月前の一九二三年十二月、「休暇」でギリシャを離れる。これ以前からゲオルギオスの地位は変則的で、権限は制限されていた。亡命中しばらくルーマニア皇女エリザベトの故郷ブカレストに住んだ。一九二一年にエリザベトと結婚したが、子供ができなかったため、ほどなく結婚は破綻した。離婚に伴い一九三一年からイギリスに移住、イギリス人女性を伴侶とした。不正操作された国民投票(九十八%が立憲君主王政賛成、二%が反対)の結果、一九三五年十一月にゲオルギオスはギリシャに帰還、「国家分裂」から生じた傷を癒すために全力を尽す。しかし一年もたたないうちに、メタクサス将軍の独裁的な「一九三六年八月四日体制」の成立を是認した。メタクサス体制の不人気は国王にも影響を及ぼしたため、一九四一年一月の独裁者の死に際して、メタクサスの独裁的実践ときっぱりと縁を切る機会を逸した。一九四一年五月、クレタ島が陥落すると、ゲオルギオスはその政府とともにまずロンドンに亡命して、一九四三年三月からはカイロに拠点を置いた。イギリス政府はゲオルギオスを合法的政府継続の象徴とみなし、ウィンストン・チャーチルは一九四〇〜四一年の冬にゲオルギオスが毅然たる抵抗を貫いたのに対して個人的な恩義を強く感じていた。しかし占領下のギリシャでは共和制支持の感情が高まった。困難に直面したゲオルギオスは、一九四四年十月のギリシャ解放の際に母国に戻らず、十二月にはダマスキノス大主教を摂政に任命して政体に関する国民投票を引き伸ばした。国民投票は変則的な状況下で一九四六年九月に行われ、賛成六十八%で王政保持が決定された。帰国から半年後の一九四七年四月に死去、王位は弟のパヴロスに継承された。

**ゼルヴァス、ナポレオン（一八九一〜一九五七）**

軍人・政治家。バルカン戦争従軍後、一九一六年に親ヴェニゼロス派の「民族防衛」（エスニキ・アミナ）に参加、マケドニア戦線に従軍。一九二〇年の選挙におけるヴェニゼロスの敗北を受け、コンスタンティノープルの親ヴェニゼロス派委員会で活動。一九二二年のクーデタに伴い軍に復帰。パンガロス独裁時代（一九二五〜二六）にアテネの守備隊司令官を務めるが、パトロンであるパンガロスに反旗を翻して一九二六年にクーデターに参加、辞任に追い込む。その後共和国防衛軍司令官に任命される。防衛軍の解散に抵抗したため、流血の戦闘を招き、反逆罪により死刑宣告を受ける。一九二八年、ヴェニゼロスから特赦。一九四一年、レジスタンス組織の民族共和ギリシャ連盟（EDES）を設立。当時亡命中のプラスティラス将軍を名目上のリーダーに置いたこの組織は、名称が示唆するようにヴェニゼロス派（名目上は社会主義）に刺激されたものであるが、後にゼルヴァスはイギリスの命令に従い、亡命中だったゲオルギオス二世国王の帰還支援を表明した（ゲオルギオス二世の項目も参照せよ）。ゼルヴァスが率いたEDES軍は、一九四二年十一月二十五日から二十六日の夜間に行われたゴルゴポタモス川陸橋の破壊工作に重要な役割を果たした。一九四三年十月、ゼルヴァスとEDESは共産党系のEAM／ELAS軍に攻撃され、イギリスの支援を受けて勢力拠点をゼルヴァスの生地イピルス地方に移した。一九四四年十二月の共産主義者の暴動では、EDESはELASの攻撃を受け分散。一九四五年、ゼルヴァスは将軍の位で軍を辞任、右派政党の国民党を結成。ゼルヴァスはイオアンニナ代表として選出され、一九四七年に一時期公安相を務めた。大臣在職中は共産主義者への過酷な扱いで知られた。一九五〇年に自由党に入党、一九五〇年から五一年にかけて公共事業相を務めた。

**ザハリアディス、ニコス（一九〇三～一九七三）**

ギリシャ共産党（KKE）書記長（在職一九三五～五六、ただし一九三五～四五年は投獄）。一九〇三年、オスマンのたばこ専売事業従業員の息子としてアドリアノープルに生まれる。黒海で船員を務めた時期にボリシェヴィキ革命の影響を受け、モスクワの東洋勤労者共産主義大学（KUTB）で学ぶ。一九二三年、ギリシャに派遣され、発足間もないKKEの青年グループを組織。投獄の後ソビエトに逃れる。一九三一年、ギリシャに戻り、極度に派閥化されていた党の秩序を回復。一九三五年、書記長就任。メタクサス独裁の時期は投獄。一九四〇年十月、獄中から全ギリシャ人に対してイタリアの侵略に抵抗するため、メタクサスの下に結集を呼びかける書簡を公表、大きな評判を集める。しかし相前後する二通の手紙のなかで、ザハリアディスはイギリスと「帝国主義者」ドイツとの戦争を公然と非難した。ドイツ侵略後はダハウの強制収容所に送られ、この期間はゲオルギオス・シアントスがKKE書記長を務めた。一九四五年、ギリシャへ帰還、内戦移行までの期間に再び党のリーダーシップを握った。一九四八年十一月、手強いライヴァルだったマルコス・ヴァフィアディスを追放、共産主義者で組織された民主軍を指揮する。一九四九年、民主軍が敗北すると、ザハリアディスはシアントスを「イギリスのスパイ」と非難した。東欧とソビエト連邦で民主軍の残存部隊を戦時体制下に置くことを主張しつづけ、反対者を厳しく処置したため、一九五五年にタシュケントで深刻な反乱が起きた。一九五六年、ニキータ・フルシチョフが掲げた脱スターリン路線に呼応して各国の共産党が介入したため、書記長を解任される。一九五七年には党を追放されシベリアに亡命、同地で一九七三年に没した。

**ヴェルヒオティス、アレス（一九〇五～四五）**

ELASの首領（政治・軍事指導者。カペタニオスは字義通りには船長の意味）。本名サナシス・クララス。ELASは第二次世界大戦中、占領下ギリシャで共産主義者に主導された抵抗運動組織。一九〇五年ラミア生まれ。農業専門家として知られる。十九歳でギリシャ共産党（KKE）入党。メタクサス独裁下で逮捕されたが、共産主義者としての信条を放棄する声明文に署名して釈放される。これ以後ヴェルヒオティスと同じような宣言文に署名した同志たちは、党指導部から疑いの目で見られる。一九四〇年から四一年の冬にかけてアルバニア前線で戦った後、一九四二年初頭にELASの招集による最初のゲリラ部隊、民族解放戦線（EAM）が結成された。偽名としてアレス（戦争の神）・ヴェレヒオティス（ヴェルヒ山にちなむ）を名乗る。ELAS部隊を率いたアレスは、ナポレオン・ゼルヴァス率いる分遣隊EDESとイギリスの破壊工作グループとともに、一九四二年十一月二十五日から二十六日にかけての夜間にゴルゴポタモス川に架かる鉄道陸橋を破壊した（ゼルヴァスの項目も参照）。これは占領下ヨーロッパで最も目覚ましい抵抗活動の一つだった。その後アレスはELASの首領となる。政治委員兼KKE書記長代理はゲオルギオス・シアントス、軍司令官はステファノス・セラフィス将軍が務めた。アレスは強硬派で厳格な規律家として恐れられ（敵対者からはサディスト呼ばわりされた）、抵抗運動における最もカリスマ的な人物だった。一九四四年春、ペロポネソス地方に派遣される。この地域は売国奴的なギリシャ政府の管理下にあり、ドイツ人によって武装された反共産主義の防衛軍がとくに強力だった。一九四四年八月、解放が近付くと、ヴェルヒオティスは敵に協力した軍隊に残虐な報復をした。KKE指導部と次第に同調できなくなったヴェルヒオティスは、一九四四年十二月の共産主義者による暴動に終止符を打った一九四五年二月のヴァルキザ協定をイギリスに対する不必要な降伏文書であるとみなした。ヴェルヒオティスはKKE指導部の分裂を非難し、万一共産主義者が権力を掌握すれば衝突や武力闘争は避けられないと信じた。党の政策が合法路線に転換すると、ヴェルヒオティスとその支持者の小集団は山岳地帯に退き、戦闘を継続した。アレスは治安部隊に追い詰められ、一九四五年六月一八日、メスンダ村の近くで自殺したとされている。その後ラリサでアレスとその部下たちの首は晒された。アレスの死の前日、KKE政治局は党を再度裏切ったとして公にアレスを告発した。

**セオトカス、ゲオルギオス（一九〇五〜六六）**

作家、エッセイスト、批評家。「三〇年代世代」の指導的メンバー。ヒオス島出身の家庭に生まれ、コンスタンティノープルで育つ。一九二二年、小アジアにおけるギリシャ軍の大敗北を受けてコンスタンティノープルを離れる。同地には一九六二年に一度だけ再訪した。最も著名な小説『アルゴー』は、両大戦間におけるギリシャ国民の激動の経験が年代記風に描かれ、オスマンの首都におけるギリシャ的なるものに対するノスタルジーで満ちあふれている。同様の傾向を示す作品として、コンスタンティノープル育ちのギリシャ人を描いた小説『レオーニス』、『エウリピディス・ペンドザリスとその他の物語』がある。アテネ、パリ、ロンドンで学んだセオトカスは、ヨーロッパ文化について広範な見識の持ち主だった。進歩的なインテリだったセオトカスは、ギリシャの極端に走る政治に反感を抱き、その作品の多くが二十世紀ギリシャの苦難の歴史を背景としている。セオトカスは小説家であると同時に劇作家でもあり、一時期国立劇場の支配人を務めた。(『アルゴー』『レオーニス』は英訳がある。Argo, London, 1951; Loonis, Minneapolis, 1985. また参考文献として、Thomas Doulis, George Theotokas, Boston, 1975.)

**カラマンリス、コンスタンディノス(一九〇七〜一九九八)**

アンドレアス・パパンドレウと並ぶ二十世紀後半のギリシャを代表する政治家。首相(一九五五〜六三、一九七四〜八〇)と大統領(一九八〇〜八五、一九九〇〜九五)を務める。一九〇七年、当時オスマン帝国の支配下にあったマケドニアのキュプキョイ生まれ。教員の一人息子として生まれ、たばこ商人となった。ギリシャの政治家としては異例なことに一族に政界とつながりのある者はいないが、保守の大政治家パナヨティス・カネロプロスの姪と結婚した。一九三五〜三六年に人民党(保守)国会議員として初の政界入りを果たすが、メタクサス独裁と大戦時の占領によって政治家としてのキャリアは途絶えた。一九四六年三月の選挙で人民党国会議員として政界に復帰。ここで重要でない閣僚を務め、一九五二年から五五年にかけてパパゴス元帥率いる「ギリシャ国民連合」政府で公共事業相を務めたときに初めて国政の表舞台に乗り出し、専制的で宣伝好きながら有能な政治家として名を上げた。一九五五年、パパゴス死後、パヴロス国王から「ダークホース」の継承者として選ばれ、「ギリシャ国民連合」を国民急進党に改組した。一九五五年から六三年まで八年間首相を務めたが、これに匹敵する長期政権を達成したのは他にアンドレアス・パパンドレウ(一九八一〜八九)だけだ。はじめカラマンリスを支持した王室とはやがて敵対するようになったが、その原因はもっぱら頑迷なフレデリキ王妃の側にあった。一九六三年の選挙で敗北後、王室とのいさかいや政治への全般的な幻滅感がもとで自発的にギリシャを離れ、フランスで十一年を過ごした。パリから「大佐たち」の独裁（一九六七〜七四）への嫌悪を表明したが、独裁体制打倒の運動からは距離を置いた。一九七四年七月、キプロス問題をめぐる失策後の大混乱によって軍事政権は崩壊、カラマンリスはこの混乱を収拾するために呼び戻された。優れた政治手腕を発揮し、流血をともなうことなく、文民統治の回復と臨時政府の首謀者たちの処罰問題を処理した。その後は軍事政権以前の時期よりもさらに自由主義的な政策を採用、一九四七年以来非合法とされてきた共産主義政党（複数）を合法化し、NATOからギリシャの軍事要員を引き揚げ、反米・反NATO感情の広がりに応えた。カラマンリスは、アメリカの庇護に依存する従来の政策に替わるものとして、ECの早期加盟を推進した。右派政党（現在のネア・デモクラティア）の近代化や、アンドレアス・パパンドレウ率いる政党パソックの扇動的なレトリックに対抗する試みはあまり成功しなかった。ギリシャのEC加盟を確定的にしたカラマンリスは自ら大統領選挙を実施、大統領就任中に右派政権からギリシャ初の左翼政権への権力移行を見届けた。一九八五年、大方の期待に反して次期五年の大統領に指名されないことが明らかとなり、任期満了の土壇場になって大統領を辞任。一期おいた一九九〇年五月、八十三歳で大統領に再選され、一九九五年三月に任期五年を満了。一九九八年四月二十三日死去。（参考文献、C.M.Woodhouse, Karamanlis: the restorer of Greek democracy, Oxford, 1982.）

## マカリオス三世（一九一三〜七七）

本名ミハイル・ムスコス。キプロス大主教（一九五〇〜七七）、キプロス大統領（一九六〇〜七七）。一九一三年、キプロス島パフォスのパナギアで生まれる。キッコ修道院で修練士となる。アテネ大学とボストン大学で神学を学び、一九四八年にキティウム府主教に選出される。職務中の一九五〇年、ギリシャ系キプロス人の間で投票を実施し、その結果キプロスのギリシャ「統一」（エノシス）賛成が圧倒的多数で可決された。すぐ後にキプロス大主教に選出される。これはオスマンの伝統にならい、キプロス島全人口のおよそ八割を占めるギリシャ系キプロス人の市民の指導者であると同時に宗教上の指導者でもあるという役職だった。マカリオスはエノシス運動を献身的に擁護し、どこかためらいがちなギリシャ政府に圧力をかけ、キプロス問題を国連に取り上げさせた。国連が頼りにならないことが分かると、マカリオスは地下運動EOKAの指導者ゲオルギオス・グリヴァス将軍に権限を与え、一九五五年四月にイギリス支配に対抗する武力闘争に乗り出した。一九五六年三月、キプロスのイギリス当局はマカリオスをセイシェル諸島へ追放。一九五七年四月に釈放されるとマカリオスはアテネに赴き、ここからエノシス闘争を指導しつづけた。自決権を欠いたさまざまな憲法の提案を拒絶した後、マカリオスは一九五八年にある新聞に掲載されたインタビューで、キプロス島が独立主権国家になる用意があり、エノシスを主張する意思のないことを示唆した。この重要な態度の変化は一九五九年のチューリッヒ・ロンドン協定締結の道を拓き、イギリス政府はギリシャとトルコの了承を得て一九六〇年に正式にキプロスの独立を承認したが、二つの軍事基地地域は無期限所有とされ、イギリスとキプロスに住むギリシャ人やトルコ人との間では真剣な協議はなかった。一九六三年十一月、新国家に強制された実質的に実行不可能な憲法の修正をマカリオスが求めると、二つのコミュニティ間で戦闘が起こり、トルコ侵攻は間一髪で回避され、国連平和維持軍の介入によって不安定ながらも平和が保たれたが、対立感情はさらに深められた。大統領在職中の十七年間、マカリオスはグリヴァス将軍を指導者とする集団ＥＯＫＡ―Ｂの目標だったエノシスと、ギリシャ―トルコ間によるキプロス島分割の狭間に置かれながら、かなりの外交手腕を発揮した。この年月の期間に、キプロス人としての明らかなアイデンティティ意識も現れた。一九六七年に成立したギリシャ軍事政権に率直な嫌悪をあらわしたため、アテネ政府は背後でマカリオスの失脚を画策した。それが頂点を迎えたのが一九七四年七月のマカリオス罷免であり、短期ながら、トルコ人居住地域で恐怖の的とされたＥＯＫＡ主要メンバー、ニコス・サンプソンが大統領を務めた。このクーデターによって、キプロス島の四割近くはトルコに占領されることになった。マカリオスはクーデターを乗り切り、一九七四年一二月に大統領としてキプロスに復帰したが、島分割問題の解決の見込みが立たないまま一九七七年に没した。（参考文献、Stanley Mayes, Makarios: a biography, London, 1981.）

**パパンドレウ、アンドレアス（一九一九〜一九九六）**

政治家。コンスタンディノス・カラマンリスとともに二十世紀後半のギリシャ政治を支配。一九八一〜八九年に首相就任。一九一九年ヒオス島生まれ。政治家の父ゲオルギオス・パパンドレウの最初の妻の子。学生時代にトロツキスト活動の疑いで逮捕される。一九三八年、ギリシャを離れアメリカへ赴く。アメリカ市民権を獲得、やがてカリフォルニア大学バークリー校などで経済学者として輝かしい業績を挙げる。首相コンスタンディノス・カラマンリスの求めでギリシャへ戻り、一九六一年、経済調査企画センターの所長に就任。一九六四年、父の生地アハイア地方の代表として初めて議会に入り、父率いる中央同盟による内閣で閣僚を務める。一九六七年、「大佐たち」による独裁政権成立の際に逮捕されたが、アメリカの激しい圧力により国外退去が許される。亡命中に全ギリシャ解放運動（PAK）を結成、ギリシャ国内で活動した時期よりもはるかに急進的な立場を取り、対独裁政権武装蜂起を求めて臨時政府に対するアメリカ、NATO、ECの政策を激しく批判した。一九七四年、独裁制崩壊とともにギリシャに帰還、全ギリシャ社会主義運動（PASOK＝パソック）を結成、アメリカ依存の廃絶と急進的な内政改革を求める。パソックは民主主義的綱領を公約に掲げたが、政党でのパパンドレウの権威はギリシャの政治伝統を保って絶対であり、反対者は軽くあしらわれた。パソックはたび重なる選挙で連続してほぼ倍々ゲームで得票率を伸ばし（一九七四年には十四%、一九七七年には二十五%、一九八一年には四十八%）、その「権力への短い行進」は一九八一年、ギリシャ初の「社会主義」（より正確にはポピュリズム）政府が誕生して頂点を迎えた。政府の変化は実質よりも見かけにあり、アメリカ依存は初期に激しく非難したものの継続され、ギリシャがNATOやECから脱退することはなかった。一九八五年の選挙で四十六%の得票率を得て二期目も勝利を収める。二期目は積み重なる経済問題、政府の最高レベルにまで達した一連の大スキャンダル、大きく報道された元オリンピック航空スチュワーデスをめぐる事件が影を差した。これらトラブルの山をものともせず、一九八九年の初回の選挙でパパンドレウは三十九%という極めて高い得票率を達成、同年二度目の選挙では驚くべき四十一%を得た。一九九〇年四月の第三回目の選挙では、パパンドレウの得票率は三十九%に落ち、対立政党のネア・デモクラティアが議会で辛うじて多数派を保持した。権力の座から落ちた後、議会の特別委員会は汚職と電話盗聴の罪でパパンドレウを裁判にかけることを決議した。その後パパンドレウは釈放された。一九九三年には四十七%の得票率を得て首相に復帰したが、この三期目は病気に悩まされる。一九九六年一月に首相を辞任したが、党首の座にはとどまる。同年六月二十三日死去。（参考文献、Andreas Papandreou, Democracy at gunpoint: the Greek front,

London, 1971, Michalis Spourdalakis, The rise of the Greek Socialist Party, London, 1988˙）

# 訳者あとがき

あの国では、目に見えるとおりを信じてはだめよ。一見ヨーロッパの国だけど、ギリシャは完全に東洋なの。嘘じゃないわ。ギリシャの男はパシャよ。

マリア・カラス

不世出のソプラノ歌手マリア・カラス（本来の姓はカロゲロプロス）の生涯には、二十世紀のギリシャ史が色濃く影を落としている。両親は今世紀初頭に英語を全く解さないままニューヨークに移民した。カラスが生まれた一九二三年は「メガリ・イデア」が瓦解し、ローザンヌ条約によってギリシア―トルコ間の強制住民交換が決められた年だ。第二次世界大戦から内戦の時期にカラスは母国で声楽の修行に励み、例えばギリシャを占領中のイタリア兵を慰問してシューベルトの歌曲（ドイツ音楽）を歌った（その後のレパートリーを考えれば異例である）。それは将来イタリアでの演奏活動に向けたコネクション作りでもあっただろう。一九五七年、十年ぶりにギリシャに戻ってリサイタルを開いたカラスを待っていたものは、そんな過去の活動に対する非難と身内の揉めごとを書きたてた新聞記事だった。オペラ歌手として頂点を極めると、同じように「成り上がった」船舶王オナシスと不毛な関係を結んだ。カラスは晩年までギリシャやトルコの典型的庶民料理、白インゲン豆の煮込み料理が大の好物だったともきく。

文学、絵画、音楽、映画、建築など、近現代のギリシアの文化を知れば知るほど、その歴史的背景としてのギリシャ近現代史を大きく認識せざるを得ない。もちろん日本には翻訳を中心に近現代ギリシャ史の書籍・文献はある。研究者も存在する。しかしそのアウトラインに比較的手軽にアクセスできる本、筆者のような立場で得心できる本や文献はかなり限られているように思われてならなかった。

本書は Richard Clogg, A Concise History of Greece（Cambridge University Press, 1992）の全訳に九六年に書かれた第七章に対する追記を収録したものである。リチャード・クロッグは一九三九年生まれのイギリスの歴史学者。エジンバラ大学で博士号を取得、九七年現在でロンドン大学教授（南欧史）である。主な著書に、A Short History of Modern Greece（Cambridge University Press, 1979. ギリシャ語訳 1985）、Parties and Elections in Greece（Duke University Press, 1987）、編著に The Movement for Greek Independence 1770-1821（Macmillan, 1976）、Greece in 1980s（Macmillan, 1983）など多数がある。政治史を軸に一八世紀から現在に至るギリシャ史を縦横に論じ、英語圏における斯界の第一人者と言えるだろう。顔写真からはギリシャ系にも見える。

パートナーのメアリー・ジョー・クロッグに捧げられた本書は、主に歴史研究者や地域研究の専門家向けに書かれた従来のクロッグの著書や類書と大きく異なる。「三人集まれば五つ政党ができる」国ギリシャの繁瑣になりがちな歴史記述は記述の方向とポイントを明快に打ち出し、それを本文、写真と解説、巻末の人物略伝の三つの立場からまとめている。読者は近現代ギリシア史についていわば三通りの読み方ができることになる。とくに効果的なのは「絵解き」の手法の導入だろう。収録図版には控え目ながら文化史にも配慮が見られ、読者は写真から解説に書かれたこと以外の情報も観察できるだろう。そして曲折を経てヨーロッパ国家の一員に迎えられる「物語」をヨーロッパの視点から述べた記述は、独立以後に再び「西欧音楽」を受容したギリシャ音楽史に関心を持ちつづけている訳者には、ごく自然に受け入れることができた。

原著は脚注のない一般書である。訳出に際しては、近現代ギリシャの歴史には概して縁遠い日本の読者に受け入れやすくなるように意識した。データの追記と一部の訳文については一九九七年に出版された本書のドイツ語訳（Geschichte Griechenlands im 19. und 20. Jahrhundert Ein Abriss, Romiosini）を参照し、原著に見られた若干の誤記を訂正した。また原著掲載の資料のうち、ギリシャ王家家系統図、一九五二年以降の選挙結果、文献目録は省略した。原文にはギリシャ語やトルコ語の単語がそのままアルファベットに翻字されてイタリックで表記され、括弧で説明が補われるような箇所が多い。そのような箇所は、原語をそのままカタカナ表記したりルビを振るなどして対応した。また「ルスフェリ」のように、章ごとに少しづつ異なるニュアンスの説明が与えられている語では、訳文にもその違いが再現されるように努めた。訳注はとくに明示せず、括弧に入れて記した。

ギリシャ関係の文章で大きな問題となるのが地名や人名の表記である。この地域は、ケルキラ（コルフ）、スミルナ（イズミル）、コンスタンティノープルなど言語・歴史的背景に応じて複数の名称を持つのが当然である。訳文では原著とギリシャにおける名称を優先させ、必要に応じて括弧で別称を補った。地名や人名は現代ギリシャ語読みを原則としたが、一部の地名（アテネ、クレタ島、ペロポネソス地方など）や独立以前の人名、若干の人名（テオドラキスなど）は慣用を用いた。現代ギリシャ語読みのカタカナ表記の統一的見解は目下存在しないといってよいが、簡潔さと訳者の好みと関連諸文献を配慮し、少なくとも訳者の耳や目に奇妙な表記にならないように心がけたつもりである。政党や政治史関係の役職・組織の名称は、できる限り共同通信社『世界年鑑』(各年版) 記載のものを採用した。

一九九八年一二月二日　高久　暁

## 〈新装版への追記〉

本書は一九九八年十二月、新評論から刊行されたケンブリッジ・コンサイス・ヒストリーシリーズ1『ギリシャ近現代史』の新装版である。著者リチャード・クロッグ氏による前著の「日本版への追記」は、一九九六年、パソックのシミィタス政権の登場で終わっている。二〇〇四年三月の総選挙ではネア・デモクラティア (新民主主義党) がパソックを破り、十一年ぶりに政権に復帰した。二〇〇四年八月のアテネ五輪の開催で、いっとき世界の目はギリシャに注がれることにはなったが、ECの後身EUの中では最も貧しい国民経済、キプロス、エーゲ海の大陸棚をめぐるトルコとの不安定な関係といった内外の環境は基本的には変わっていない。

新装版を刊行するにあたり、書名は原著のとおりに『ギリシャの歴史』に改めた。また前著にはなかった索引を付け加えた。

(二〇〇四年八月)

## 大統領一覧

| | |
|---|---|
| 1828 ～ 31 | イオアニス・カポディストリアス |
| 1924 ～ 26 | パヴロス・クンドゥリオティス提督 |
| 1926 | [セオドロス・パンガロス将軍] |
| 1926 ～ 29 | パヴロス・クンドゥリオティス提督 |
| 1929 ～ 35 | アレクサンドロス・ザイミス |
| 1973 | [ゲオルギオス・パパドプロス大佐] |
| 1973 ～ 74 | [フェドン・ギジキス将軍] |
| 1974 ～ 05 | ミハイル・スタシノプロス |
| 1975 ～ 80 | コンスタンディノス・ツァツォス |
| 1980 ～ 85 | コンスタンディノス・カラマンリス |
| 1985 ～ 90 | フリトス・サルゼダキス |
| 1990 ～ 95 | コンスタンディノス・カラマンリス |
| 1995 ～ | コスティス・ステファノプロス |

[] はクーデターによる地位奪

## 歴代国王在位一覧

| | |
|---|---|
| 1833 ～ 62 | オトン |
| 1863 ～ 1913 | ゲオルギオス一世 |
| 1913 ～ 17, 1920 ～ 22 | コンスタンディノス一世 |
| 1922 ～ 23, 1935 ～ 47 | ゲオルギオス二世（1941 ～ 47 国外滞在） |
| 1947 ～ 64 | パヴロス |
| 1964 ～ 73 | コンスタンディノス一世 |

## ギリシャの人口

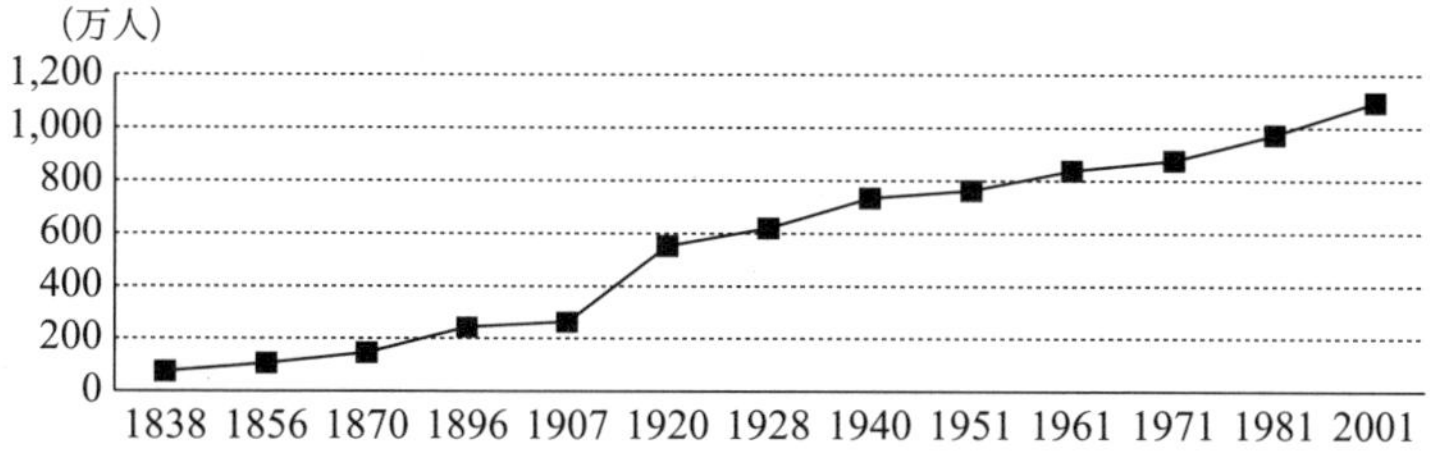

1985 3月：政治危機によりカラマンリス、大統領職を辞任。フリストス・サルゼダキス選出される。6月：パソック再び選挙で勝利。2期目の政権に入る。

1987 3月：エーゲ海事件で、ギリシャとトルコの関係は武力衝突寸前に。

1988 1月：ダヴォス条約合意。ギリシャ―トルコ間の和解の確立を約束。

1989 6月：選挙。どの政党も安定多数派を確保することができなかったため、一時的に保守／共産党が連合。11月：選挙。結論は出ず、超党派の・世界教会・政府が成立。

1990 4月：コンスタンディノス・カラマンリスの新民主主義党、議会で300議席中150議席を確保。政府を組織。5月：コンスタンディノス・カラマンリス、大統領に選出される。

1993 10月：パパンドレウ率いるパソック、ふたたび政権獲得。

1996 1月：パパンドレウ首相辞任。後任はコスタス・シミティス。トルコ沿岸のイミア島の領有をめぐる論争により、ギリシャとトルコは武力衝突寸前の状態に。9月：選挙。シミティス率いるパソック内閣成立。

2000 1月、パパンドレウがギリシャ外相として37年ぶりにトルコを公式訪問。

2001 11月トルコのジェム外相がギリシャを訪問。両国は不法入国者送還に関する協定などに調印

2002 10月の統一地方選挙でミツォタキス元首相の長女で新民主主義党のドーラ・バヤンニが初の女性アテネ市長に当選。

2004 3月、総選挙で新民主主義党がパソックを破り、11年ぶりに政権に復帰。8月アテネ五輪開催。

リスの選挙の勝利に対して、・不屈の闘い・に乗り出す。

1963 11月：パパンドレウの中央同盟、選挙で勝利。12月：キプロスの1960年憲法体制は破綻。

1964 2月：中央同盟、議会で過半数を確保。3月：パヴロス国王死去。コンスタンディノス二世に王位継承。

1965 7月：パパンドレウ首相、コンスタンディノス王と憲法上の問題で衝突、首相辞任。9月：保守党国民急進党の支持を得て、・背教者・たちによる中央同盟内閣の成立。

1967 4月：軍事クーデター。5月に予定されていた選挙の機先を制する。12月：コンスタンディノス国王、対抗クーデターを企てるが失敗し亡命。軍事政権、摂政団を設置。

1968 9月：独裁的な憲法、戒厳令下で行われた国民投票で承認。

1973 3月：アテネ大学法学部、学生の手で占拠。5月：海軍で反乱、失敗する。6月：・大統領制議会制共和国・宣言。7月：ゲオルギオス・パパドプロス大佐の選挙。戒厳令下で行われた国民投票で大統領となった唯一の候補者。11月：アテネ理工科学校における学生占拠、軍によって制圧。大統領はパパドプロスからフェドン・ギジキスに。

1974 7月：マカリオス大主教、アテネの軍事臨時政権の差し金によるクーデターによって、キプロス大統領を追放される。トルコ、北部キプロスを侵略して占領。軍事体制は崩壊、コンスタンディノス・カラマンリス率いる文民政府成立。11月：カラマンリスの新民主主義党（ND、ネア・デモクラティア）、議会で絶対多数を確保。12月：国民投票で7割が君主制廃止に賛成。

1975 6月：新憲法公布。大統領の権限が強化される。

1977 11月：アンドレアス・パパンドレウの全ギリシャ社会主義運動（PASOK、パソック）、最大野党になる。

1980 5月：カラマンリス、大統領に選出される。

1981 1月：ギリシャ、10番目のメンバーとしてヨーロッパ共同体（EC）加盟。10月：パパンドレウのパソック、ギリシャ初の・社会主義・政権樹立。

体制（「1936年8月4日体制」）始まる。

1940　10月：イタリア、ギリシャを侵略。ギリシャはアルバニアに報復攻撃。

1941　4月：ドイツ、ギリシャを侵略。9月：民族解放戦線（EAM）結成。

1942　11月：ギリシャのレジスタンス勢力とイギリスの破壊工作員により、ゴルゴポタモス川の鉄橋破壊。

1943　9月：レジスタンス内部で内戦勃発。

1944　4月：中東のギリシャ軍部隊の中で、レジスタンス勢力に呼応する反乱勃発。10月：ギリシャ解放。チャーチルとスターリンの間で交わされたモスクワ・パーセンテージ・協定により、ギリシャはイギリスに割り当てられる。12月：アテネでデモ隊に警官隊が発砲。これをきっかけとして共産主義者の暴動が勃発。チャーチルはアテネに赴き平和工作を行おうとしたが、アテネ大主教ダマスキノスを国王の摂政に任命して終わる。

1945　2月：ヴァルキザ条約に反発した共産主義者が暴動を起こす。

1946　3月：戦後初めての選挙。王政派の勝利。9月：国王復帰の是非を問う国民投票実施。ゲオルギオス二世ギリシャに戻る。10月：ギリシャ人民軍（共産党）結成。内戦始まる。

1947　3月：トルーマン・ドクトリン布告。政府に大規模なアメリカの軍事支援と経済支援。4月：パヴロス、兄ゲオルギオス二世の死に伴い王位継承。

1949　8月：人民軍の残党、グランモスとヴィツィの戦いで敗北。アルバニアに逃亡。10月：ギリシャ共産党が戦闘の・一時休止・を通告。内戦が正式に終わる。

1952　1月：新憲法公布。11月：パパゴス元帥の「ギリシャ国民連合」選挙で勝利。

1955　4月：キプロスのEOKA（キプロス解放民族組織）、ギリシャとの統一（エノシス）を求めて武力闘争を開始。

1958　5月：最左翼政党「民主左翼連盟」、24%の得票率で正式な野党に。

1960　8月：キプロスは英連邦内の独立共和国になる。

1961　10月：ゲオルギオス・パパンドレウ、コンスタンディノス・カラマン

1920　8月：セーヴル条約によって・2つの大陸と5つの海・のギリシャ誕生。10月：アレクサンドロス国王、猿にかまれた傷がもとで死去。11月：選挙。反ヴェニゼロス派、370議席中260議席を獲得。ヴェニゼロス、ギリシャを去る。12月：不正操作された国民投票により、コンスタンディノス一世国王復帰。

1921　8月：ギリシャ前線、トルコの民族主義者の牙城アンカラに進撃するものの、サカリア川の戦いで頓挫。

1922　8～9月：ギリシャ軍小アジアから撤退。スミルナ焼失。9月：ニコラオス・プラスティラス大佐によるクーデター。国王コンスタンディノス一世亡命。長男のゲオルギオス二世王位継承。11月：反逆罪により・六人組・処刑。

1923　1月：ギリシャとトルコ間の強制住民交換に関する会議。7月：ローザンヌ条約により、セーヴル条約で得たギリシャの領土は放棄させられる。12月：国王ゲオルギオス二世、・長期休暇・の名目でギリシャを離れる。

1924　3月：共和国宣言。4月：国民投票により共和国樹立承認。

1925　3月：キプロス、イギリスの直轄植民地となる。6月：セオドロス・パンガロス将軍による独裁政権成立。

1926　8月：パンガロス政権転覆。11月：暫定的に・世界教会（超党派）・政府成立。

1927　6月：共和国憲法公布。

1928　7月：ヴェニゼロス最後の統治の開始。

1930　6月：アンカラ会議でトルコとの和解の時代始まる。

1933　3月：ニコラオス・プラスティラス大佐率いるヴェニゼロス派、クーデターを企てる。6月：ヴェニゼロス暗殺の企て。

1935　3月：ヴェニゼロス派がクーデターを企図して失敗。ヴェニゼロス亡命。10月：暴動の結果ツァルダリスの政府転覆。11月：国王ゲオルギオス二世復帰に有利になるように操作された国民投票実施。

1936　1月：選挙。キャスティングボートを共産党が握り、議会は膠着状態に。3月：フランスでヴェニゼロス死去。8月：メタクサス将軍の独裁

1881　オスマン帝国、テッサリアとイピルス地方のアルタ地域をギリシャに割譲。

1885／86　セオドロス・ディリヤニス、武装軍を動員してセルビア＝ブルガリア抗争に介入し、ギリシャに有利に持ち込む。これに反発した列強海軍はギリシャを封鎖。

1893　ギリシャ、対外借款返済を怠る。

1897　クレタ島の反乱からギリシャ―トルコの30日戦争が勃発、ギリシャ敗北。国際財務委員会が国家財政を監督。

1909　アテネ郊外で起きたグーディーの軍事クーデターにより政府転覆。

1910　自由党の創立者、エレフセリオス・ヴェニゼロス、首相に就任。

1911　改正憲法発布。

1912　10月：第1次バルカン戦争勃発。ギリシャ、セルビア、ブルガリア、モンテネグロは連合してオスマン帝国を攻撃。11月：テッサロニキ占領。ギリシャの第2の都市に。

1913　3月：国王ゲオルギオス一世、テッサロニキで狂人によって暗殺。コンスタンディノス一世が王位継承。6月～7月：第2次バルカン戦争。ギリシャとセルビアはブルガリアの攻撃を撃退。8月：ブカレスト条約により両国の間でマケドニアの大半を分配。

1914　11月：イギリス、キプロス島を併合。

1915　3月：第1次世界大戦の参戦をめぐり、ヴェニゼロスとコンスタンディノス国王が対立。6月：選挙。ヴェニゼロスは317議席中184議席を獲得。8月：ヴェニゼロス権力復帰。10月：国王、ヴェニゼロスに2度目の辞任を強要。12月：選挙。ヴェニゼロスの支持者たちは棄権。

1916　9月：ヴェニゼロス、テッサロニキに臨時政府を樹立。テッサロニキは・新・ギリシャの首都となる。12月：王党派政府、ピレウスとアテネの英仏上陸を撃退。イギリスとフランスは・旧・ギリシャを封鎖。

1917　6月：コンスタンディノス一世、王位を退位せずにギリシャを去る。次男のアレクサンドロスが王位を継承。1915年6月に選出された議会が復活。いわゆる・ラザロ内閣・成立。

1919　5月：スミルナ（イズミル）にギリシャ軍上陸。

1823　イギリス外相ジョージ・カニング、ギリシャ反乱軍をトルコと対等の交戦国と見なす。

1825　カニング、ギリシャ反乱軍から出された、ギリシャをイギリスの保護下に置くという「仲裁協定」を却下。1827　4月～5月：トレゼネ議会でイオアニス・カポディストリアス伯爵を初代ギリシャ大統領に選出。第3憲法公布。7月：ロンドン条約により、英露仏の3国がギリシャの自治を保証する・平和的干渉・政策を開始。10月：英露仏3国の混成艦隊、トルコ―エジプト連合艦隊をナヴァリノの海戦で撃破。

1831　カポディストリアス大統領暗殺。

1832　ロンドン協定で独立の条件とされた・世襲統治・の主はバヴァリア王ルードヴィヒ一世の次男で17歳のオットー（ギリシャ名オトン）に確定し、英露仏の保証の下でギリシャ・王政独立・国家成立。

1833　オトン王、ギリシャの仮首都ナフプリオンに到着。

1834　ナフプリオンからアテネに遷都。

1835　バヴァリア人の摂政政治終わる。

1843　軍事クーデターにより、オトン国王に憲法の批准を強制。

1844　憲法発布。

1854～57　英仏によるピレウス港（アテネの外港）占領。クリミア戦争中ギリシャは中立を強要される。

1862　軍隊の反乱によりオトン王退位させられる。

1863　デンマークのホルシュタイン＝ゾンダーブルク＝グリュックスブルク王家のクリスティアン・ウィリアム・フェルディナンド・アドルフス・ゲオルク王子が、ギリシャ国王ゲオルギオス一世として王位を継ぐ。

1864　3月：イオニア諸島がイギリスによってギリシャに併合。

1866　クレタで暴動勃発。

1875　ゲオルギオス国王、ディディロメニの原則を受け入れる。これにより国王は議会多数派のリーダーを内閣首班に任命しなければならなくなった。

1878　ベルリン会議で列強はオスマン政府を・招待・し、ギリシャに有利に国境線を広げる。イギリスはキプロス島の統治権を獲得。

# 年表

1453 5月29日、オスマン＝トルコによってコンスタンティノープル陥落。

1461 ビザンティン帝国の領土を最後まで支配したトレビゾンド王国、オスマン＝トルコに征服される。

1571 ヴェネツィア領のキプロス島をオスマン＝トルコが占領。

1669 20年の戦闘を経て、ヴェネツィア領のクレタ島がオスマン＝トルコの手に落ちる。

1709 ニコラオス・マヴロコルダトス、モルダヴィアのホスポダル（君主）に就任。最初のファナリオティス。

1748 民族復興の知的指導者アダマンディオス・コライス、スミルナで生まれる。

1774 クチュク＝カイナルジ条約締結。露土戦争（1768～74）終わる。ロシアはオスマン＝トルコ内の正教徒にたいする保護権を主張。

1783 ロシア＝トルコ間の通商会議により、黒海でロシア旗掲揚のギリシャ船の交易を許される。

1797 カンポ・フェルミオ条約によってイオニア諸島が革命フランスに割譲。

1798 リガス・ヴェレスティンリス（フェレオス）、オスマン＝トルコに対して革命を企てて失敗。ベオグラードで処刑。

1806 ギリシャの民族運動について論争を巻き起こした最も重要な文書、『エリニキ・ノマルヒア（ギリシャの県知事政治）』刊行。

1814 独立戦争の基礎を築いた秘密結社フィリキ・エテリア（友愛結社）、エマヌイル・クサンソス、ニコラオス・スクファス、アサナシオス・ツァカロフによって結成。

1815 イオニア諸島にエプタニシア共和国がイギリスの庇護のもとで建国。

1821 2月：アレクサンドロス・イプシランディス率いるギリシャ軍、モルダヴィアに侵攻。3月（通常3月25日とする）：ペロポネソス地方で蜂起勃発。4月：コンスタンティノープルで世界総主教グレゴリウス五世処刑。

1822 独立ギリシャの最初の憲法公布。

## 【ら行】

## 【た行】



## 【は行】



## 【ま行】

## 【さ行】

## 【や行】



## 【ら行】



# 人名

## 【あ行】



## 【か行】

## 【な行】



## 【は行】



## 【ま行】

## 【さ行】



## 【た行】

## 【か行】

# 事項索引

## 【アルファベット】



## 【あ行】

**高久　暁**（たかく・さとる）
1962年生まれ。日本大学芸術学部助教授。音楽学。東京大学理学部・文学部卒業、東京芸術大学大学院音楽研究科修士課程（音楽学）修了。主な専門は20世紀前半のバルカン半島諸国と日本の芸術音楽史の比較研究。論文多数。翻訳書として『トスカニーニの時代』(音楽之友社)『片手で弾くピアノ曲集』(ムジカノーヴァ)など。

ケンブリッジ版世界各国史
**ギリシャの歴史**

2004年8月30日　第1刷発行

**訳者**
高久　暁

**発行人**
酒井武史

**発行所**
株式会社　創土社
〒165-0031　東京都中野区上鷺宮5-18-3
電話 03 (3970) 2669　FAX 03 (3825) 8714
カバーデザイン　上田宏志
印刷　モリモトト印刷株式会社
ISBN4-7893-0021-8 C0026